O psicólogo
nas organizações de
trabalho

Sobre o autor

Psicólogo pela Universidade de Brasília e professor dos Programas de Pós-Graduação em Psicologia e em Administração da Universidade Federal de Santa Catarina. Realizou doutorado em Educação, na Universidade Estadual de Campinas, e estágio pós-doutoral no Departamento de Psicologia Social e do Trabalho, na Universidade de São Paulo. É editor da *Revista Psicologia: Organizações e Trabalho*.

Z28p Zanelli, José Carlos
      O psicólogo nas organizações de trabalho / José Carlos Zanelli. – Porto Alegre: Artmed, 2002.
      191 p. ; 23 cm.

      ISBN 978-85-7307-953-1

      1. Psicologia – Organizações de trabalho. I. Título.

CDU 159.923:331.87

Catalogação na publicação: Mônica Ballejo Canto – CRB 10/1023

José Carlos Zanelli

O psicólogo nas organizações de trabalho

Reimpressão 2008

2002

©Artmed® Editora S.A., 2002

Design de capa:
Flávio Wild

Assistente de design:
Gustavo Demarchi

Preparação do original:
Osvaldo Arthur Menezes Vieira

Leitura final:
Maria Rita Quintella

Supervisão editorial
Projeto gráfico
Editoração eletrônica

Reservados todos os direitos de publicação, em língua portuguesa, à
ARTMED® EDITORA S.A.
Av. Jerônimo de Ornelas, 670 - Santana
90040-340 Porto Alegre RS
Fone (51) 3027-7000 Fax (51) 3027-7070

É proibida a duplicação ou reprodução deste volume, no todo ou em parte, sob quaisquer formas ou por quaisquer meios (eletrônico, mecânico, gravação, fotocópia, distribuição na Web e outros), sem permissão expressa da Editora.

SÃO PAULO
Av. Angélica, 1091 - Higienópolis
01227-100 São Paulo SP
Fone (11) 3665-1100 Fax (11) 3667-1333

SAC 0800 703-3444

IMPRESSO NO BRASIL
PRINTED IN BRAZIL
Impresso sob demanda na Meta Brasil a pedido de Grupo A Educação.

*Aos meus filhos
Karina,
Vania
e José Carlos*

APRESENTAÇÃO

A percepção das atividades hoje reconhecidas como do âmbito da Psicologia Organizacional e do Trabalho, no Brasil, parece indicar, em alguns segmentos, uma lente mais clara, se comparada às décadas anteriores, no que concerne às possibilidades de transformação e atuação competente (no sentido da competência técnica e do compromisso político).

Pretende-se, com a divulgação dos conteúdos ora apresentados, incentivar a reflexão e os debates sobre a formação do profissional psicólogo para atuar em organizações. Tem-se o desejo de encorajar uma penetração mais incisiva e conseqüente da Psicologia nas organizações brasileiras. Se o presente livro ajudar a propor opções e incrementar a qualidade das atividades dos psicólogos, os propósitos terão sido alcançados.

O autor

SUMÁRIO

APRESENTAÇÃO vii

1 SITUAÇÃO DA FORMAÇÃO E DAS ATIVIDADES DE TRABALHO 11

Características e Objetivo 11
A Psicologia Organizacional nas Últimas Décadas 17
O Desenvolvimento do Sistema Formativo 18
O Escopo da Psicologia Organizacional 22
A Psicologia Organizacional como Área de Aplicação no Brasil 29
O Contexto e o Papel do Psicólogo Organizacional 34
O Predomínio do Modelo Médico 38
O Conceito de Necessidades no Trabalho 41

2 DESCRIÇÃO E ANÁLISE 45

Processo de Ensino 45
Conhecimentos e Habilidades 59
Método Científico 73
Abordagens e Teorias 81
Instrumentos e Procedimentos 88
Atuação 97
Identidade e Imagem 112
Ambiente das Organizações 118
A Questão da Crítica e da Competência 127

3 ATIVIDADES PROFISSIONAIS DO PSICÓLOGO E REDEFINIÇÕES ESTRATÉGICAS NAS ORGANIZAÇÕES 141

Reinterpretações 141
Redefinições Estratégicas nas Organizações 143
A Organização como Sistema de Poder e Aprendizagem 148
Implicações para as Atividades do Psicólogo 152
Novos Rumos 159

4 SÍNTESE E PERSPECTIVAS 161

Síntese dos Conteúdos e da Análise 161
Considerações Finais 167

REFERÊNCIAS BIBLIOGRÁFICAS 181

1

SITUAÇÃO DA FORMAÇÃO E DAS ATIVIDADES DE TRABALHO

CARACTERÍSTICAS E OBJETIVO

Reavaliar e propor transformações para que se tente um passo além das denúncias constitui uma responsabilidade ética e política e uma inevitável exposição às críticas, às concordâncias e às discordâncias. Representa também uma tentativa de prestação de contas à sociedade – sociedade que investe para a geração de um profissional descontente com o seu próprio papel. Por meio da reflexão que se abre para o debate das comunidades científica e profissional, tem-se uma via para descobertas que possam representar encaminhamentos coerentes com os propósitos daqueles que se preparam para o exercício e daqueles que exercem a Psicologia nas organizações.

Borges-Andrade e colaboradores (1983, p. 110), em pesquisa realizada com psicólogos do Distrito Federal, utilizando uma escala de suficiência contendo cinco pontos, encontraram 32,4% dos pesquisados que "julgaram seu curso como bastante ou totalmente insuficiente". Se a situação permanece e pode ser generalizada para outras regiões do País, como a ausência de intervenções relevantes nos cursos de Psicologia parece permitir que assim se pense, a avaliação de quase um terço dos profissionais quanto à sua formação como bastante ou totalmente insuficiente requer, sem dúvida, providências imediatas. Se assim não se proceder, é de se esperar circunstâncias cada vez mais deterioradas. A partir da má-formação, compromete-se a profissão como um todo. É verdade que existem fatores no âmbito estrutural e institucional que dificultam muito as ações localizadas de transformação. Contudo, não se deve contentar com as denúncias feitas em tom veemente, com propriedade, mas que se esgotam apenas como denúncias. Não se pretende esconder atrás de explicações que trazem, intencionalmente ou não, posturas desmobilizadoras. Ações coordenadas devem ser dirigidas para provocar mudanças nos vários segmentos. O acadêmico, todavia, é o principal. É sobretudo nessa instância que se pretende dirigir ações modificadoras.

De acordo com o que Bastos (1988, p. 172) analisa, com base nos dados da pesquisa do Conselho Federal de Psicologia, confirmam-se resultados de investigações anteriores e regionalizadas, o que permite que se sugira que o quadro geral da Psicologia é relativamente uniforme no País, sem ter passado por modificações significativas desde sua implementação.

Tem-se a intenção de sistematizar dados, os quais têm sido obtidos pelo esforço de inúmeros psicólogos em diversas regiões do País, a respeito do conhecimento disponível na Psicologia e em suas áreas afins, da formação e da atuação dos psicólogos organizacionais. Tem-se o propósito contribuir para o debate da questão da formação do psicólogo que desempenha ou irá desempenhar um papel profissional dentro de uma organização. "Ao lado dos estudos descritivos já realizados, ou ainda por fazer, é possível e útil desenvolver trabalhos de sistematização dos dados obtidos pelos vários estudos já realizados" (Botomé, 1988, p. 286-287).

É preciso criar condições de sistematização a partir dos problemas existentes e do que já se conhece a respeito deles. Conforme postula Gomide (1988, p. 85), "enxergar melhor a realidade favorece, sem dúvida alguma, a escolha dos caminhos mais adequados...". Na visão de Duran (1983, p. 13), "(...) temos de nos voltar para nossos cursos, analisar cuidadosamente as variáveis envolvidas e experimentar".

O uso do conceito de necessidades foi a via encontrada para chegar à análise do problema da precariedade da formação do psicólogo organizacional e de suas implicações nas atividades de trabalho. Definidas como discrepâncias entre a situação atual e a desejada, buscou-se identificar as atitudes, os conhecimentos e as habilidades que caracterizariam um desempenho competente, no nível da competência técnica e do compromisso político.

Botomé (1988, p. 287) supõe que "acompanhar o que acontece com os egressos da universidade e atender às suas necessidades de atualização e aperfeiçoamento pode dar muitas informações úteis sobre as relações entre exercício profissional e formação acadêmica". O trecho sugere um caminho que coincide com o desenvolvimento deste livro: *a identificação de necessidades por meio da captação de informações fornecidas por egressos da universidade, de modo a investigar as possíveis inter-relações entre a formação profissional e as atividades de trabalho, suas condições e implicações.*

Os estudos, em grande parte, descrevem o que tem sido feito ou se faz na formação e na atuação dos psicólogos. Há considerável quantidade de dados e muitas interpretações foram apresentadas. "O que falta de conhecimento e de atuação pode ser a próxima etapa a ser desenvolvida nos estudos a respeito do exercício profissional" (Botomé, 1988, p. 286). A análise das necessidades identificadas por psicólogos organizacionais pode permitir ao profissional esse empreendimento. Ainda para esse autor, "(...) As lacunas – de conhecimento, de atuação e de formação – podem apontar horizontes melhores que os que temos hoje disponíveis. É uma exigência, ao mesmo tempo que é uma dificuldade, realizar essa tarefa" (Botomé, 1988, p. 286).

Pode-se dizer, portanto, que o objetivo deste livro concentra-se em identificar e analisar as necessidades derivadas das atividades de trabalho do psicólogo organizacional brasileiro e suas inter-relações com a formação profissional, suas condições e implicações. Parte-se do pressuposto, fundamentado nas últimas pesquisas que vêm sendo realizadas, da insatisfação com o estado atual, tanto da formação quanto das atividades desenvolvidas pelos psicólogos organizacionais. A insatisfação com tal estado de coisas é generalizada entre os profissionais que se dedicam ao estudo e às atividades organizacionais. Seja qual for o direcionamento ético, político ou técnico que se pretenda imprimir a essas atividades, constata-se uma concordância em torno da insatisfação com a situação presente e da premência de se promoverem modificações.

A estratégia básica da análise conduz à exploração e à descrição dos conteúdos verbais identificados como necessidades dos psicólogos organizacionais. Os conteúdos verbais, coletados individualmente junto aos participantes, respondem diretamente à questão de pesquisa, ou seja, os próprios psicólogos organizacionais discorrem diretamente sobre suas necessidades de trabalho. A análise é feita com o objetivo de levantar as características das necessidades identificadas e mapear as inter-relações entre as condições que se apresentam e as implicações associadas às necessidades. A principal função da análise centraliza-se na discussão da textura formada pelos conteúdos que foram vinculados à dimensão da formação profissional e à dimensão das atividades de trabalho na clarificação dos fatores envolvidos na discrepância (*gap*), de antemão postulada entre as duas dimensões.

O procedimento empregado na pesquisa dividiu-se em duas fases: (1) coleta e estruturação dos conteúdos verbais e (2) sistematização dos conteúdos verbais em conjuntos temáticos e estabelecimento das inter-relações entre os conteúdos. Na primeira fase, formulou-se a questão inicial aos participantes e registraram-se as primeiras verbalizações. A questão foi apresentada nessa forma: "Quais são as necessidades possíveis de serem identificadas nos psicólogos organizacionais quando se comparam as inter-relações entre a formação profissional e as atividades de trabalho?" As verbalizações foram transcritas e procedeu-se à leitura preliminar do material registrado. Em seguida, selecionaram-se trechos da fala de cada participante, conforme o interesse pela identificação das necessidades dos psicólogos organizacionais, das condições e das implicações vinculadas a tais necessidades. As verbalizações selecionadas foram alocadas na montagem de matrizes (folhas compostas por seis células) resultantes da interseção das condições, dos eventos e das implicações, com as dimensões da formação profissional e das atividades de trabalho. Às verbalizações, assim distribuídas nas matrizes, acrescentaram-se unidades de conteúdo, que eram sínteses das verbalizações que se seguiam em cada célula, elaboradas pelo pesquisador. As matrizes de relações foram apresentadas aos participantes nessa configuração preliminar, juntamente com instruções escritas para a continuidade do trabalho. Realizaram-se novas gravações, transcrições, seleções de trechos de fala, novas alocações e unidades de conteúdo e acréscimos de mudanças nas matrizes sugeridas pelos participantes. O procedimento repetiu-se até a estruturação final das matrizes de relações, no momento em que se julgavam "esgotadas" as contribuições de cada participante.

Na segunda fase do procedimento, o pesquisador procurou sistematizar as informações resumidas nas unidades de conteúdo, para que pudessem ser interpretadas em seu conjunto. Para tanto, as unidades de conteúdo foram segmentadas, conforme as informações e a natureza do segmento relativo às classes (condições, eventos e implicações). Em seguida, identificaram-se palavras-chave nos segmentos, as quais foram reunidas de acordo com a similaridade entre elas. A codificação numérica das palavras-chave, representando o conjunto e a ordem da palavra no conjunto, permitiram utilizar recursos da computação para o agrupamento das unidades de conteúdo, formando conjuntos em torno de temáticas comuns. A retirada dos conteúdos de interesse em cada conjunto temático conduziu à descrição e à análise das inter-relações, em resposta à questão inicial.

André (1988, p. 494) reserva "os termos 'qualitativo' e 'quantitativo' para diferenciar técnicas de coleta ou tipos de dados obtidos", complementados pelo tipo de pesquisa realizada. O procedimento de coleta e análise de dados, portanto, tal como se construiu, e pela natureza dos dados obtidos, caracteriza-se como qualitativo, enquanto a pesquisa (ainda conforme esse autor), em sua globalidade, caracteriza-se como exploratória e descritiva.

A estruturação deste livro segue a lógica que os profissionais de treinamento utilizam nas organizações. A tecnologia para resolver os problemas de treinamento é baseada largamente na abordagem de sistemas e percorre três estágios: planejamento, execução e avaliação (Borges-Andrade, 1988a, p. 339-341). A etapa preliminar do planejamento, à qual se está limitado, prevê o levantamento e a análise de necessidades. Trata-se de um passo primordial, dentro da visão sistêmica, para o estabelecimento de qualquer ação posterior. Nessa etapa preliminar identificam-se: (1) os conteúdos a serem ensinados, de modo a atingir ou aproximar-se do padrão de desempenho desejado, (2) a função social das atividades pretendidas e (3) a inserção dessas atividades no contexto global da atuação. Isso corresponde ao questionamento: (1) do que deve ser treinado, (2) de para quem serve a atuação e (3) do porquê de se investir na formação.

A caracterização do que se denomina desempenho competente das atividades de trabalho pode ser obtida pelas variadas fontes de dados:

> (...) descrição de funções, atribuições e encargos da área de conhecimento; a literatura específica da área de conhecimento em questão; pacientes e clientes atendidos pelo

profissional; locais de trabalho do mesmo (desde os mais comuns até aqueles raramente tomados como possíveis alternativas nesse sentido); especialistas na área; instrumentos e equipamentos que o profissional usa; especialistas de outras áreas que interagem com aquele em questão; regras e normas legais relacionadas com o curso ou o profissional em formação; e inúmeros outros. (Nale e Pedrazzani, 1988, p. 1070)

Por meio de situações e problemas típicos do exercício profissional, de atividades potenciais que, por alguma razão, não são desenvolvidas, dos conceitos e instrumentos comumente utilizados, das expectativas e necessidades daqueles que são envolvidos pela ação profissional, e assim por diante, pode-se deduzir as atitudes, os conhecimentos e as habilidades necessárias no preparo do profissional. Para Galvão (1987, p. 308):

(...) a análise ocupacional tem toda possibilidade de fornecer os subsídios necessários à identificação dos objetivos das várias disciplinas de um currículo, bem como conhecimentos, habilidades e atitudes necessárias à atuação profissional.

A análise das atividades, responsabilidades e condições de trabalho do psicólogo organizacional possibilitará refletir sobre as especificações que são necessárias estabelecer no processo de formação. O profissional que se pretende não é aquele que vai ajustar-se mecanicamente às necessidades do mercado, mas um profissional capaz de restabelecer as condições que o mercado oferece, utilizando de modo competente os espaços que lhe são oferecidos. Este livro tem apenas a intenção de constatar o que as ofertas de emprego exigem, mas ir além: (1) não se pensa o ajuste profissional-mercado de trabalho mecanicamente, (2) busca-se extrapolar as alternativas tradicionais de intervenção na área e (3) busca-se educar o psicólogo criticamente.

Mercado profissional define-se pelas ofertas de emprego existentes ou "esperáveis". Campo de atuação profissional é definido pelas possibilidades de atuação profissional, independentemente de "ofertas de emprego". O que importa, nesse caso, são as possibilidades de atuação (ou, mesmo, as necessidades de atuação) e não apenas os empregos oferecidos. (Botomé, 1988, p. 281)

As atividades de trabalho, conforme imaginadas, em concordância com Botomé, estão compreendidas no campo de atuação profissional, "um conjunto de atividades, em realização e potenciais, cujo objetivo é conseguir uma intervenção imediata (ou a mais rápida possível) e abrangente na realidade, de maneira a resolver problemas ou a impedir a ocorrência deles, além de outras possibilidades de atuação" (p. 281). Nesse sentido, extrapola as ofertas de emprego do mercado profissional, como se apresenta, historicamente determinado e mantido pelas disposições legais e pela formação, que se efetivava e se efetua nas universidades.

A análise que se empreende está colocada na perspectiva que passa pela dimensão individual (estudante, professores, profissionais), pela dimensão organizacional ou institucional (departamentos de Psicologia, universidades, órgão de Recursos Humanos e contexto organizacional global) e pela dimensão da sociedade como um todo (mercado de trabalho e conjunto das instituições).

O quadro de referência que se utiliza permite visualizar a formação e as atividades de trabalho como dois sistemas, ou subsistemas, interagentes. Sob esse prisma, o que os define são as relações que caracterizam os seus modos de operar. São decodificados, na realidade social, no contexto desse processo interativo, na qual conjuntos de variáveis atuam em vários níveis, do indivíduo à macroestrutura.

Face à complexidade que os sistemas sociais apresentam, corre-se o risco, na busca de critérios de análise, de simplificá-los ou permanecer-se em imobilidade. A iniciativa de análise sempre resultará em um produto parcial. O que se pode esperar é, pela compatibilidade entre o quadro de referência e a opção do método, conduzidos de maneira hábil, chegar-se a uma visualização dos elementos constitutivos dorsais no sistema, ou sistemas, em foco.

Os problemas organizacionais demandam a presença do psicólogo que saiba lançar mão dos conhecimentos acumulados pela Psicologia em um contexto social complexo e interdisciplinar. Este livro tem a finalidade de subsidiar uma revisão coerente com essa imagem de profissional.

Adota-se a perspectiva da própria Psicologia Organizacional para rever, analisar e tentar algumas indicações relativas à formação e atuação dos psicólogos organizacionais. Assim, tendo como um dos pontos de partida o estabelecimento das atividades que são características da área (à semelhança de uma descrição de funções e tarefas) e identificação das atitudes, dos conhecimentos e das habilidades requeridas para o desempenho das atividades (à semelhança das especificações pessoais), busca-se estar atento para que a análise não se realize como um "ajuste mecânico," no qual o mercado impõe o que é necessário na formação. Procura-se visualizar as trocas como um processo no contexto das relações de poder.

Em resumo, realiza-se aqui a análise da formação e da atuação do psicólogo organizacional por meio da visão derivada da prática cotidiana desses profissionais. A fundamentação teórica está respaldada na própria Psicologia Organizacional e em áreas de conhecimento afins. De um modo simples, a profissão do psicólogo organizacional é analisada por meio de seu próprio filtro.

Mello (1975, p. 15), ao comentar as deficiências das universidades e os empecilhos envolvidos na formação de profissionais de nível superior, afirma: "Um trabalho de reflexão sobre problemas tão sérios só pode oferecer mais indagações do que respostas, propor e diagnosticar dificuldades mais do que resolvê-las". Seria impossível extrair soluções acabadas de um volume como este, pois, obviamente, não pretende exaurir o assunto. É possível formar um quadro na qual se delineiam as variáveis envolvidas e as lacunas existentes no processo. É possível também apontar as linhas para a organização de um programa de trabalho, que não se fará definitivo, mas sujeito a contínuas revisões e correções.

Vive-se mais um momento difícil no País, no ápice de um processo de desenvolvimento histórico que não respeitou a vontade do povo, tanto no passado recente quanto remoto. Enveredou-se pelos caminhos da descrença nos valores éticos e ideológicos, a perda de perspectiva e do significado da vida comum em sociedade. A pesquisa que originou este livro, elaborada em um momento de desesperança e dúvida quanto às instituições, tenta rever procedimentos e sugerir saídas, acreditando na capacidade humana de refazer trilhas e construir um futuro com mais dignidade.

A PSICOLOGIA ORGANIZACIONAL NAS ÚLTIMAS DÉCADAS

A formação e a atuação do psicólogo na realidade brasileira têm sido objeto de constante estudo. Essas investigações cresceram em quantidade na medida em que um maior número de psicólogos foi colocado no mercado de trabalho, muitas vezes denunciando um desajuste na situação de exercício das atividades profissionais. Quando se verifica o panorama geral desses estudos, incluindo as dissertações, as teses e os livros, percebe-se que a análise das relações entre a formação e a atuação do psicólogo organizacional merece maior atenção.

Desde que surgiram os primeiros cursos de Psicologia, oficialmente regulamentados, a partir de 1964, poucas alterações são visíveis no processo formativo. Nas palavras de Bouvier e colaboradores (1988, p. 4), "até hoje a essência do curso não foi reformulada". Para Weber e Carraher (1982, p. 5),

> (...) existe consenso de que o currículo vigente no Brasil não reflete o estado atual da Psicologia como ciência e como profissão. Constatam-se defasagens patentes entre o que aqui é ensinado e o que é produzido nos grandes centros intelectuais, bem como entre o que o psicólogo aprendeu e os desafios que afronta cotidianamente na sua prática profissional.

A formação profissional e o exercício das atividades de trabalho pelo psicólogo organizacional têm sido restritos, precários e deficientes. Os limites no preparo para a atuação, em muitos cursos de Psicologia, não ultrapassam as linhas demarcadas pela seleção e orientação profissional, o que revela uma obsolescência até no título conservado para a disciplina. Os departamentos que devotam à formação na área um empenho um pouco maior não conseguem avançar além do fornecimento de algumas técnicas tradicionais, em regra pela insuficiência no tempo disponível para o conteúdo que se pretende transmitir. A reivindicação por maior carga horária repete-se nas outras áreas. Isso, à primeira vista, permite pensar que o curso carece de maior duração. Contudo, a conclusão pode ser falaciosa, se forem ponderados outros aspectos, como a falta de integração das disciplinas. Conteúdos ensinados em disciplinas básicas, por exemplo, raramente são associados aos conceitos ou à prática em organizações.

A manutenção da precariedade do sistema apóia-se em vários fatores. Entre eles está, sem dúvida, a nítida preferência do psicólogo pelas atividades da área clínica, desde o seu início no curso. O tempo total utilizado nos cinco anos de formação é fortemente dirigido para as disciplinas da área clínica. Essa identificação com o exercício de consultório, influenciada pela pretensa semelhança com as profissões liberais, traz implicações que dificultam a interação profissional em ambientes de trabalho, nos quais o parâmetro deve ser o grupo ou a comunidade.

A desatenção acadêmica para a área é também revelada pelo reduzido número de pesquisas produzidas em Psicologia Organizacional nas universidades. Após investigar as pesquisas relatadas na Sociedade Brasileira para o Progresso da Ciência, no período de 1983 e 1984, uma das constatações de Matos (1988) é que "os pesquisadores brasileiros que relatam seus trabalhos na SBPC não se interessam por Psicologia do Trabalho" (p. 112). Mais adiante, ressalta que é "quase nada" o interesse da pesquisa em Psicologia "por problemas institucionais, organizacionais ou por qualquer coisa que se refira a desempenho de trabalho" (p. 119).

Desde a década de 80, alguns avanços têm sido produzidos, com o acréscimo de inclusões de trabalhos de psicólogos, por exemplo, em congressos de psicologia e em outros campos do conhecimento, principalmente na administração. Já se conta também com um periódico acadêmico-científico voltado para a área: a *Revista Psicológica: Organizações e Trabalho*.

A formação do psicólogo para atuar em organizações tem sido sobremaneira relegada. São inúmeras as evidências desse fato. Uma das mais óbvias é a quase ausência de cursos de pós-graduação existentes no País que oferecem oportunidades ao profissional para continuar seus estudos. Por outro lado, as atividades em empresas, de qualquer modo, revertem nas melhores remunerações da categoria. Bastos (1988, p. 178; p. 184) aponta que "nessa área encontramos as melhores remunerações dos serviços" e que o salário é o fator de maior peso na escolha dessa área como primeiro emprego.

A situação conflui no encaminhamento de psicólogos despreparados para o exercício das atividades em organizações. Atividades que são realizadas com pouca satisfação do profissional (Borges-Andrade, 1987, p. 305; Bastos, 1988, p. 190; Borges-Andrade, 1988b, p. 266). Tanto pior para ele, enquanto pessoa, quanto para a imagem da profissão, dado o impacto e a rápida divulgação que ocorre no ambiente, como para a sociedade, pela perda de oportunidades de intervenções conscientes do potencial de mudança.

O DESENVOLVIMENTO DO SISTEMA FORMATIVO

Pretende-se percorrer rapidamente, em breve histórico, a implantação do que se tem caracterizado como a política educacional brasileira, voltando nossa atenção para o sistema de ensino superior e a instalação dos cursos de Psicologia no Brasil, substrato formal para a legitimação do exercício dos psicólogos, em geral e em particular, das atividades dos mesmos em organizações. A história da Psicologia, no Brasil, tem sido resumida em diversos trabalhos, principalmente em dissertações e teses (Gil, 1982; Crochik, 1985; e outros). Uma relação de trabalhos muito mais extensa tem sido a que trata da história da Educação no País. Ressalte-se, nesse rol, a relevante obra de Freitag (1978).

Freitag (1978, p. 40-41), dentro de um referencial calcado em Gramsci, postula a inexistência de instituições políticas autônomas, durante a fase colonial brasileira, e destaca a Igreja como a principal representante da sociedade civil. O modelo agroexportador não carecia de mão-de-obra qualificada, e a educação tinha um papel fundamental para a hegemonia da Igreja Católica. "Declaradamente sua função consistia em subjugar pacificamente a população indígena e tornar dócil a população escrava". A política educacional só deu sinais de passagem para o domínio do Estado quando se estabeleceu a República.

A rápida industrialização, que ocorreu em países como a Inglaterra e os Estados Unidos, a partir do início do século XX, afetou a economia mundial. A crise cafeeira dos anos 20 prenunciou mudanças estruturais desdobradas com o rompimento da monocultura. O Brasil começou a mostrar diversificação de trabalhos para atender às novas pressões do mercado. O vínculo entre a escola e a produção demarcou-se definitivamente. A escola vincula-se às exigências de preparar mão-de-obra produtiva e pauta-se, muitas vezes, pelos ditames do sistema industrial. "No plano social, tenta-se atrelar a escolaridade à ascensão social, e no plano econômico, a educação volta-se para a formação de técnicos" (Crochik, 1987, p. 17). Como Freitag (1978, p. 45) interpreta, "são as mudanças na infra-estrutura econômica que exigem maior qualificação e diversificação da força de trabalho".

A criação das primeiras universidades brasileiras, na década de 30, coincidiu com a ascensão da burguesia industrial e queda do setor agroexportador de café, crescimento da classe média e intensificação da imigração estrangeira. A partir desse momento, a classe média passou a pressionar no sentido da ampliação de novas escolas e do número de vagas no ensino superior. Nos anos 50, o movimento estudantil destacou-se no cenário político nacional e lançou o debate sobre a reforma universitária. Em 1961, surgiu a Lei de Diretrizes e Bases da Educação Nacional, com conseqüente descentralização da educação e desencadeamento dos estabelecimentos particulares, caracterizados como empresas de ensino.

O estilo de desenvolvimento adotado pelo governo militar, a partir de 1964, privilegiou a participação de grandes unidades produtivas, que ganharam destaque na economia do País. Empresas estrangeiras, além das estatais entraram em acelerado crescimento. Demandavam o trabalho de técnicos, com treinamentos específicos. A educação rapidamente demonstrou acompanhar as necessidades que se estabeleciam em base das transformações econômicas. Após 1964, sob forte influência americana (Freitag, 1978, p. 75), foi estabelecido o acordo MEC-USAID, colocando as escolas de ensino superior em nítidos moldes empresariais, ou seja, o ensino tornou-se, definitivamente, objeto direto de lucro. Isso foi possível porque o Estado garantiu o espaço de implantação, crescimento e hegemonia da iniciativa privada, justificando a estratégia pelo aumento da demanda de acesso ao ensino de terceiro grau.

No final da década de 60, desencadeia-se o surto expansionista das faculdades particulares. Segundo Crochik (1987, p. 19), os cursos das áreas de exatas, biológicas e agrárias foram autorizados, basicamente, nas universidades oficiais e os cursos das áreas de Humanas e de Letras em escolas particulares. A relativa facilidade de instalação, possibilidade de funcionamento noturno, a disponibilidade dos recursos humanos e o aumento da procura por vagas atraíram rapidamente os empresários da educação, muitos deles já estabelecidos no ensino médio.

> Para que o setor privado realmente pudesse expandir-se e explorar a educação como negócio, ele se apoderou daqueles cursos que exigiam um mínimo de equipamento, pouca qualificação do professor, mas que tivessem grande procura. (Freitag, 1978, p. 61)

A instalação de cursos de Psicologia, assim como os de Comunicação, de Administração e muitos outros, mostrou-se rentável: sem grandes dispêndios financeiros, estruturaram-se cursos de ampla demanda para aqueles que sonhavam ascender pela via do terceiro grau. O revestimento de respeitabilidade acadêmica foi procurado por meio da reprodução dos padrões adotados pelas universidades que já mantinham alguma tradição. As faculdades particulares captavam professores entre os alunos recém-graduados nas universidades já firmadas. Com esses novos professores vinham as indicações bibliográficas e os procedimentos adotados no local de origem. Contudo, priorizando o lucro, o crescente número de vagas e a precariedade de condições oferecidas tornaram essas instituições um arremedo do que deveria ser um ensino de qualificação superior. Também as instituições públicas sofreram progressiva perda de qualidade, provocada principalmente pela calamitosa escassez das verbas destinadas à educação.

Conforme a análise de Duran (1983, p. 10), ao mesmo tempo em que, sob o rótulo de democratização do ensino, expandiram-se as matrículas, não se forneceram condições necessárias para o atendimento do número multiplicado de alunos que acorreram às universidades e aos outros níveis de ensino. A deterioração de todo o sistema e o empobrecimento da qualidade de seus produtos foi inevitável.

Apesar de a Psicologia ter passado a fazer parte do ensino superior, principalmente após a criação da Faculdade de Filosofia, Ciências e Letras e da Escola de Sociologia e Política de São Paulo (Gil, 1982, p. 49), sua regulamentação, enquanto curso autônomo, coincide com o nascimento do período expansionista. A Lei nº 4.119, de 27 de agosto de 1962, dispôs sobre a formação em Psicologia e regulamentou a profissão de psicólogo no Brasil. Após o Decreto-Lei nº 53.464, de 21 de janeiro de 1964, surgiram formalmente reconhecidas as primeiras escolas formadoras de psicólogos no País. Na época, o modelo econômico nacional que se esboçava pretendia ter um caráter desenvolvimentista, enquanto se tentava incutir na população um clima de euforia e valores patrióticos. No mesmo período, as agências de controle do Estado, por meio de mecanismos de repressão, agiam de forma violenta, procurando conter os movimentos que se esboçassem contrários às suas determinações.

A precariedade da formação do psicólogo brasileiro tem sido amplamente denunciada e recrudesce progressivamente, desde a instalação dos primeiros cursos. A insatisfação com a qualidade do preparo em Psicologia é generalizada. Queixa-se da insuficiência dos conhecimentos, da focalização em técnicas ultrapassadas em prejuízo do questionamento da prática e da restrição das alternativas de atuação profissional. "O ensino de Psicologia oferecido no País é bastante fraco, insatisfatório, e, além disso, observa-se uma tendência negativa, ou seja, aparentemente, vem piorando ao longo do tempo" (Gomide, 1988, p. 85). As inúmeras tentativas de reformulação curricular, iniciadas nas propostas curriculares da década de 50 e nunca mais cessadas (nem poderiam cessar), mantêm-se fundamentalmente como tentativas: a estrutura essencial não se altera. Tornam clara, também, a complexidade de uma questão que não se esgota apenas na modificação curricular. Inúmeras variáveis contextuais e históricas influenciam a educação como realidade, inserida no espaço e no tempo.

Em resumo, alguns fatores são apontados como explicativos do desajuste entre a formação e o exercício das atividades de trabalho. Entre eles, desponta, com freqüência, a criação desenfreada de cursos de Psicologia durante a década de 70, seguindo as políticas educacionais do governo militar, muitas vezes, acarretando a contratação de professores recém-graduados, com conseqüente prejuízo na qualificação dos futuros psicólogos. Ainda hoje, em muitas regiões, a qualificação dos professores está distante de um quadro desejável.

Narrando a história da profissão e dos cursos de Psicologia no Brasil, Pessotti (1988, p. 30) afirma que "a convivência salutar da Psicologia com as disciplinas da Filosofia ou das Ciências Sociais foi perdida". Aliada à "proliferação excessiva desses cursos em instituições ineptas, cuja criação foi fomentada pela ditadura militar", ocorreu "uma crescente tecnificação do conteúdo curricular" (p. 30).

No que tange ao preparo específico do psicólogo organizacional, a rigor parece insatisfatório desde os primeiros cursos instalados no País de modo regulamental, como atesta Andrade (1966, p. 103) ao constatar que a ampliação do mercado estava sujeita ao maior conhecimento específico pelos profissionais da área.

A qualificação de profissionais preparados como especialistas em Psicologia Aplicada, no Brasil, começou com a formação de psicotécnicos. Psicotécnico era o nome atribuído ao profissional que aplicava os conhecimentos da Psicologia ao trabalho. Isto ocorreu por meio de um curso de Psicotécnica, sob a coordenação de Roberto Mange, realizado na Escola de Sociologia e Política de São Paulo, em 1934 (Bologna, 1980, p. 14).

No histórico da área, Gil (1982) ressalta a importância do Instituto de Organização Racional do Trabalho (IDORT) em São Paulo, e do Instituto de Seleção e Orientação Profissional, da Fundação Getúlio Vargas (FGV) no Rio de Janeiro.

O Instituto de Organização Racional do Trabalho, entidade particular implantada em 1930, tinha a finalidade de buscar soluções para os problemas empresariais, estudando a organização da prática administrativa e a seleção e o treinamento dos trabalhadores. Teve um papel centralizador, no treinamento de psicotécnicos, em geral, profissionais formados em Engenharia que se dedicavam aos problemas do ajustamento humano ao trabalho.

Em 1947 foi fundado o Instituto de Seleção e Orientação Profissional. A preparação de técnicos para o tratamento científico dos problemas administrativos foi estabelecida como uma das suas principais atividades. O professor Emilio Mira y Lopez tornou-se um dos seus mais destacados colaboradores.

A década de 50 marcou efetivamente o surgimento da Psicologia Industrial ou do Trabalho, por obra de Roberto Mange, Emilio Mira y Lopez, Betty Katzenstein e Oswaldo de Barros Santos, criadores de diversas instituições e autores de textos importantes, que trabalharam à margem das estruturas universitárias: a USP só veio a ter um curso de Psicologia Industrial não-obrigatório, em 1956 (Pessoti, 1988, p. 27-28). É interessante notar que os primórdios da Psicologia Organizacional no Brasil têm ocorrência acentuadamente externa ao circuito acadêmico. As pressões do desenvolvimento industrial promoveram o incremento da área para consumo próprio, situação que perdura, sendo particularmente verdadeira, dissociando o trabalho acadêmico do âmbito da aplicação em organizações. Essa dissociação pode ser observada, no lado da empresa, pois consome aquilo que ela própria gera e não divulga, assim como prepara endogenamente os seus quadros internos; do lado da universidade, porque são raras as vinculações verdadeiras entre as atividades acadêmicas e as atividades cotidianas das organizações.

A inadequação dos cursos de Psicologia aos problemas e às necessidades da população que pretendem atender tornaram-se, cada vez mais, evidentes, "sobretudo no referente a seu relacionamento com o trabalho industrial" (Gil, 1982, p. 57). Muitas atividades que são desenvolvidas por psicólogos nas organizações em outros países, no Brasil não encontram a mesma correspondência. Essas atividades são francamente ocupadas por profissionais formados em cursos paralelos. O papel desempenhado pelos psicólogos organizacionais em nosso meio, como Malvezzi (1979) demonstra, restringe-se à prestação de serviços técnicos e operativos. Os psicólogos permanecem afastados dos modelos explicativos da realidade das organizações, não possuem parâmetros de julgamento do próprio trabalho e mantêm-se distantes do papel de agentes de transformação.

O ESCOPO DA PSICOLOGIA ORGANIZACIONAL

Convencionou-se estabelecer o período de 1860 a 1912 como a fase pioneira da Psicologia, desenvolvida sobretudo por Wundt, na Alemanha. A Psicologia do Trabalho emancipou-se da Psicologia Geral na seqüência de desenvolvimento da ciência psicológica. Essa emancipação é marcada pelo lançamento, na Alemanha, de *Psicologia e eficiência industrial*, seguido de *Fundamentos básicos da psicotécnica*, em 1913, por Hugo Münsterberg (Gabassi, 1979, p. 16-17). Ainda em 1913, surgiu a primeira versão em inglês de *Psicologia e eficiência industrial*. Münsterberg foi discípulo de Wundt, em Leipzig, e viveu seus últimos 20 anos na Universidade de Harvard, nos Estados Unidos.

Clark (1990), destacando os principais pioneiros da aplicação psicológica nos Estados Unidos, começa com Frederick W. Taylor – na verdade um engenheiro – que exerceu larga influência no controle do comportamento do trabalhador e definição do campo da Administração, no final do século XIX e início do XX. Introduz Walter Dill Scott como a primeira pessoa que realmente pode ser chamada de psicólogo industrial, tendo aberto o campo e publicado um livro sobre publicidade e propaganda em 1903. A seguir, apresenta Frank Gilbreth, que realizou um clássico estudo de tempo e movimento com pedreiros em 1906. Inclui também Hugo Münsterberg, já referido. Seleciona como líderes da aplicação da Psicologia durante a Primeira Guerra Mundial: Robert S. Yerkes, Walter Van Dyke Bingham, Walter Dill Scott, Arthur S. Otis e Donald G. Paterson. Cita como nomes de destaque do pós-guerra Morris Viteles, E. K. Strong Jr., J. B. Miner, Bruce Moore, Elton Mayo e Fritz J. Roethlisberger – os dois últimos foram líderes dos difundidos estudos de Hawthorne. Entre o vasto número de psicólogos envolvidos na Segunda Guerra Mundial, o autor destaca Walter Van Dyke Bingham (novamente), Marion Richardson, Dewey Stuitt, John Flanagan e Jack Dunlap. A partir de então, uma gama imensa de psicólogos poderia ser referida entre os construtores da Psicologia Organizacional como ciência e aplicação. Grande parte deles ainda permanece ativa.

Adicione-se a essa seleção, pela influência que teve (ou ainda tem) na formação dos psicólogos brasileiros, o livro de Joseph Tiffin publicado originalmente em 1942, *Psicologia industrial*. Posteriormente, na edição de 1958, Ernest J. McCormick compartilha a autoria na revisão do texto.

Gabassi (1979, p. 18) demarca a influência de autores dos Estados Unidos a partir da década de 30. Uma forte prevalência do pensamento norte-americano estabeleceu-se, desde então, na Psicologia mundial e, em particular, na Psicologia Organizacional. Wolff e colaboradores (1981, p. 13), uma década antes, afirmavam que, embora o predomínio americano permanecesse forte, tinha-se a evidência de que, em alguns aspectos, a área assumia características mais européias. Hoje, sabe-se que países como a Índia e a Austrália também têm revelado a construção de uma Psicologia Organizacional com características próprias de sua cultura e de seu desenvolvimento.

Analisando o desenvolvimento histórico, observa-se que a definição da área tem passado por diferentes concepções. Durante longo tempo na história da Psicologia Industrial, os psicólogos voltaram-se apenas para o que acontecia dentro da organização. Somente mais recentemente passou-se a prestar atenção nas relações entre o contexto imediato de trabalho, a organização e seu ambiente externo, daí derivando fatores associados ao comportamento das pessoas que trabalham na organização. A Psicologia Organizacional contemporânea enfatiza a interação das características do trabalhador, a natureza do trabalho, a estrutura organizacional e o ambiente externo.

Os livros de Schein (1982), *Psicologia organizacional*, e de Katz e Kahn (1987), *Psicologia social das organizações*, tiveram suas primeiras publicações, respectivamente, em 1965 e 1966. Esses autores, e também Bass (1965), foram pioneiros na divulgação da necessidade de ampliar o contexto de explicação do comportamento individual em organizações. Schein (1982, p. 5-6), reconhecendo as organizações como sistemas sociais complexos, postula que "quase todas as questões que se possam levantar com referência aos fatores do comportamento humano individual dentro das organizações têm de ser focalizadas de acordo com a perspectiva do sistema social em sua totalidade".

Um texto de revisão de Gardner (1966, p. 101), no qual diz que "esta criança faminta procura admissão na família das Ciências Sociais" constitui um dos primeiros artigos em que se faz uso do rótulo Psicologia Organizacional. Logo após, pergunta: "Ela é realmente uma nova criança ou alguém que está tentando atrair atenção para adotar um novo nome?" Acrescenta (p. 102) que a mesma área estava sendo chamada de Sociologia Organizacional. Conclui que, mais que um novo nome, a área estava requerendo um reconhecimento como área multidisciplinar, com um treinamento em Ciências Sociais compatível com esse *status*.

O'Brien (1986, p. 5) resume uma idéia bastante aceita na atualidade: "Psicologia Organizacional é comumente definida como o estudo científico do comportamento humano em organizações de trabalho". A Psicologia Organizacional é uma área de aplicação dos princípios e métodos psicológicos no contexto do trabalho. Firmou-se por meio da história da Psicologia e das Ciências Sociais como uma das mais vigorosas transposições dos princípios derivados de pesquisas e de formulações teóricas para a prática. Suas fontes têm sido a Psicologia Geral e, principalmente, a Social. Apesar de inúmeros autores reconhecerem a Psicologia Social como uma das principais fontes utilizadas pela Psicologia Organizacional, localizando os aspectos de aplicação nesta última, também é encontrada uma diferenciação de ambas como setores específicos de intervenções.

Apesar de ser, reconhecidamente, uma área aplicada, não se pode desprezar as contribuições teóricas que a Psicologia Organizacional tem revelado ao longo do tempo, às vezes, propondo formulações que repercutem em todo o campo da Psicologia (para citar um exemplo, vejam-se os estudos de liderança). Por esse motivo, não se faz referência à área qualificando-a apenas como prática ou aplicada. Como dizem Drenth e colaboradores (1984, p. 5), Psicologia Organizacional não se refere somente a uma disciplina científica, mas também a uma profissão estabelecida.

Existem várias possibilidades de abordar os problemas que ocorrem no contexto do trabalho. Alguns insistem em demarcar a área do psicólogo, do sociólogo, do antropólogo, do cientista político, do economista, etc. (por exemplo: Kolasa, 1978). Outros chegam mesmo a distingüir uma "Psicologia Social psicológica" de uma "Psicologia Social sociológica" (Weiss, 1984, p. 144). É óbvio que, na prática, esses limites apresentam-se retóricos e uma multiplicidade de fatores intercruzam-se na produção dos fenômenos organizacionais, em qualquer de seus níveis. O campo dos estudos organizacionais faz parte do domínio de profissionais provenientes de diversas disciplinas científicas, muitas vezes com consideráveis superposições entre si. Felizmente, como conclui Weiss (1984, p. 145), "bons pesquisadores não se restringem às definições formais de suas áreas".

Se é possível alguma demarcação, as regiões limítrofes da Psicologia Organizacional, com outras disciplinas, são claramente permeáveis. É comum a ocorrência, em trabalhos da área, de capítulos escritos por não-psicólogos. Isso está associado ao fato de a Administração constituir-se em ponto de convergência da contribuição de várias disciplinas científicas. Enquanto alguns afirmam que a Administração é uma ciência e profissão, outros recusam-se a aceitá-la como ciência autônoma, considerando-a aplicação de várias áreas de conhecimento. A Psicologia destaca-se pela contribuição que empresta a vários aspectos da Administração, fato, muitas vezes, até desconhecido por psicólogos que não atentam para a área e que se surpreendem com o volume de informações fundamentadas na Psicologia aplicadas à Administração, fruto do trabalho de um contigente numeroso de estudiosos, durante a história de interação entre os dois campos.

Argyris (1976, p. 180) assevera que um dos mais importantes e difíceis desafios da Psicologia Organizacional é a sua integração conceitual como uma disciplina intelectual sistematicamente unificada. Julga-se que a falta de integração dos conceitos na Psicologia Organizacional não é maior do que aquela detectada na Psicologia como um todo.

A denominação Psicologia Organizacional e do Trabalho, mais largamente utilizada em alguns países europeus, parece apropriada porque traz a idéia tanto dos fatores contextuais imediatos do trabalho quanto das características organizacionais que exercem influência sobre o comportamento do trabalhador. A denominação mais corrente nos Estados Unidos tem sido Psicologia Industrial e Organizacional (I/O Psychology). Psicologia Industrial, como foi chamada logo após o advento da Psicotécnica, refere-se aos conteúdos mais tradicionais da aplicação. O acréscimo do termo Organizacional pretende ampliar o conceito para o entendimento que se tem atualmente. Além das denominações referidas, pode-se encontrar Psicologia de Pessoal, Psicologia do Trabalho, Psicologia do Trabalhador, Psicologia do Comportamento no Trabalho, Psicologia Aplicada ao Trabalho, Psicologia Aplicada à Administração, Psicologia Aplicada aos Negócios, entre outras. Verifica-se, também, que muito dos conteúdos alocados sob os títulos de Psicologia Ocupacional, Psicologia Social das Organizações, Comportamento Organizacional, Comportamento Humano em Organizações, Desenvolvimento

Organizacional, Teoria das Organizações, Administração de Recursos Humanos ou Sociologia Organizacional sobrepõem-se aos temas comumente tratados pela Psicologia Organizacional.

Se temos que optar por uma denominação resumida, Psicologia Organizacional parece transmitir o escopo da área de estudo e atuação. Como qualquer especialidade da Psicologia, aqui também nos interessa, fundamentalmente, os comportamentos que distinguem o ser humano como um indivíduo, ou seja, um participante com características singulares entre os membros de sua espécie. Interessam igualmente as possibilidades de previsão, e as leis gerais que se possam aplicar ao comportamento, consideradas as condições do ambiente em que se insere. Desde as origens da área, a atenção que se dirige ao trabalhador e ao trabalho não pode ser desvinculada do contexto organizacional. Qualquer tipo de trabalho ocorre, ou está associado de algum modo, a uma organização ou a várias organizações. A idéia de organização, necessariamente, inclui pessoas se comportando para atingir seus fins. Esses argumentos parecem justificar a opção por Psicologia Organizacional. Além disso, Psicologia Organizacional talvez seja o nome mais difundido no Brasil para quem quer se referir aos conteúdos da área.

Nesse encadeamento, torna-se pertinente um rápido exame do conceito de organização. Dentre as inúmeras definições encontradas para organização, é ressaltado o caráter complexo de sua natureza, a composição de elementos diversificados e interdependentes e a multiplicidade de fatores, em vários níveis, que afetam a sua permanência. Notem-se as definições de dois autores consagrados. Para Schein (1982, p. 12),

> (...) uma organização é a coordenação planejada das atividades de uma série de pessoas para a consecução de algum propósito ou objetivo comum, explícito, por meio da divisão de trabalho e função e por meio de uma hierarquia de autoridade e responsabilidade.

Na definição de Hall (1984, p. 23):

> (...) uma organização é uma coletividade com uma fronteira relativamente identificável, uma ordem normativa, escalas de autoridade, sistemas de comunicações e sistemas de coordenação de afiliação; essa coletividade existe numa base relativamente contínua em um ambiente e se engaja em atividades que estão relacionadas, usualmente, com um conjunto de objetivos.

O termo organização, como tem sido amplamente compreendido, representa um sistema social orientado, em essência, para a consecução de objetivos específicos. Termos, tais como instituição e estabelecimento, ou empresa e firma, à semelhança da interpretação de Etzioni (1980, p. vii), são denotados como similares. Nesse sentido, fábricas, escritórios de serviços, hospitais, escolas, organizações militares, igrejas, clubes de recreação, agências governamentais, sindicatos, associações de bairro, etc. são genericamente denominados organizações.

As diferentes definições compartilham algumas características comuns às organizações; contudo, as organizações podem ser classificadas em diferentes tipos ou formas. É possível encontrar psicólogos organizacionais trabalhando em empresas de produção de bens, em empresas de prestação de serviços, em órgãos governamentais, em instituições escolares, em universidades (magistério e pesquisa), atuando como consultores (prática sem a vinculação empregatícia comum) ou em centros de atendimento psicológico, nos diversos tipos de organização. A natureza dessas instituições pode ser particular, municipal, estadual, federal, fundação ou outra (Sass, 1988, p. 198, 200 e 208).

A prática do psicólogo organizacional pode ser diversificada. Ou seja, é possível desenvolver muitas atividades nas organizações. Muchinsky (1990, p. 7-10) divide a área da Psicologia Industrial e Organizacional em seis ramos ou subespecialidades:

1. Psicologia de Pessoal: é o ramo mais tradicional da área. O psicólogo concentra-se nos aspectos das diferenças individuais, determinando os requisitos do trabalho, realizando seleção, avaliando o desempenho e treinando o pessoal.
2. Comportamento Organizacional: a organização determina e é determinada pelos indivíduos e pelos grupos. O psicólogo nesse ramo estuda a formação e o funcionamento dos grupos, os estilos de liderança, o comprometimento com os objetivos da organização, os padrões de comunicação, entre outros assuntos.
3. Ergonomia: também chamado de Psicologia de Engenharia ou Psicologia dos Fatores Humanos. Busca compreender o desempenho humano no trabalho associado às relações estabelecidas pelos sistemas homem-máquina.
4. Aconselhamento de Carreira e Vocacional: esse ramo preocupa-se com a integração da pessoa com o trabalho, visando à satisfação do trabalhador. O aconselhamento é utilizado para ajudar a pessoa a escolher atividades compatíveis com suas habilidades e interesses.
5. Desenvolvimento Organizacional: nesse ramo busca-se a eficiência da organização por meio do diagnóstico de seus problemas e o planejamento de mudanças. Envolve modificações no sistema psicossocial, no sistema técnico e nos procedimentos de trabalho.
6. Relações Industriais: diz respeito aos problemas das relações entre empregados e empregadores. O psicólogo deve conhecer a legislação trabalhista, interagir com sindicatos e intermediar as negociações entre os segmentos da força de trabalho.

Howard (1990, p. 18-19), com base em questionário respondido por cerca de dois mil afiliados da Sociedade de Psicologia Industrial e Organizacional da Associação Americana de Psicologia, apresenta um diagrama ramificado de especialidades alocadas em cinco grupos:

1. Avaliação individual: seleção de empregados, testagem, análise do trabalho, emprego equitativo, questões legais, desempenho no trabalho, avaliação de desempenho, estatística, métodos de pesquisa, diferenças individuais.
2. Treinamento: Psicologia de Engenharia, Psicologia Militar, treinamento, avaliação de programa.
3. Comportamento organizacional: atitudes, *surveys*, satisfação no trabalho, *turnover*, relações trabalhistas, qualidade de vida no trabalho, planejamento do trabalho, comportamento organizacional, motivação no trabalho, produtividade, sistemas de recompesa.
4. Desenvolvimento organizacional: cultura/clima, desenvolvimento organizacional, liderança, administração, tomada de decisão, solução de problemas, processos grupais, relações intergrupais, resolução de conflitos, poder, comunicação.
5. Desenvolvimento do empregado: desenvolvimento de carreira, aconselhamento do empregado, questões de gênero sexual, trabalho e família, estresse, ética.

A apresentação desses ramos ou subespecialidades tem a finalidade de chamar a atenção para a amplitude da área, para posteriormente contrastar-se com a restritividade da atuação do psicólogo na realidade organizacional brasileira. Ainda com esse intuito, pode-se examinar o âmbito temático comumente registrado na produção científica, incluída sob a denominação genérica de Psicologia Organizacional e do Trabalho.

A seguir, serão elencados, certamente sob risco de omissão, temas que se têm encontrado na área (Dubrin, 1990; Landy, 1989; Muchinsky, 1990; Saal e Knight, 1988):

1. Temas considerados de domínio mais específico da área: métodos de pesquisa em Psicologia Organizacional; análise do trabalho; testes e técnicas de mensuração psicológica no trabalho; recrutamento, seleção e colocação de pessoal; avaliação de desempenho; treinamento e desenvolvimento de pessoal; desenvolvimento organizacional; solução de problemas e tomada de decisões em organizações; motivação no trabalho; atitudes, satisfação, moral e clima no trabalho; formação e funcionamento dos grupos no trabalho; conflitos interpessoais e intergrupais; liderança e influência; saúde mental e bem-estar no trabalho; custos psicológicos e fisiológicos do trabalho; acidentes no trabalho; propaganda e vendas; psicologia do consumidor; sistemas homem-máquina; aconselhamento de carreira e vocacional; comunicação interpessoal nas organizações.
2. Temas considerados de domínio comum também para outras áreas: organizações – estrutura e funcionamento; teoria das organizações; poder; estresse; produtividade; rotatividade e absenteísmo; trabalho

e família; grupos minoritários e trabalho; aposentadoria; sistemas de remuneração e benefícios; aconselhamento no trabalho; qualidade de vida no trabalho; planejamento do trabalho; planejamento de carreiras; relações trabalhistas; lazer; políticas públicas.

A PSICOLOGIA ORGANIZACIONAL COMO ÁREA DE APLICAÇÃO NO BRASIL

Já foi destacada a importância do Instituto de Organização Racional do Trabalho – IDORT – como órgão formador de psicotécnicos, ainda que não-reconhecido formalmente dentro dos cânones da titulação acadêmica, mas muito mais como instituição de suporte técnico às necessidades da industrialização emergente em São Paulo. Pode-se dizer que o florescimento da aplicação da Psicologia Organizacional no Brasil, na década de 30, esteve, em sua maior parte, vinculada ao IDORT (Gil, 1982, p. 67). Destaca-se, como trabalho pioneiro, a criação do Instituto de Seleção e Orientação Profissional de Pernambuco, em 1925, no Recife, pelo neurologista e psiquiatra Ulisses Pernambuco, com a produção de numerosas pesquisas aplicadas (Pessoti, 1988, p. 23-24). Naquela época, ainda sob forte influência dos estudos da racionalização do trabalho de Taylor e Fayol, as atividades exercidas concentravam-se em torno da seleção de pessoal e do crescente avanço das atividades de treinamento. Posteriormente, sob circunstâncias da política imposta pelo Estado Novo, o IDORT foi enfraquecido. A criação do Departamento Administrativo do Serviço Público – DASP, em 1938, do Serviço de Seleção Profissional da Estrada de Ferro Central do Brasil, em 1939, e do Laboratório de Psicotécnica do SENAI, em 1942, deram nova feição às atividades da área. Pouco tempo depois, o Instituto de Seleção e Orientação Profissional – ISOP, estabelecido em 1947, "tornou-se o mais importante centro de Psicologia aplicada ao trabalho no País" (Gil, 1982, p. 69). Tais eventos tiveram fundamental significado para a profissionalização do psicólogo no Brasil.

Os anos 50 foram marcados por intensa luta dos psicólogos em busca da regulamentação da profissão e do processo formativo. Em um artigo da primeira metade da década de 50, Dória (1953/1954), tratando da formação e da regulamentação da profissão, diz que "compete ao psicotécnico a tarefa de orientação e seleção profissional, bem como a direção de serviços que apliquem a psicologia à organização do trabalho" (p. 62). Vale observar a alusão feita às possibilidades de um exercício mais amplo do que apenas a aplicação de testes, em uma época em que as atividades, no Brasil, eram dominadas pela Psicometria.

Quando foram regulamentados a profissão e, posteriormente, o currículo mínimo, na primeira metade da década de 60, a Psicologia Escolar e a Psicologia Organizacional já contavam, naquele momento, com uma tradição de pelo menos três décadas de aplicação em variadas áreas de trabalho. As atividades da Psicologia Clínica, por sua vez, eram incipientes. Entretanto, esta última expandiu-se rapidamente como área de preferência entre os professores e alunos, na imagem do profissional da Psicologia, a qual se estabeleceu para a população e nos conteúdos de ensino enfatizados dentro dos cursos. As horas de estágio durante a formação, por exemplo, têm sido marcadamente concentradas na área clínica. Estão colocadas entre as atividades do psicólogo, estabelecidas na Lei 4.119, art. 13, § 1º: realização de diagnóstico psicológico, orientação e mensuração psicológica para processos de seleção profissional, orientação psicopedagógica e solução de problemas de ajustamento. O que orienta a definição das atividades que o psicólogo pode exercer em organizações, fica claro, é a seleção de pessoal ou o uso de instrumentos psicológicos para avaliar o ajuste do indivíduo ao cargo. Se essa idéia já estava defasada à época da regulamentação, hoje mostra-se em completa obsolescência.

A circunscrição tradicional da área, além de firmar a imagem do profissional restrito no nível do indivíduo, não comporta a gama de atividades que o psicólogo poderia desenvolver nas organizações. Não se tem a intenção de passar uma idéia da prática rigidamente conformada pela lei. É comum ouvir-se que o que é regulamentado decorre das novas configurações das atividades reais de trabalho. Ou seja, regulamentar significa formalizar o que já vem sendo praticado ou o que tem amplo potencial de ser desenvolvido. Assim, também as alterações no âmbito do exercício não são precedidas por regulamentos. No entanto, é preciso notar, os parâmetros legais da atuação profissional do psicólogo, nas organizações, transmitem uma idéia bastante acanhada das possibilidades do exercício – reflexo da prática que vem ocorrendo efetivamente.

A restritividade do exercício profissional do psicólogo brasileiro manifesta-se em todas as áreas. O conjunto das atividades desenvolvidas pelos psicólogos, em geral, conforme o levantamento realizado pelo Conselho Federal de Psicologia (Carvalho, 1988, p. 217), revelou-se quantitativamente reduzido e pouco diversificado. Entre as 47 atividades listadas (p. 218-219), não-definidas quanto aos seus conteúdos, 19 delas são atribuídas ao psicólogo organizacional. Assim se distribuem, das mais às menos freqüentes (p. 226): Seleção, Aplicação de Testes, Recrutamento, Acompanhamento de Pessoal, Treinamento, Avaliação de Desempenho, Análise de Função/Ocupação, Planejamento/Execução de Projetos, Desenvolvimento Organizacional, Triagem, Cargo Administrativo, Assessoria, Análise de Cargos/Salários, Aconselhamento Psicológico, Diagnóstico Situacional, Supervisão de Estágios Acadêmicos, Orientação/Treinamento Paraprofissionais, Psicodiagnóstico e Consultoria.

Carvalho (1988, p. 232-233) faz uma síntese da descrição da atuação do psicólogo na área, retirada da Classificação Brasileira de Ocupações:

> Na área de trabalho, as referências se distribuem em quatro tópicos: além da avaliação e de orientação/recrutamento/seleção/treinamento (citados em conjunto), surgem as tarefas de avaliação de desempenho e análise ocupacional; marginalmente, são referidas tarefas de diagnóstico e de adaptação de ferramentas/máquinas.

O autor (p. 228) deixa claro que a área Organizacional é caracterizada, prioritariamente, por atividades relacionadas ao Recrutamento e Seleção, Acompanhamento de Pessoal, Treinamento e Análise de Função. Sob a nomenclatura de Atividades de Planejamento (uma denominação genérica que pode incluir diversas atividades específicas) e Gerenciamento (que não é, por si mesma, uma atividade psicológica, mas um conjunto de atribuições que definem um cargo ou posto de trabalho) encontra-se um pequeno número de citações identificadas como atividades exercidas pelos psicólogos que atuam nas organizações brasileiras. Em suma, comprova-se o predominante exercício de atividades tradicionais, pouca inovação e o distanciamento das posições de liderança ou influência.

Em outros países, ainda na década de 60, o encaminhamento para atividades que extrapolam o âmbito das atividades tradicionais e uma redefinição do modo de encarar o trabalho justificaram a mudança do termo Psicologia Industrial para Psicologia Organizacional. No Brasil, em determinados segmentos, tem-se a impressão de que os padrões adotados permanecem nos moldes da Psicotécnica.

Bastos e Galvão-Martins (1990, p. 14-17), com base em informações fornecidas por profissionais da área e reflexão conjunta dos psicólogos, apresentam, em consistência com objetivos previamente definidos, funções e tarefas idealizadas como uma análise ocupacional do psicólogo que atua em organizações. Essa análise fornece, ainda que em caráter provisório, um modelo de referência que permitirá contrapor, em outras etapas da investigação, a *performance* atual e aquela esperada do psicólogo. A seguir, estão transcritas as funções e resumidas, entre parênteses, as tarefas:

1. Contribuir para a produção teórica sobre o comportamento humano no contexto organizacional (o psicólogo concebe ou replica estudos; concebe novas tecnologias ou testa tecnologias estrangeiras; desenvolve pesquisas).
2. Fazer, em equipe multiprofissional, diagnóstico e proposições sobre problemas organizacionais relativos a RH, no nível sistêmico (define problemas; elabora proposta de estudo/diagnóstico; equaciona medidas de implantação).
3. Analisar as atividades intrínsecas ao trabalho desenvolvido na organização para subsidiar elaboração de instrumentos necessários à administração de RH e modernização administrativa (elabora e executa projeto de análise do trabalho).
4. Promover treinamento e desenvolvimento de pessoal (diagnostica necessidades de treinamento; planeja, aplica e avalia programas de treinamento).
5. Realizar avaliação de desempenho (elabora projeto; prepara a organização; acompanha a realização; analisa os dados; encaminha resultados).
6. Implementar a política de estágio da organização (seleciona, encaminha e acompanha estagiários).

7. Supervisionar as atividades do estagiário de Psicologia (planeja e acompanha as atividades; avalia o desempenho do estagiário de Psicologia).
8. Desenvolver, em equipe multiprofissional, a política de saúde ocupacional da organização (contribui no diagnóstico, na elaboração de projetos, na implementação e avaliação das ações de saúde).
9. Desenvolver, em equipe multiprofissional, ações de assistência psicossocial que facilitem a integração do trabalhador na organização (intervém em problemáticas de integração; elabora e implanta programas recreativos, sociais e culturais; viabiliza o acesso do trabalhador e dependentes aos benefícios).
10. Estabelecer, em equipe multiprofissional, relações em órgãos de classe (analisa a pauta de reivindicação; intermedia negociações).
11. Efetuar movimentação interna de pessoal (analisa os motivos e as opções de permuta; formaliza a movimentação; acompanha o processo de adaptação).
12. Promover, com pessoal externo, as vagas existentes na organização (constrói a análise profissiográfica; recruta e seleciona pessoal).
13. Implantar e/ou atualizar plano de cargos e salários (faz análise de cargo e pesquisa salarial; elabora instrumentos de integração do plano de cargos e salários).
14. Coordenar, quando responsável pelo gerenciamento de RH, as ações de documentação e pagamento de pessoal (supervisiona atividades de registro e cadastro, da folha de pagamento, do recolhimento de encargos sociais e recolhimento diversos).

Quando são comparadas a análise ocupacional do psicólogo que atua em organizações, conforme apresentada, e as atividades possíveis de serem exercidas, derivadas da temática elaborada com base na literatura nacional e estrangeira, como vista anteriormente, no escopo da Psicologia Organizacional, pode-se concluir que muitos psicólogos brasileiros não têm cogitado a respeito de várias atividades. Atente-se para o fato de que muito pouco do que a análise ocupacional sugere é realizado, efetivamente, pela maioria dos psicólogos no país. Em síntese, o psicólogo organizacional brasileiro executa um pequeno número das possibilidades de aplicação de que a área dispõe.

O que é pior, o psicólogo não está preparado nem mesmo para o pouco que executa.

> O psicólogo não tem clareza da sua profissão, não tem definido um projeto de trabalho, nem uma linha de atuação (...) não sabe oferecer e nem desenvolver projetos de trabalho em instituições e comunidades, atuando basicamente por "receitas". (Bouvier e colaboradores, 1988, p. 6)

Comentando o *modus operandi* do psicólogo em atividades de seleção de pessoal, Figueiredo (1988, p. 337) denuncia o uso indiscriminado de testes e conclui: "O resultado é o descrédito, a incompetência, o comprometimento da imagem do profissional e o subemprego".

Da parte das empresas, como não é difícil deduzir, a reação é de suspeita e reservas quanto ao desempenho do psicólogo. Por meio de experiência pessoal anterior, é mesmo possível identificar organizações que não contratam psicólogos, sob alegação de ocorrências prévias desastrosas no contato com esses profissionais.

O reconhecimento e a conquista de espaços no contexto organizacional advêm de uma disputa em que é necessário apresentar resultados visíveis, dada a natureza pragmática de suas atividades, assim como da habilidade em firmar posições dentro do cenário.

> Uma outra dificuldade que normalmente se encontra é da existência de barreiras por parte da organização quanto à atuação do psicólogo. Pela nossa experiência, as barreiras têm origem no seguinte: existem estereótipos que tanto vocês (psicólogos), como os engenheiros, os administradores de empresa, os advogados recebem. (Neri, 1978, p. 120)

Dentro de limites relativos, encontram-se estereótipos e dificuldades ligados ao exercício profissional em qualquer campo de aplicação. Também compete ao profissional encará-las com preparo, maturidade e discernimento das oportunidades de firmar posições.

Existe uma idéia estabelecida ao longo da recente história da Psicologia no Brasil, pelo fato de o próprio psicólogo restringir-se à seleção e, em grande parte, não ambicionar outras atividades ou postos de trabalho (o seu treinamento fora da empresa e suas expectativas estão voltadas para a atuação clínica), de que o profissional de Psicologia nas organizações parece apresentar-se como um agente que não pretente ampliar o seu espaço. Conseqüentemente, seu poder é restrito. Isso acaba entrando em choque com supostas características de onipotência ou com tentativas que fogem ao papel restrito.

A leitura de muitos textos produzidos a respeito da formação e do exercício psicológico, nos últimos anos, traça um panorama de incertezas e uma autocrítica severa. A recentidade da regulamentação da Psicologia no Brasil é freqüentemente colocada como possível causa dos males da profissão. Sabe-se que a explicação não pode ser tão simples. A recentidade poderia até ser um fator positivo, no sentido de absorver ampla parcela de profissionais, se os serviços preenchessem uma real demanda da sociedade. Ou melhor, se a sociedade estivesse estruturalmente preparada para fornecer os serviços à grande parcela da população que deles necessita. Ribes (1982, p. 127) acredita que o surgimento da Psicologia como profissão se deu "antes de sua consolidação como ciência ou engenharia de alguma ciência", no contexto do sistema capitalista, voraz na transformação do trabalho intelectual em mercadoria.

Inúmeros fatores intercruzam-se para compor esse quadro. Não somente o profissional da Psicologia é colocado em desarmonia nesse processo – a incompetência do psicólogo compõe uma parcela da orquestração. Atualmente, o problema é generalizado, via de regra, entre as profissões de nível superior. Não é apenas uma melhor qualificação técnica que altera, favoravelmente, esse panorama, como uma análise ingênua poderia supor. De qualquer modo, "um selecionador incapaz de selecionar" complica a sua própria situação e a de sua categoria. Com isso, não se pretende reduzir o problema ao preparo técnico, posto que as mudanças nas relações entre a formação e o trabalho envolvem diversos níveis em que os fatores de determinação desse estado de coisas se influenciam mutuamente.

O CONTEXTO E O PAPEL DO PSICÓLOGO ORGANIZACIONAL

A Psicologia Organizacional tem sido acusada de ajudar a manter o *status quo*. Baritz (1960) manifesta o uso de técnicas oriundas da Psicologia para manipular os trabalhadores na indústria americana. A administração científica, principalmente, por meio de Taylor, difundiu a idéia do homem almejando obter o máximo de dinheiro em troca do mínimo esforço possível. Revista a desatenção desse autor para o fator humano como elemento de contracontrole, os empresários deram-se conta da importância de investir no controle dos recursos humanos. Os psicólogos surgem nesse contexto como o grande aliado do capital, aqueles que se preocupam com a aplicação, sem questionar sua finalidade: os "servos do poder."

A aplicação dos conhecimentos da Psicologia e das Ciências afins às organizações possui críticos severos, que lhe atribuem uma prática ideologicamente comprometida com a expropriação do trabalhador (Rozzi, 1976; Figueiredo, 1980; Roux, 1983; Faria, 1985 – entre outros). Em alguns trabalhos, fica-se com a impressão de que a Psicologia Organizacional é a grande culpada pelas iniqüidades existentes no mundo da produção capitalista. É interessante contrapor a esse ataque verbal a nítida e fraca influência derivada dos postos ocupados pelos psicólogos nas empresas brasileiras. Não se está negando aqui o potencial controlador disponível na Psicologia, muitas vezes, utilizado por profissionais de áreas diversas. O que se pretende é destacar a falta de referência a um contexto integrado. Em algumas denúncias, parece que não se considera o vasto contingente profissional que atua diretamente nos órgãos de Recursos Humanos nas empresas, ou a participação indireta de tantos outros nessa construção social.

É verdade que muitos psicólogos têm persistido em uma prática pobre em autocrítica. Isso ocorre, também é verdade, em qualquer área de aplicação (sem ficar restrito à Psicologia). Contudo, outros psicólogos buscam, sem abdicar espaços, alternativas que tenham conseqüências mais satisfatórias. A Psicologia pode ser empregada na busca emancipatória ou opressora, na empresa ou em qualquer outro lugar. Nossa opção tem sido refletir, agir e refletir.

Existem inúmeras maneiras de encarar as organizações. Morgan (1986) reúne algumas perspectivas derivadas do estudo das organizações. A adoção de qualquer uma dessas perspectivas é dirigida pela visão de mundo de cada estudioso ou de cada profissional aplicado. As organizações podem ser analisadas, por exemplo, como máquinas, organismos, cérebros, culturas, sistemas políticos, prisões psicológicas, fluxos e transformações, ou instrumentos de dominação. Apresentam-se como realidades multifacetadas, ambíguas e complexas. Representam um desafio para nossa capacidade de pensar criticamente. Não se reconhece outra opção: tem-se que enfrentá-las, na procura de soluções para os prementes problemas que a civilização industrial nos impôs, e estar presentes, participantes, na construção de novos rumos.

A Psicologia Organizacional é uma área que se insere no campo relativo ao trabalho e tem estreito vínculo com as atividades administrativas. Na perspectiva adotada, suas metas extrapolam a visão tradicional de ajustamento do indivíduo ao trabalho e busca de eficiência máxima. Trata-se de priorizar o desenvolvimento da pessoa, por meio de mudanças planejadas e participativas, nas quais o homem possa adquirir maior controle de seu ambiente. O crescimento individual que se pretende deve conduzi-lo a apreender sua inserção nas relações com o grupo e as relações do grupo com a estrutura organizativa e com a sociedade. A idéia é que toda mudança no homem pode produzir mudanças em seu ambiente, e vice-versa. A intenção é a de preparar o homem para o controle de suas próprias mudanças e as mudanças do ambiente exterior. Produzir é uma forma de alterar o ambiente. A produtividade, necessária para a sobrevivência da espécie humana, coloca-se intrinsecamente associada à motivação, ao envolvimento e à conscientização do significado do ato de produzir.

Produtividade e desempenho no trabalho são processos fortemente interligados. Fazem parte de uma cadeia complexa que inclui desde fatores individuais de motivação, habilidades e conhecimentos, até fatores estruturais ao nível da época e mudança de valores da sociedade.

Face ao vertiginoso crescimento demográfico no mundo atual, o conseqüente aumento na demanda de bens e serviços para a sobrevivência das pessoas e a ameaça de devastação definitiva da natureza, não parece existir alternativa à busca contínua de melhoria dos recursos de produção. O aumento de produtividade deve ser pensado, priorizando a melhoria da qualidade de vida de quem produz, de quem consome e a preservação máxima do ambiente.

Sass (1988, p. 196-197), analisando a Psicologia enquanto ciência e profissão, resume os debates que tratam da natureza ideológica, alienante, elitista, etc., da Psicologia em três tendências: (1) os que postulam a adequação dos conhecimentos gerados pela Psicologia, mas vêem obstáculos institucionais, de caráter político-ideológicos, que inviabilizam "a disponibilidade dessa ciência para promover a emancipação humana"; (2) os que atribuem à Psicologia intrínseca inadequação e distanciamento dos interesses reais da população, colocando a própria Psicologia e seus agentes como essencialmente incapazes de ações transformadoras; e (3) os que encontram os obstáculos "no viés da ação profissional de muitos psicólogos que insistem em trabalhar com os indivíduos isoladamente". Considera-se que a conjunção de variados fatores compõe a realidade de penetração da Psicologia. A atribuição das dificuldades à resistência das instituições, por exemplo, comum entre os psicólogos organizacionais, soando como causa única, deve também ser pensada em termos da história recente das atividades desses profissionais em tal ambiente de trabalho, o seu preparo para o desempenho dessas tarefas e a sua competência para gerar oportunidades de inserção, as condições recessivas de oportunidades de trabalho, às quais são submetidos os trabalhadores no País, etc. A conjunção dos fatores percorre desde a instância individual, como os valores e a motivação pessoal do psicólogo, a cultura do grupo de profissionais da categoria, a prevalência das condições de formação, até determinações histórico-econômicas que constituem o mercado profissional tal como se apresenta no momento e suas perspectivas de evolução.

Talvez possam identificar-se pelo menos três orientações ético-políticas dos psicólogos em relação ao trabalho em organizações: (1) aqueles que concordam com a estrutura de dominação interna às organizações e atuam, implícita ou explicitamente, para preservá-la; (2) aqueles que reconhecem as dificuldades do enfrentamento das questões geradas no seio do embate de classes e buscam, in loco, modos de emancipação do trabalhador e melhoria da qualidade de vida; e (3) aqueles que vêem na atuação, em empresas, um papel de amortecedor de conflitos, em detrimento, inevitável, do trabalhador.

Concorda-se com Duran (1983, p. 13) quando indica, entre os objetivos da formação do psicólogo, "levá-lo a produzir conhecimento e atuar no sentido de reduzir o desequilíbrio nas relações de controle". O psicólogo deve ser capaz de aprender, desenvolver e aplicar os conhecimentos gerados mundialmente pela Psicologia, por uma análise crítica da pertinência dos conteúdos ao contexto em que atua. É um profissional que lida, nas atividades de trabalho, com assuntos relativos ao ajustamento, à aprendizagem e ao desenvolvimento. A Psicologia quando aplicada às organizações não foge desse fim.

Pensa-se o psicólogo como um profissional que deve contribuir para uma relação empregado-empregador tão equânime quanto possível. Não se parte da perspectiva ingênua de uma possível anulação de conflitos. Os conflitos, conhece-se sobejamente, são inerentes a essa relação. Nem se imagina que o trabalho do psicólogo deva ser, sem outro caminho, o de agente de domesticação do trabalhador. Ao contrário, o caminho da emancipação pode estar na possibilidade do agir com o trabalhador – atente-se para os recursos que a educação no âmbito das organizações, por exemplo, oferece para a ação nesse sentido. Depende, em alguma parcela, da capacidade do psicólogo de criar essas alternativas. O pressuposto de relações mais equilibradas ou, talvez, uma expressão melhor, de relações mais próximas de equanimidade, implica no desenvolvimento das contrapartes. Esse é, obviamente, um modo de encarar e pressupor o assunto.

Neri (1978, p. 119) sintetiza com clareza o que representa a Psicologia Organizacional para o conjunto dos psicólogos: "Uma área de trabalho da qual a maioria tem apenas uma visão parcial e, na maioria das vezes, uma visão negativa". É interessante ressaltar a composição de visão parcial com visão negativa. Isso nos permite adiantar que, não sendo conhecida com um mínimo de profundidade, é muito freqüente ouvirem-se manifestações nitidamente enviezadas e preconceituosas sobre a área. A rejeição dá-se em nível apriorístico. Ou, então, em ingênuas reduções das possibilidades do exercício psicológico, funcionando o próprio psicólogo como agente de esvaziamento de sua área de trabalho. É o que acontece quando se ouve de estudantes de Psicologia, ou de profissionais, que o psicólogo, em empresas, só faz seleção. Repare que o próprio psicólogo aceita e se confina a uma realidade mais restrita que a do mercado real de trabalho. Se ele não luta pela ampliação do mercado (para isso seria necessário, pelo menos, estar informado sobre a ampla gama de atividades possíveis), quem o fará? Não se pretende reduzir a questão ao conhecimento da área. São muitos os fatores, em diferentes dimensões, que formam o mosaico. Tem-se clareza da importância, por exemplo, de encarar o exercício das atividades de trabalho como uma prática social, para que se possa esperar sua ampliação. Em outras palavras, as atividades podem se ampliar na medida em que se encaminham consistentemente para as necessidades da população – colocado como prioritário tanto o desenvolvimento dos dirigentes quanto dos dirigidos.

Diferentemente da opção de Yamamoto (1987, p. 80), que propõe a negação política da Psicologia, são procuradas as condições que podem indicar a formação de um psicólogo competente. Como toda atividade humana, a prática do psicólogo nas organizações é um compromisso que acaba situado entre o real, o ideal e o factível. Entende-se que o compromisso político, utilizando o significado discutido por Saviani (1991), possibilita uma inserção coerente e a afirmação do papel, enquanto que a competência técnica tem por trás a questão metodológica e científica, que sustenta realizações sólidas. Ambas são indispensáveis para quem atua no contexto das organizações ou em qualquer atividade profissional: "(...) a competência não é entendida como um momento *prévio* ao engajamento político mas como um momento *no interior do próprio compromisso político*" (Saviani, 1991, p. 55).

Pretende-se favorecer, por meio de uma educação comprometida e conseqüente, a consolidação das atividades de trabalho do psicólogo nas organizações. Enquanto não se intervém efetivamente na formação, os psicólogos continuam a ser graduados sob modelos arcaicos e continuam buscando as organizações somente para obterem sobrevivência. As organizações, no Brasil ou em qualquer parte do mundo, estão arraigadas à estrutura societal – persistem. Prefere-se um psicólogo que responda à inserção que lhe está reservada, desempenhando as atividades, no nível técnico, sabendo fazer e, no nível político-ideológico, alertando quanto à utilização do próprio trabalho e ao inevitável jogo dos vetores que a disputa do poder impõe. Idealiza-se um profissional que atue junto aos recursos humanos, ciente da interdependência sistêmica das partes e níveis da estrutura organizacional e da necessária interação com outros profissionais, que fundamente suas intervenções em critérios científico-metodológicos consistentes e que questione criticamente a inserção de sua prática e o desempenho da organização no contexto social.

O PREDOMÍNIO DO MODELO MÉDICO

Quando comparada às demais, é evidente o forte peso da carga horária destinada à área clínica no processo de formação. É preciso lembrar também que os conteúdos das disciplinas e o discurso dos professores em sala de aula privilegiam a clínica quase unissonamente. Pode-se falar de uma perspectiva clínica que se estende pela formação e pela atuação. "A Psicologia é desvinculada das demais ciências, o indivíduo é estudado como que pairando acima de seu contexto social" (Carvalho e colaboradores, 1988, p. 60). Sass (1988, p. 209) descreve a situação como "a conhecida tendência hegemônica da atuação profissional do psicólogo no sentido privatista, clínico e individualizante".

A perspectiva clínica tem sido influenciada pelo modelo médico de explicação dos fenômenos denominados patológicos e está associada a um ideal de exercício das atividades como profissional autônomo. Tem um caráter remediativo ao lidar com os problemas psicológicos, atribuindo, ao próprio "portador dos desvios", as dificuldades de integração do indivíduo no convívio social. O modelo médico assenta-se no pressuposto da existência de causas subjacentes e da improdutividade de intervenções diretas sobre as condições ou os comportamentos considerados desviantes. O que se faz necessário, de acordo com o modelo, é tratar o problema "real": as causas básicas ou intrínsecas (Ullmann e Krasner, 1965, p. 3).

Conforme retrata Angelini (1975, p. 44), pode-se concluir que a preferência dos jovens que procuram os cursos de Psicologia no Brasil, desde sua implantação oficial, tem sido quase exclusiva pela clínica. A opção do aluno pelo exercício da clínica psicológica, antes mesmo de seu ingresso na universidade, está nitidamente associada às atividades psicoterápicas, em consultório. O aluno chega ao curso com "uma concepção abstrata de prestígio social, de rentabilidade econômica, de potencial de serviço, de equilíbrio emocional e de fluidez nas relações interpessoais" (Netto, 1988, p. 134). Durante sua permanência no curso, o aluno é reforçado em seu direcionamento prévio. "Quem ingressa no mercado na área clínica, na sua grande maioria, atribui sua escolha à busca de realização pessoal ou à formação que recebeu" (Bastos, 1988, p. 178). Para Borges-Andrade e colaboradores (1983, p. 106), "a busca de clínicas particulares, apesar de ser raramente bem-remunerada, representaria assim uma maneira de obter alguma gratificação, pela expectativa pessoal anteriormente formada e que seria agora atendida".

O predomínio da clínica é evidenciado com clareza em variados aspectos. A ênfase predominante na orientação dos professores, a expectativa dos alunos ao ingressarem no curso e a própria sociedade, nos segmentos informados sobre a participação profissional do psicólogo, rudimentarmente ou não, identificam a prática do psicólogo como clínica. "O papel social esperado do psicólogo, na sociedade brasileira, está quase sempre intimamente ligado à atuação clínica" (Borges-Andrade, 1987, p. 305). O campo das atividades é confundido como uma especialidade da Medicina e, muitas vezes, é identificado como uma atividade envolta em algo místico, de difícil penetração. "A Psicologia, conhecida basicamente como Psicologia Clínica, é aproximada da Psiquiatria e de outras categorias sociais como guias espirituais e confidentes" (Carvalho e colaboradores, 1988, p. 51).

A atração dos profissionais pela clínica e a "conveniência" do modelo médico como substrato de sua prática certamente não se desvinculam do tradicional prestígio que a medicina goza na sociedade ocidental.

Deve ficar claro que o modelo médico espalha-se por toda a Psicologia e suas áreas de aplicação. Quando os autores, na literatura existente sobre o assunto, referem-se à perspectiva clínica da atuação do psicólogo, denota-se a influência do modelo médico predominante em todo o campo. A influência desse modelo relaciona-se com a visão liberal de mundo. Centralizam-se os mecanismos de mudança dentro do indivíduo, desvinculados das condições concretas, complexas e estruturais da sociedade. O liberalismo é a ideologia que sustenta a visão de mundo capitalista (Cunha, 1983).

O interesse pela área clínica revela-se também nítido, como poderíamos seguramente esperar, nas publicações em periódicos de Psicologia, oriundos de instituições não-vinculadas ao sistema universitário (Netto, 1988, p. 123). O conhecimento que é divulgado nessa esfera encaixa-se e retroalimenta o ciclo, reforçando interesses já estabelecidos e induzindo as preferências dos futuros iniciantes na profissão.

Repetidas afirmações entre muitos trabalhos publicados, que caracterizam o treinamento acadêmico como francamente voltado para a clínica e centralizando a explicação dos fenômenos psicológicos com predomínio dos fatores individuais internos, relegando inúmeras vezes as instâncias macrossociais, permite atribuir, a esse viés, muitas dificuldades encontradas no exercício em outras áreas, ou na própria área clínica, quando a proposta de atuação foge ao papel tradicional. O forte peso do direcionamento clínico na formação, calcado no modelo médico, produz um profissional que localiza os controles das ações individuais, sobretudo nos próprios indivíduos. Como conseqüência, reluta em reconhecer os determinantes comportamentais relativos às influências que o ambiente exerce sobre os indivíduos. Desconsiderar fatores socioambientais e evolutivos, além da questão em si de explicar a realidade fundamentado em uma análise unilateral, conduz o psicólogo a dificuldades de ajustamento em contextos de trabalho mais amplos que consultórios.

Regulamentadas quase que à mesma época da instalação do governo militar em 64, as atividades dos psicólogos no Brasil têm sido vistas como "pouco ameaçadoras, já que, privilegiando a esfera íntima e privada, nela ficariam camufladas complexas questões sociais" (Langenbach e Negreiros, 1988, p. 86). Os conflitos não são refletidos, via de regra, coletivamente, considerando-se suas determinações socioeconômicas. Fragmenta-se a biunivocidade do processo, recaindo sobre o próprio indivíduo a origem e causa de seus males. Tal prática apresenta interessante funcionalidade para um sistema autoritário e, somada a outros fatores, explica a expansão dos cursos de Psicologia ao longo do tempo, enquanto outros cursos do âmbito das Ciências Humanas e Sociais sofriam pressões de esvaziamento.

A forte atração pela clínica, em que se reduzem as relações a uma díade, conduz a uma visão mistificada das atividades de consultório como a grande possibilidade de emancipação do indivíduo. Esquece-se do papel relevante da participação individual nas ações coletivas para o desenvolvimento da consciência social. Isso sem contar com a postulação de um efeito oposto, no qual a psicoterapia é apontada dentro de uma função adaptadora do indivíduo ao seu contexto, ou mesmo de repressão das tendências transformadoras (efeito ortopédico). Se toda ação psicológica está familiarizada com procedimentos adaptativos ou repressivos, isso certamente não é menos verdadeiro para as atividades da área clínica.

Referindo-se ao fetiche da clínica, Drawin (1988, p. 247) acusa-a de superpor o empirismo à teoria e acrescenta: "O consultório isola-se da sociedade, a terapia converte-se na reprodução microscópica do individualismo imperante". Um primeiro aspecto que se pode observar, já comentado, refere-se à descontextualização social do indivíduo e à ênfase individualizante. Um segundo aspecto diz respeito à situação de trabalho, que se mostra relativamente inquestionável: o critério de avaliação do desempenho do psicólogo, se existe, confina-se à díade terapeuta-cliente ou a um círculo restrito.

A forma de encarar os obstáculos que o psicólogo e a Psicologia enfrentam também é unidirecional. De um modo conveniente, as dificuldades são sempre atribuídas a fatores externos ao profissional, à categoria ou à ciência psicológica. A estrutura social estabelecida e as determinações do capital são depositários, generalizadamente, das mazelas da profissão.

Bastos (1988, p. 163; 164; 191) arrisca resumir os problemas do exercício profissional ao "modelo hegemônico de atuação psicológica, forjado ao longo dos anos, especialmente após a regulamentação da profissão e conseqüente estabelecimento de padrões para a formação dos novos profissionais". Mais adiante esclarece que se trata da "hegemonia da clínica". Ou literalmente: "Há de fato um modelo hegemônico de profissional e esse modelo confunde-se com a clínica".

É necessário deixar claro que não se está atacando a psicoterapia enquanto método de investigação ou procedimento técnico, como bem lembra Sass (1988, p. 207), "prática legítima e importante dos psicólogos". A crítica aponta para a redução de toda atividade da Psicologia aos moldes estabelecidos para análise do indivíduo, em uma prática enviesada que o desvincula das determinações de seu contexto. Também não se pretende generalizar a redução explicativa a toda prática psicoterápica ou clínica.

O psicólogo carrega a perspectiva clínica, no sentido do modelo médico, para se defrontar com os problemas que lhe são apresentados não somente nas empresas, mas também nas escolas e outras instituições. O processo de formação "direcionado basicamente para atuação clínica, não habilita para a atuação em equipe multiprofissional nem para um contexto sistêmico próprio de uma organização" (Galvão, 1987, p. 308).

A manutenção do trabalho em instituições, em especial o trabalho em empresas, muitas vezes, dá-se com a finalidade de sustentar um treinamento complementar em clínica, com a intenção explícita de torná-la, no futuro, a área de dedicação exclusiva. Ocorre também que ao trabalho em departamentos de Recursos Humanos, muitos psicólogos "acrescentam algumas horas de clínica particular e consideram esta última atuação como sua atividade principal" (D'Amorim, 1988, p. 141).

Ao examinar os locais de trabalho dos psicólogos (Sass, 1988, p. 198, 200, 208), pode-se afirmar que se tratam de organizações, em sua totalidade, inclusive as clínicas ou consultórios psicológicos. Independentemente das atividades que o psicólogo desenvolve, o seu trabalho é contextualizado por organizações, pequenas, médias ou grandes. Portanto, seja qual for sua área de opção de trabalho na Psicologia, a aprendizagem de assuntos pertinentes à Psicologia Organizacional, como, por exemplo, a questão do poder nas organizações, permitirá ao psicólogo, no mínimo, uma inserção mais esclarecida a respeito das interocorrências possíveis em seu ambiente imediato de trabalho.

O CONCEITO DE NECESSIDADES NO TRABALHO

A análise de necessidades constitui o passo inicial que deve ser realizado em qualquer seqüência de operações, em uma perspectiva global de sistemas. É uma etapa primordial para o planejamento e a implementação de intervenções. Também no planejamento curricular, de acordo com o modelo de Taba, orientado pelo conhecido trabalho de Tyler, o diagnóstico de necessidades é recomendado como primeiro passo, seguido pela formulação de objetivos, seleção de conteúdos, organização dos conteúdos, seleção e organização das experiências de aprendizagem e determinação do que avaliam, assim como das formas e significados da avaliação (Posner, 1988, p. 82).

Na história do ensino da Psicologia em nosso País, reformulações curriculares, muitas vezes, ficaram restritas à modificação de nomes, emendas e programas, ou seqüenciação de disciplinas. Tem-se, como ponto de partida, que qualquer iniciativa dessa natureza deve se mover em direção às necessidades dos profissionais no campo de trabalho. Tais necessidades, por sua vez, deverão vincular-se estreitamente às necessidades da população para quem as atividades são dirigidas. O estabelecimento dos objetivos e dos procedimentos além dos recursos para alcance dos objetivos deverá nortear-se pela análise das necessidades identificadas em relação direta com o exercício profissional e, não se pode esquecer, confrontados com as capacidades, limitações e necessidades dos alunos. Com isso, não se quer significar que, ao tentar acudir as carências individuais, automaticamente reformulam-se estruturas sociais iníquas, sedimentadas durante séculos.

A perspectiva de educação que se adota visa desenvolver o potencial pleno da pessoa, tornando-a competente para resolver problemas e capaz de ajustar-se a novas situações com autonomia e criatividade. O profissional produzido estará voltado para o desenvolvimento de atividades que beneficiem a sociedade e ampliem as fronteiras do conhecimento. Deverá assumir, com competência e compromisso, o seu papel nas transformações sociais.

Concorda-se com Pardo (1989, p. 22, 23) quando diz que "o psicólogo se transforma através da aquisição dos conhecimentos, e transforma os conhecimentos por meio da sua aplicação e da análise que desenvolve sobre esta aplicação". Necessidades da formação são definidas como a "correlação entre as necessidades de atuação do aluno no curso e as necessidades de atuação do psicólogo no campo de trabalho".

O profissional que se tem em mente, neste livro, é aquele que trabalha em organizações, com base nos conhecimentos que obteve em um curso de Psicologia. Visualiza-se, principalmente, aquele psicólogo que faz parte do quadro de funcionários de uma determinada empresa. Como tal, está sujeito às pressões cotidianas das rotinas internas de trabalho, aos jogos do poder, aos conflitos e aos desafios característicos das organizações e dessas atividades. Por organizações entende-se uma gama muito ampla de instituições, que pode variar desde um clube de recreação a uma multinacional de tecnologia avançada.

O conceito de necessidade que se utiliza está relacionado ao uso que se faz quando, por exemplo, levantam-se necessidades de treinamento nas organizações.

> Podemos utilizar a avaliação de necessidades como instrumento para discutirmos, com os diferentes segmentos da organização, seus papéis e o que deve ser nela mudado. É também a oportunidade para os referidos segmentos tomarem parte nas decisões ou conhecerem os critérios utilizados, bem como tornarem-se responsáveis pelas ações decorrentes dessas decisões. (Borges-Andrade, 1988a, p. 340)

As possibilidades de utilização do conceito de necessidade foram apontadas por Tyler em 1942, conforme registra a edição brasileira (s/d, p. 7). Um dos sentidos atribuído ao termo "(...) designa uma falha entre alguma concepção de norma desejável, ou seja, algum padrão de valor filosófico e a condição real (...) é a diferença para menos entre o que é e o que deveria ser".

A idéia de análise de discrepâncias, que foi empregada por Simon (1960), Kepner e Tregoe (1965), Mager e Piper (1970), entre outros, está situada no contexto de solução de problemas. Problema é compreendido como um desvio de um padrão esperado ou desejado de desempenho. O analista do problema confronta a *performance* atual (o que está acontecendo) com o padrão desejado (o que deveria estar acontecendo). O problema constitui a própria discrepância ou defasagem entre as duas situações. A resolução do problema exige a identificação e o exame das condições geradoras da situação atual para posteriores decisões e ações no sentido de eliminar ou reduzir a defasagem. Em outras palavras, nesse modelo, a resolução de problemas implica definir objetivos e promover ações consonantes ao reestabelecimento da situação, em busca de um padrão desejado de desempenho.

A idéia de análise de discrepâncias, transposta para o problema das necessidades do psicólogo organizacional brasileiro, está representada na Figura 1.1. Essa é a visão do conceito de necessidades aqui utilizada. Na representação esquemática, atual refere-se a um período de tempo que compreende os últimos cinco anos, tempo que tem sido dispendido desde o início da investigação que originou este volume e período aproximado, em que foram publicadas as principais referências que sustentam este livro.

Mudanças:
- formação profissional
- atividades de trabalho

Condições:
- formação profissional
- atividades de trabalho

Situação Desejada

Defasagem
(traduzida pelas necessidades identificadas)

Situação Atual

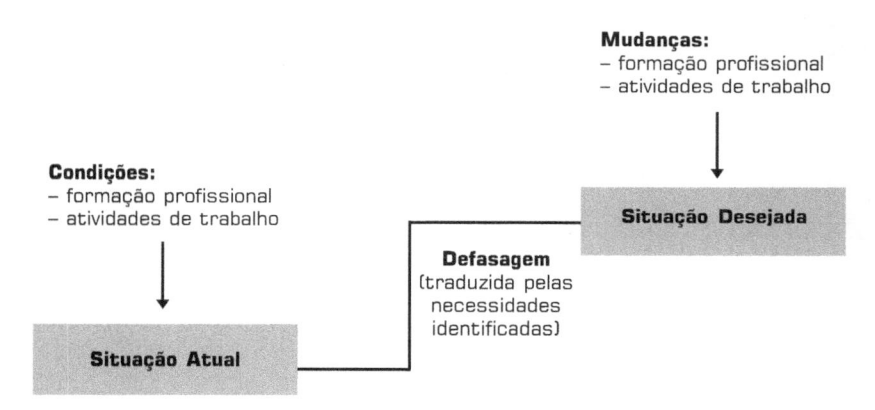

FIGURA 1.1 Representação esquemática do conceito de análise de discrepâncias, aprendido como a defasagem (necessidades identificadas) entre a situação atual e situação desejada da formação profissional e das atividades de trabalho do psicólogo organizacional brasileiro.

Expostas genericamente, as necessidades são inerentes à sobrevivência e ao bem-estar do organismo, além de haver um conceito fundamental nas teorias motivacionais. Admite-se que o sistema individual é estabelecido pelas necessidades idiossincrásicas. O comportamento manifesto é resultado do sistema de cada um, em interação com o ambiente (Cohen e colaboradores, 1984, p. 156). A defasagem (*gap*) entre a situação atual e a desejada é percebida pelo psicólogo que atua em organizações, no plano individual, e relatada como uma necessidade (*need*). Trata-se de uma situação que se impõe objetivamente e é assumida no plano subjetivo. O que aqui se opera, sob o conceito de defasagem, o indivíduo traduz como necessidades, carências ou termos similares.

Pressupõe-se que a busca de intervenções, visando diminuir ou atualizar a defasagem que se apresenta concretamente, traz a possibilidade de redução das carências no plano individual. O processo de resolução do problema não representa um mero ajuste às imposições do mercado. A situação desejada resultaria de modificações tanto na formação profissional como nas atividades de trabalho. Considera-se, contudo, que a formação possui um potencial detonador (Zanelli, 1986, p. 32), e não se pode esperar que as mudanças nas atividades prescritas para o psicólogo advenham paternalmente, mas por meio do reestabelecimento do modo de pensar o próprio papel e da aquisição de competência.

As possibilidades de redução da defasagem, propostas como alternativas de mudança, podem revelar, ao longo do tempo ou mesmo em uma etapa imediatamente posterior, a necessidade de renová-las. O que importa é estar atento aos processos (vistos em permanente mudança – sentido inerente à idéia de processo). A realidade tem um contínuo efeito de transformações nos diferentes momentos da evolução interativa dos sistemas. São necessárias constantes reavaliações e intervenções para a condução dos processos dirigidos aos objetivos previamente firmados.

2
DESCRIÇÃO E ANÁLISE

Este capítulo constitui-se da descrição, feita com base na leitura e na detecção dos conteúdos principais, e da análise dos mesmos. A descrição é destacada aqui, na tentativa de tornar a leitura diferenciada para os trechos derivados das unidades de conteúdo, produtos das verbalizações dos participantes. Os comentários foram feitos em seguida aos trechos que relacionam condições a determinadas necessidades e suas possíveis implicações, recortados de acordo com indicadores que as matrizes originais revelaram. Em última instância, todos os conteúdos mantêm alguma forma de relação entre si.

PROCESSO DE ENSINO

Na dimensão da formação profissional, os participantes identificaram a necessidade dos conhecimentos transmitidos pelos professores, por meio de uma perspectiva crítica da aplicação.

O óbvio resultante da postulação da necessidade dos conhecimentos transmitidos pelos professores, evento que centraliza os aspectos da formação nesse primeiro conjunto temático, torna-se de imediato justificado pela afirmação da falta de interesse e preparo dos professores, assim como pelo fato de se mostrarem inexperientes, amadores e desvinculados da prática, conforme se vê a seguir nas condições.

QUADRO 2.1 Sinopse das inter-relações entre os conteúdos identificados no conjunto temático 1 – Processo de Ensino – na dimensão da formação profissional

Condições	Eventos	Implicações
– desinteresse e despreparo dos professores – professores inexperientes e amadores – pouca vinculação dos professores com atividades práticas – o professor é modelo para os alunos	– necessidade dos conhecimentos transmitidos pelos professores, por meio de uma perspectiva crítica da aplicação	– tentativa de tomar as próprias experiências como modelo para os alunos – indicação do uso da sala de aula para relato de experiências e orientações – o professor deve entrar em contato direto e promover e recuperar as vivências nas organizações, vincular o método científico e a prática, integrar-se aos departamentos de Administração e buscar uma visão globalizante das atividades – deve-se ter maior consistência no ensino do método científico
– ensino generalista – conteúdos programáticos generalistas e desvinculados dos fatos econômicos e do contexto de trabalho		– ênfase no ensino do contexto e vínculo de trabalho, instrumento e objetivos
– espaço restrito à Seleção – programas falhos quanto ao papel – abordagem centrada no indivíduo, viés clínico, conteúdos desatualizados e pouca importância à questão do trabalho		– deve-se apresentar as várias abordagens da Psicologia
– não abordam a questão da produção do conhecimento, a realidade de transformação e a exposição das atividades – não capacitam, não transmitem informações específicas e não integram os conteúdos ao contexto do trabalho		– deve-se preocupar com uma formação integral – deve-se incentivar a produção de conteúdos pertinentes à realidade

Como conteúdos associados à necessidade descrita, nas condições, os participantes disseram que os professores não se apresentam, muitas vezes, com interesse e preparo em profundidade na ciência psicológica e também para a especificidade da disciplina que ensinam. Além disso, os professores mostram-se inexperientes e amadores, não se vinculam às atividades práticas e, de qualquer modo, estabelecem um modelo para o aluno.

Isso, por si só, permite concluir que o ciclo será refeito: os alunos não têm a oportunidade de aprender o que parece ser o mínimo necessário para a atuação posterior na área, defrontam-se com um modelo precário e é esse padrão que irão reproduzir, porque a idéia de modelo implica na idéia de reprodução. Observe-se o que diz o Participante C:

> "Eu acho que em grande parte das faculdades, pelo menos naquelas ao redor aqui de São Paulo, nós temos um corpo docente não-preparado (...) gente que não fez um bom curso de graduação, não está cursando pós-graduação, não estudou mais depois que terminou a graduação e... caiu por acaso pra dar uma disciplina na universidade, e... nem obrigatoriamente tem interesse por aquilo, por aquela disciplina, e... não tem prática nenhuma em atividades ligadas àquilo lá, àquela disciplina, como há vários casos de gente que dá Seleção de Pessoal e nunca fez uma seleção de pessoal na vida."

A falta de experiência dos professores da área é confirmada pelo Participante E:

> "Eu fico com vergonha, por exemplo, de chegar na sala de aula e dizer para os alunos: 'eu nunca fiz uma seleção'; mas queria dizer. Eu fiz seleção... mas foi tão pouquinho."

O crescimento desenfreado na quantidade de cursos de Psicologia, na década de 70, assunto tratado no Capítulo 1, vincula-se à notória perda de qualidade,

> (...) posto que o número de psicólogos com formação específica e experiência em pesquisa e ensino era insuficiente para atender à demanda de cursos criados em tão curto intervalo. Impunha-se a improvisação de professores, muitas vezes malsaídos dos bancos escolares. (Rosas e colaboradores, 1988, p. 37)

Diretamente associado a esses conteúdos, surgiram, como implicações, a tentativa de tornar as próprias experiências como modelo para os alunos e a utilização da sala de aula como ambiente para o relato de experiências na área e fornecimento de orientações – o que anuncia uma tentativa isolada. Os participantes também indicaram, como alternativa, que o professor deve entrar em contato direto com as organizações e que se deve tanto promover como recuperar a vivência do aluno e do professor nas empresas. Assentaram que os professores de metodologia e de disciplinas de aplicação deveriam estabelecer a reciprocidade entre o método científico e a prática, que se deve ser mais consistente no ensino do método científico, que os professores da área de Psicologia Organizacional e os departamentos de Administração devem integrar-se e buscar uma visão integrada das atividades na área, como procedimento entre os professores, durante a formação.

Faz parte da expectativa do aluno que o professor lance mão da própria experiência para relatá-la (Departamento de Psicologia – UFSC, 1989, p. 6). O relato de experiências é estratégia primordial para que o aluno possa antecipar ou comparar as atividades práticas que desenvolve. Bem ou mal, os professores cumprem uma função de modelo. Tanto os professores que não pertencem quanto os que integram a área transmitem uma idéia estereotipada da atuação em organizações ou apresentam o estudo de modo duplamente empobrecido, no que concerne à teoria vinculada à Psicologia Organizacional e às suas possibilidades práticas. O aluno, enquanto não descobrir a área em sua verdadeira extensão, repetirá esses padrões. Neri (1978, p. 121) desnuda o problema:

> (...) não conheço todos os professores que dão aula de Psicologia Industrial, mas tenho notado que grande parte deles não tem um aspecto essencial, que é justamente a vivência nesta área. Quer dizer, dar aulas sobre pesquisa ou livros é totalmente diferente do que ter vivenciado, de você ter convivido com operários, funcionários de banco, com funcionários de ferrovia, de metrô, etc.

A área organizacional é a que mantém o maior índice de dedicação exclusiva entre os profissionais da Psicologia (Bastos, 1988, p. 184; Sass, 1988, p. 206). "A atuação na área organizacional não permite, como nas demais, combinação de muitos trabalhos" (Bastos, 1988, p. 184). Esse fato dificulta o aproveitamento na docência de professores psicólogos que possam trazer vivências no desenvolvimento de atividades nas organizações para dentro da sala de aula. Como conseqüência, aumenta a probabilidade de pessoas com pouca (ou nenhuma) prática e interesse pela área encontrarem, no ensino de suas disciplinas, oportunidade de se manterem vinculadas à docência.

Quando se parte de professores que contam com uma fraca formação de base, não se revelam interessados, não se aprofundam nos conhecimentos e não exercem ou exerceram atividades na área, como esperar que vinculem as atividades de aplicação com o método científico, que busquem integrar as atividades ou estabelecer relacionamentos de interdisciplinaridade? Duran (1983, p. 9) diz-nos, em uma análise mais inclusiva, que "o repertório docente e/ou o repertório discente se revelam inadequados para o processo que 'deveria' ocorrer". Figueiredo (1983, p. 13) arremata de modo cabal: "Estou seguro de que os professores de Psicologia, mesmo se o desejassem, não teriam sabedoria para dar a ninguém". Examine-se o relato do Participante B:

> "(...) respeito e gosto muito dos meus professores, me ensinaram muito, mas eu tive praticamente nenhum modelo de ação, pessoas na área empresarial, que tivessem essa visão, que estivessem ligados ao mundo do trabalho, nos quais eu pudesse me espelhar."

O ensino e os conteúdos programáticos foram caracterizados, nas condições, como generalistas, desvinculados dos fatos econômicos e do contexto de trabalho. Nas implicações, os participantes enfatizaram o ensino do contexto e o vínculo de trabalho, do instrumento e dos objetivos.

Para Bouvier e colaboradores (1988, p. 4), há "um curso discursivo, informativo e generalista, sendo pouca a prática existente, inadequada". Matos (1988, p. 102) afirma que "a formação dos alunos de Psicologia é passiva: na graduação, ele escuta o que o professor leu nos livros, e na pós-graduação, lê o que pesquisadores estrangeiros escreveram nas revistas científicas". Os cursos estão muito próximos do modelo de ensino bancário, denunciado por Freire (1975). Paradoxalmente, muitos professores dos cursos difundem a idéia de Freire, como combativos defensores da emancipação. Seriam os fatores macroestruturais tão fortes a ponto de impedir mudanças que, aparentemente pequenas, no somatório, aumentariam a probabilidade de um produto menos distante das expectativas que são expressas por grande parte dos psicólogos? Acredita-se que também se associam aos fatores macroestruturais a desmotivação e o despreparo para promover alterações de cunho didático-pedagógico.

QUADRO 2.2 Sinopse das inter-relações entre os conteúdos identificados no conjunto temático 1 – Processo de Ensino – na dimensão da formação profissional

Condições	Eventos	Implicações
– formação deficiente, estereotipada e tecnicista – ausência de preparo técnico-instrumental – formação para atender as pressões do mercado – bibliografia insatisfatória	(Idem)	– apresentação de formas de superação de deficiências da graduação – as tentativas de superação acentuam distorções da formação – a especialização nos cursos de Administração de Recursos Humanos acabam descaracterizando a atuação psicológica – não se deve promover a especialização na graduação – sugestão de redução de tempo na graduação
– pouco envolvimento e disponibilidade do aluno – utilização dos conhecimentos gerados na universidade e dificuldades para desenvolver sensibilidade política nos alunos		– as atividades práticas exigem recursos do aluno e da escola – as pressões econômicas enfraquecem as exigências sobre o aluno
– pós-graduação restrita à formação acadêmica		– sugestão de criação de cursos de especialização – sugestão de aprimoramento da pós-graduação enquanto agente de profissionalização – melhorando o produto da pós-graduação pode-se melhorar a graduação

Quanto mais básico o caráter de determinada disciplina, nos cursos de graduação, mais se observa uma desvinculação com os seus fundamentos metodológicos e as respectivas correspondências com o repertório necessário ao futuro profissional da área. A preocupação centra-se em transmitir informações tendo como referencial uma seqüência de conteúdos tradicionalmente estabelecida e considerada essencial para os conteúdos programáticos que virão a seguir, muitas vezes, sem se verificar a realidade do pressuposto junto aos professores que ministram tais conteúdos.

Conforme descrito pelos participantes nas condições, os cursos estabelecem o espaço e fornecem, no máximo, preparo em Seleção de Pessoal, mantêm uma abordagem centrada no indivíduo (abordagem que atrai a preferência do psicólogo, desde o início), têm um forte viés clínico e conteúdos desatualizados e dão pouca importância à questão do trabalho. Os programas eram e continuam falhos em relação ao papel do psicólogo nas organizações. Sugeriram, nas implicações, que se deveria apresentar as várias abordagens da Psicologia, a qual não é ciência de uma abordagem só.

Quando se analisa a gama de atividades possíveis de receber a contribuição do psicólogo, torna-se surpreendente pensar que o curso de Psicologia prepara o aluno, e muitas vezes mal, até para a mais tradicional das atividades: a seleção de pessoal. O recrutamento e a seleção de pessoal é uma etapa preliminar de um processo que se alonga por meio da introdução do trabalhador nas atividades que irá desenvolver na empresa como um todo, do treinamento e desenvolvimento ao longo da carreira, do aconselhamento etc., que culmina com a preparação para a aposentadoria. Isso sem considerar as possibilidades de participação do psicólogo nos processos decisórios que envolvem o comportamento dos grupos e a interação da comunidade organizacional como um todo. Restringir as atividades do psicólogo à seleção significa empobrecer o seu papel em demasia. Isso fica claro nos dois depoimentos que se seguem:

> "Eles (alunos) não são preparados para assumir uma Psicologia Organizacional" (Participante D).
>
> "O psicólogo organizacional não está habilitado, por exemplo, a sentar e pensar a reestruturação de uma planta, com novos processos de produção" (Participante G).

A experiência descrita pelo Participante A é eloqüente:

> "De repente a gente percebeu que nós não conhecíamos nada do que era processo de trabalho, para poder ter uma compreensão assim, maior até, do papel que a gente estava, digamos, criando ou desempenhando."

Negar a inserção do psicólogo nas organizações significa agir de modo pueril. E essa negação se dá, efetivamente, pela desatenção que o futuro profissional passa quanto aos conteúdos relativos à área que deveria receber, apesar da regulamentação prever a presença do psicólogo em organizações, assim como do número flagrante de profissionais encontrados atuando na área. A Administração de Recursos Humanos, nos cursos, é vista de longe, muitas vezes, de modo negativo, sem a possibilidade de considerar, como bem coloca Bastos (1987, p. 313), que se trata de uma área que "tem sofrido alterações significativas, fazendo-a superar em uma abordagem puramente cartorial e fragmentada e assumir uma preocupação global com todos os aspectos das relações entre indivíduos e grupos e destes com a organização".

A direção para a qual se volta o processo de formação do psicólogo é claramente a área clínica, como constata o Participante D:

> "Em termos de prática profissional (no curso) o que acaba pesando mais é a dimensão clínica."
>
> "Eu fiz um levantamento outro dia, em diversas livrarias, nas estantes de Psicologia. O que se encontra? Noventa e nove por cento dos livros são de Psicologia Clínica."

Weber e Carraher (1982, p. 6) escrevem que "é possível uma seleção de disciplinas em função de uma única área, o que explicaria a ênfase que vem sendo dada à formação de psicólogos clínicos, apontada como uma distorção a corrigir pelos órgãos regulamentadores do Ministério de Educação e Cultura". O fato é atribuído às possibilidades que o currículo mínimo oferecia para que assim se distorcesse a formação. Sabe-se que, além dos rótulos das disciplinas que o currículo mínimo estabelece, a seleção de conteúdos e o discurso mantido pelo professor em sala de aula realmente delineiam o viés clínico da formação.

Sass (1988, p. 194) acentua o viés clínico da formação e da atuação, associando ao campo profissional o papel de "confessor moderno." O viés clínico difunde-se na formação, nas atividades profissionais, na imagem estereotipada que a população mantém e, pelo autoconceito que sustenta, na visão de si que o psicólogo repassa e perpetua.

O caráter fragmentário do conhecimento que é repassado aos alunos nos cursos de Psicologia, pela falta de unidade e entendimento da ciência psicológica em toda sua extensão e, presume-se, pelas divergências teóricas e ideológicas internas aos departamentos, leva Mello (1975, p. 15) a concluir que as disciplinas "não estão integradas de modo a oferecer ao aluno nem sequer uma longínqua parecença com o conhecimento da 'natureza humana' que veio procurar no curso".

Para os participantes, os cursos não abordam a questão da produção do conhecimento em um contexto aplicado, não oportunizam apresentar a realidade de transformação permanente das organizações e não transmitem o hábito de expor as atividades de trabalho. De um modo geral, os cursos não capacitam, não difundem pesquisas, não transmitem informações específicas da área Organizacional e tampouco integram os conteúdos ao contexto do trabalho. Em contrapartida, nas implicações, os participantes sugeriram que é preciso se preocupar com uma formação integral e incentivar a produção de conteúdos pertinentes à nossa realidade.

No discurso, são consensuais os posicionamentos contra uma formação fragmentada e a perda da visão do homem como um todo. São constantes as reivindicações por um conhecimento crítico da realidade na qual estamos inseridos. Existe um permanente anseio pela produção de um conhecimento científico do homem e das instituições brasileiras. Formar cidadãos que se identifiquem como agentes de transformação, em busca de uma sociedade mais justa e equânime, tem sido palavra de ordem. De fato, os profissionais que são graduados saem com grandes deficiências de formação e raramente conseguem construir algum conhecimento, repetindo os conteúdos e os procedimentos que puderam aprender na universidade.

Refletir sobre o curso de Psicologia requer considerar o contexto da formação do psicólogo e, por sua vez, a formação universitária inserida no contexto global da educação no País.

A universidade, vítima do que Ribeiro (1978, p. 28) chama de modernização reflexa, contraposta ao crescimento autônomo, permanece cada vez mais a reboque, sem alcançar o seu papel de agente de transformação social, seja por intermédio de propostas concretas de solução dos problemas da região, onde se localiza a promoção de um conhecimento além da linha que marca os interesses imediatistas da aplicação para atender às pressões de sobrevivência do recém-formado. A universidade serve, mais e mais, como arena onde se digladiam ajuntamentos corporativistas. Distanciamo-nos da alternativa proposta por Ribeiro, quando vislumbra que a universidade "só poderá representar um papel ativo no esforço de superação do atraso nacional se intencionalizar suas formas de ação". No que tange à formação de psicólogos, o produto não poderia ser outro:

> "O psicólogo que procura o mundo do trabalho está muito mais preocupado em dominar o fazer, como lidar, como solucionar problemas; mais em utilizar o conhecimento do que propriamente produzir conhecimento" (Participante G).

A produção de conhecimento em Psicologia, no Brasil, quando ocorre, está francamente segregada ao âmbito da universidade e aos programas de pós-graduação. A formação do pesquisador, como ainda será analisada neste livro, é desvinculada da formação do profissional voltado para as atividades aplicadas. Acaba configurando-se uma situação em que a produção científica nacional é exígua, divulgada com muitas dificuldades e, pior, desvalorizada pelos próprios psicólogos, que absorvem a produção estrangeira, geralmente pela via dos compêndios, com o inevitável atraso decorrente das traduções. "A grande maioria dos professores ignora o autor nacional, e um grande número de pesquisadores desconhece o que é feito, em sua própria área às vezes, no Brasil" (Matos, 1982, p. 40).

A situação de dependência de informações na área da Psicologia Organizacional, ou a quase ausência de produção de conhecimentos com traços genuínos de nossa cultura, demonstra o atraso em que nos encontramos frente ao avanço de conhecimentos e à tecnologia internacional. A pesquisa é "um instrumento que poderia favorecer o processo de produção de conhecimento e desenvolver o espírito científico nos alunos (...) pesquisas que lidem com a própria realidade e com as necessidades da população" (Bouvier e colaboradores, 1988,

p. 7). Se é almejado adquirir uma tecnologia nacional, é fundamental que se procure descobrir os padrões característicos de nossa realidade.

A formação foi caracterizada pelos participantes como deficiente, estereotipada e tecnicista, apesar de ter sido constatada a ausência de preparo técnico-instrumental para a área e de se considerar que a universidade forma o psicólogo para atender às pressões preestabelecidas pelo mercado. Como um aspecto associado, julgaram insatisfatória a bibliografia utilizada nas disciplinas de formação. Surgiram, nas implicações, como formas de superação das deficiências, grupos de estudo, cursos de pós-graduação (especialização e mestrado), cursos na empresa e pela própria experiência. Os participantes consideraram que essas formas de superação das deficiências da graduação acentuam distorções da formação. A única opção de especialização está nos cursos de Administração de Recursos Humanos, o que descaracteriza a atuação psicológica. Contudo, não se deve promover a especialização na graduação, apesar das formas de superação das deficiências da graduação, na área, serem precárias. Ainda sugeriram uma redução de tempo na graduação (se tivermos uma pós-graduação especialista e profissionalizante), com uma diminuição na permanência do aluno na graduação.

Pode-se fazer uma síntese das características do psicólogo, derivada dos relatos dos participantes e confirmada por vários estudos que buscam traçar o perfil do profissional da Psicologia no Brasil, da seguinte maneira: é malformado, tem poucas oportunidades de trabalho, ganha mal, investe em sua formação complementar e, curiosamente, em grande parte, está satisfeito.

A busca de formação complementar, embora aplicada muito mais àqueles que se dedicam à clínica, torna a situação, em certa medida, menos pior. Sabe-se que, na maior parte, essa formação visa adquirir técnicas específicas, com a intenção de aplicabilidade imediata. De qualquer modo, no momento, está na pós-graduação a oportunidade de adquirir treino em pesquisa.

A rigor, a pós-graduação *strictu sensu*, salvo raras exceções, prepara mal para a docência e para a pesquisa, sendo francamente carregada de conteúdos teóricos importados, escassamente vinculada com a nossa realidade e com a pesquisa ou a prática efetiva. O mesmo se repete nos cursos *lato sensu*: um conteúdo teórico relativamente menor, mas desvinculado da prática e ainda mais da pesquisa, apesar do propósito aplicado.

Parte-se da idéia da pesquisa como um elo fundamental na formação. A produção de pesquisa deve se dar em qualquer nível, com ênfase aplicada na especialização, na atualização ou no aperfeiçoamento, e ênfase na docência e pesquisa avançada no mestrado e doutorado, sem ficar restrita ao circuito acadêmico. Concorda-se com o Participante C quando aponta:

> "Talvez seja estrategicamente mais fácil recuperar os cursos de pós-graduação, (...) criar rapidamente uma massa de gente capaz de assumir com uma mentalidade e com aspirações diferentes, mais ricas, os cursos de graduação em Psicologia."

Para Botomé e colaboradores (1986, p. 8) é preciso "incentivar a criação de cursos em relação a lacunas existentes na pós-graduação em Psicologia no País". Como foi evidenciado no Capítulo Introdutório, a pós-graduação em Psicologia Organizacional, ou em subáreas relacionadas, é praticamente inexistente no País. O psicólogo interessado na área, em grande parte, dirige-se para os cursos de especialização ou para os cursos de mestrado e doutorado no campo mais abrangente da Administração de Recursos Humanos. É clara a opinião dos participantes em relação ao assunto:

> "Hoje um psicólogo que queira continuar a sua formação (...) faz uma das inúmeras especializações em Administração de Recursos Humanos que tem por aí, mas a formação como psicólogo do trabalho realmente não tem continuidade" (Participante B).
>
> "Recursos Humanos e Psicologia Organizacional são equivalentes a queijo e giz: ambos são brancos (risos). A diferença é imensa. Recursos Humanos é um *pot-pourri* de pedaços popularizados de Psicologia, de Antropologia, de Sociologia, técnicas salariais e tudo mais. Não é o aprofundamento da leitura do fenômeno organizacional" (Participante D).
>
> "Você acaba se descaracterizando enquanto psicólogo, mesmo que você não queira(...) Não existe caminho na área organizacional – a pessoa não tem opção. Tem que seguir o caminho dos Recursos Humanos, que a leva a se descaracterizar" (Participante D).

Observa-se, novamente, um impasse. A mudança no estado atual do preparo ao nível da graduação depende da qualificação de professores que possam compor, adequadamente, os aspectos teóricos e técnico-instrumentais, dentro de uma perspectiva crítica dos conteúdos e suas finalidades, que utilizem uma bibliografia pertinente e atualizada, e promovam o desenvolvimento de pesquisas. Entretanto, são poucas as possibilidades de qualificação de um professor nos moldes descritos, dada a quase ausência de programas de pósgraduação, dentro da área, no País.

A alternativa de redução, no tempo de graduação, fica igualmente comprometida, enquanto se conta com uma oferta incipiente de cursos, mesmo em nível de especialização, para complementar o preparo daqueles que se dirigem para as atividades específicas da Psicologia em organizações. Considere-se ainda que, de qualquer maneira, a legislação permite que o psicólogo atue em qualquer campo de atividades, assim que termine a graduação e se registre no Conselho Regional de Psicologia.

Os participantes apontaram que os alunos envolvem-se em atividades extra-acadêmicas pouco relacionadas ou, muitas vezes, diferentes daquelas características da Psicologia, que têm pouca disponibilidade para o estudo, que utilizam os conhecimentos gerados pela universidade e que têm dificuldades para desenvolverem sensibilidade política. Concluíram, nas implicações, que a deterioração do ensino é conseqüência das pressões econômicas, que enfraquecem o padrão de exigências sobre o aluno e que as atividades práticas exigem recursos do aluno e da escola.

Crochik (1987, p. 22-24) levanta a possibilidade de os psicólogos que trabalham em empresas provirem de famílias menos abastadas, que trabalham na indústria e no comércio, e são obrigados a fazer cursos noturnos. As vagas nas universidades públicas acabam destinando-se aos filhos dos estratos de maiores rendimentos. A vivência de trabalho, anterior e durante o curso de Psicologia, bem como os salários mais elevados dentro das perspectivas do mercado para a categoria, com retorno a curto prazo e certa estabilidade, além do menor investimento em formação complementar (quando ocorre), são algums fatores que podem atrair os recém-formados de menor poder aquisitivo para as atividades da Psicologia Organizacional. Se tais suposições correspondem à realidade, as deficiências do ensino privado, somadas às dificuldades que enfrenta o aluno que estuda e trabalha, estão conduzindo às organizações, no geral, psicólogos comparativamente menos preparados para o exercício da profissão, com ênfase na aplicação técnica e pouco críticos do próprio trabalho.

> O professor universitário recebe alunos que carecem de base, devido aos conhecidos problemas educacionais brasileiros (...) Há toda uma infra-estrutura socioeconômica e cultural no país, que se reflete na educação em todos os seus níveis, que precisaria ser atendida, a fim de, a longo prazo, se obter de uma formação profissional adequada para o psicólogo. (Biaggio, 1978, p. 126)

A análise que se conduz centraliza a atenção nos problemas da universidade ou do ensino de terceiro grau. Não se esqueça, contudo, de que a qualidade da formação profissional depende intrínseca e interdependentemente de todas as conjunções que caracterizam o precário sistema educacional brasileiro. Alguns depoimentos do Participante C ilustram a questão:

> "O pouco que ele (aluno) estuda é para cumprir as exigências que os professores fazem. Ele acaba não adquirindo gosto pelo estudo da ciência pela qual optou trabalhar profissionalmente."
> "Para colocar o indivíduo em contato com os problemas, com a realidade, demanda muito mais recursos da parte do indivíduo, do aluno e da parte da própria instituição de ensino."
> "Tudo isso vai numa espécie de deterioração... quase que eu diria sistemática, uma deterioração constante. Em certo sentido está chegando num ponto que cada dia que a gente perde, agora, na recuperação disso nós vamos gastar dez vezes mais."

Os participantes examinaram a pós-graduação, no Brasil, como restrita à formação acadêmica, deixando de ser uma instituição de base para outras atividades profissionais. Devido à busca de competência nos cursos extra-acadêmicos, desacredita-se a universidade e mantêm-se os profissionais competentes fora da instituição, em um círculo vicioso daninho à formação. Nas implicações, a melhoria da imagem da universidade e a reaquisição de crédito foi julgada possível por intermédio da criação de cursos de especialização, nos quais se possa ter receita suficiente para pagar os profissionais competentes. Sugeriram uma pós-graduação especialista e profissionalizante e redução do tempo de permanência do aluno na graduação para que se possa aprimorar a pós-graduação enquanto agente de profissionalização. Consideraram também, como visto em trecho anterior, a possibilidade de recuperar os cursos de graduação por meio da melhoria no produto da pós-graduação.

A distinção entre uma graduação e uma pós-graduação profissionalizante ou preparatória para a docência é perniciosa, apesar de inerente ao sistema formativo brasileiro, que insiste em propor a formação de mestres e doutores para as atividades acadêmicas. A questão está intimamente associada ao ensino de pesquisa e à transmissão de técnicas de consumo imediato no mercado de trabalho. Tanto aqueles que se dirigem para o exercício das atividades profissionais na prática, em consultório ou em instituições que congregam maior número de pessoas, quanto aqueles que concentram maior número de horas no preparo acadêmico dos futuros psicólogos, devem estar adequadamente treinados em fundamentos metodológicos e de pesquisa. Em consonância, isso não ocorre na graduação pela ausência de ênfase dessa natureza estabelecida no nível dos valores do corpo docente, da expectativa dos alunos, da influência do mercado de trabalho e da própria estrutura curricular sedimentada.

O próprio sistema que pressupõe uma formação "mais científica", para os que irão desenvolver atividades nas academias, endossa a prática consumista que o mercado impõe, no sentido de obter resultados, não se preocupando com os parâmetros e os interesses de divulgação científicos, mas preocupando-se, paradoxalmente, com a eficácia do desempenho. O que distingue a atuação consolidada por um preparo universitário não é, ou não deveria ser, a tomada de decisões em base intuitiva ou meramente reprodutora de técnicas que funcionam ou funcionaram em algum lugar. Os critérios de referência científico-metodológicos devem estar presentes em qualquer lugar de trabalho ou, dito de outra maneira, não serão mais ou menos necessários, dependendo do tipo de atividades desenvolvidas. Sejam quais forem as atividades ou locais, o psicólogo deverá mover-se pelos critérios científicos e preparar, tanto quanto possível, aqueles que o auxiliam ou junto com ele aprendem a desempenharem nessas bases, tendo sempre o corpo teórico da área como ponto de partida e de retorno. O Participante F ressalta:

> "(...) boa parte do trabalho na área organizacional pode ser muito melhor realizada se o sujeito tem uma boa formação metodológica."

Botomé e colaboradores (1986, p. 5) observam que "fora dos programas de pós-graduação existe pouca oportunidade de fazer e de aprender a fazer pesquisa, como se a formação para fazer pesquisa devesse ocorrer apenas na pós-graduação". Considera-se que a qualificação profissional seria melhorada se a pesquisa passasse efetivamente a ser entendida como elemento indispensável na profissionalização, compreendida de modo a abranger qualquer atividade profissional. Não é surpreendente a descoberta de Borges-Andrade e colaboradores (1983, p. 116), se é admitido que maior qualificação em pesquisa gera um desempenho profissional mais consistente e, em conseqüência, com possibilidades de melhor remuneração: "Verifica-se que há uma relação direta entre o aumento do nível da pós-graduação concluída e a média de rendimentos mensais do profissional". Também é possível que o acréscimo de rendimentos tenha uma relação proporcional a critérios burocráticos de melhoria salarial pela simples apresentação do documento que comprova o término de um curso de pós-graduação. O quadro que se tem é delineado pelo Participante D:

> "Falta no País, sem dúvida, um programa substantivo de mestrado na área."
> "Aqui pós-graduação é simplesmente uma questão acadêmica."
> "Nós não temos quantidade de gente e programas suficientes no nível de especialização e mestrado."
> "Nós não temos uma capacidade de resposta no nível de pós-graduação (...), seja para produzir academicamente, em termos de formar professores, ou seja, o que é mais importante, em termos de formar um psicólogo ativo, alguém equipado para assumir um papel mais amplo sobre a problemática das organizações."

Também a pós-graduação brasileira sofreu um desenvolvimento desenfreado nos anos 70. Em 1965, considerados todos os cursos *strictu sensu* existentes, "encontravam-se em funcionamento no País 26 cursos de mestrado e 10 de doutorado (...) Em 1969, havia 135 cursos de pós-graduação que passaram para 462 em 1972, 764 em 1976, e 974 em 1979 (...) Em 1981, o número de cursos era de 1.030, passando nos anos sucessivos respectivamente para 1.061 e 1.142" (Spagnolo e Günther, 1986, p. 1644-1645). É preciso lembrar a recentidade das universidades brasileiras comparadas às norte-americanas e mesmo com outras latino-americanas – reflexo da dominação caolha constante na história da Nação. A universidade brasileira nunca desenvolveu e não conta com autêntica tradição cultural-acadêmica. Não consegue desenvolver um conhecimento verdadeiramente original ou vinculado aos problemas da localidade, via de regra, mesmo em nível da pós-graduação, e permanece desacreditada. O restabelecimento (ou a aquisição?) de reputação pelas universidades é assunto intrincado. Não parece simples como a proposta do Participante F:

> "A saída mesmo, nacional, seria que as universidades entrassem no mercado de especialização."

Para Langenbach e Negreiros (1988, p. 91), os psicólogos, "ao se formarem, inseguros e ansiosos pelo confronto com a dura realidade do mercado existente e por sua percepção da precariedade do preparo recebido, tornam-se crescentemente impelidos a desenvolver algum tipo de formação". Essa formação é oferecida e acreditada extramuros universitários, para o psicólogo organizacional, pela freqüência aos cursos propostos pela empresa ou procurados junto aos profissionais de Recursos Humanos.

Na dimensão das atividades de trabalho, os participantes indicaram que o psicólogo na empresa necessita dos conhecimentos gerados na universidade. Associadas à necessidade dos conhecimentos gerados na universidade, assinalaram que existe, na área, maior produção científica dentro das empresas do que nas universidades.

QUADRO 2.3 Sinopse das inter-relações entre os conteúdos identificados no conjunto temático 1 – Processo de Ensino – na dimensão das atividades de trabalho

Condições	Eventos	Implicações
– a produção científica nas empresas é maior que nas universidades	– o psicólogo na empresa necessita dos conhecimentos gerados na universidade	

Um aspecto fundamental da formação é o desenvolvimento nos alunos da aprendizagem autônoma, ou seja, aprender sem necessariamente depender do vínculo formal a uma instituição ou saber utilizar os recursos disponíveis para incrementar os próprios conhecimentos. Alguns fatores apresentam-se desfavoráveis a esse desenvolvimento, como a ausência da prática de pesquisa entre os professores e do hábito de leitura entre muitos alunos. Tal hábito é reforçado, durante o curso, pelo pequeno número de textos para serem lidos que diversas disciplinas estabelecem, geralmente orientadas em base de reduzidas apostilas. As aulas devem introduzir o aluno nos conceitos/problemas/técnicas fundamentais da disciplina. A disciplina deve solicitar leituras básicas e abrangentes da área. Desse modo, o conjunto de disciplinas estará preparando para as leituras posteriores, absolutamente necessárias para introduzir o aluno na pesquisa e na prática.

Em contrapartida, o acesso dos interessados na produção científica em Psicologia que ocorre no País é dificultado pela precariedade das nossas bibliotecas e, principalmente, pela irregularidade das publicações e falta de catalogação do material. Todos os fatores de dificuldades desembocam no mesmo ponto: a escassez dos recursos financeiros destinados às bibliotecas, aos órgãos de fomento, às sociedades, enfim, a quaisquer instituições envolvidas com a produção e divulgação de matéria científica (Gomes, 1988, p. 463).

São diversos os fatores que contribuem para a fraca produção científica nacional, e dificuldades de acesso ao que é produzido e, na medida em que os alunos não têm modelos de pesquisadores e não são estimulados a pesquisar dentro das universidades, os profissionais, como já foi discutido aqui, são graduados quase exclusivamente dirigidos para a aplicação imediatista de técnicas, de um modo fragmentado e ritualizado. Para Botomé e colaboradores (1986, p. 7), o próprio sistema de promoção estabelecido pela universidade provoca um distanciamento entre a carreira acadêmica e a produção científica. "A promoção por concurso, inclusive, é feita de tal forma que se condiciona a produção ao concurso (o trabalho é feito para o concurso) e não o contrário, como seria melhor para o desenvolvimento da Ciência".

Por outro lado, acaba se generalizando, entre as organizações, a idéia de que é necessário formar o profissional naquilo que realmente interessa, logo após a sua admissão. Na linguagem dos órgãos de treinamento, essa ressocialização, é claro, possui moldes bastante peculiares, situados entre critérios de eficácia utilitaristas e dentro de um rigor próprio do cotidiano empresarial.

A produção de conhecimento que ocorre nas empresas é derivada, sem dúvida, das necessidades de geração de resultados e feita para o consumo interno, como atestam os depoimentos do Participante B:

"Se você pegar a produção de textos de psicólogos organizacionais no Brasil, você vai ficar surpreso: também é muito pequena. Eles produzem muito, mas internamente."

"Está tendo mais produção científica na empresa do que na universidade, na área de Psicologia Industrial (...) Existe uma produção científica, mas não é divulgada. Também é uma produção científica que não acompanha os esquemas e as preocupações da universidade."

CONHECIMENTOS E HABILIDADES

Na dimensão da formação profissional, os participantes elencaram os seguintes conhecimentos, como necessários no preparo do psicólogo: Economia (processo de produção e suas relações com os fenômenos comportamentais); princípios de Administração; conhecimentos filosóficos, políticos, econômicos, em consistência com a Psicologia; Psicologia Social e Sociologia Industrial; conhecimento do ambiente das organizações e dos procedimentos e finalidades das intervenções. Levantaram a insuficiência de conhecimentos sobre Treinamento e a necessidade de conhecimentos transmitidos pelos professores. Julgaram a falta de conteúdos na área de Segurança no Trabalho e de História do Sindicalismo, além da necessidade genérica de atualizar os conteúdos na formação e a falta de capacitação para produzir conhecimento no contexto de trabalho, simultânea à produção de resultados. Faltam também aos psicólogos subsídios teóricos da própria Psicologia, da Sociologia, da Economia, das teorias de Administração, etc., além da carência de subsídios específicos para atuar em Avaliação de Desempenho e de subsídios metodológicos e de reflexão política relativos ao trabalho em Seleção.

Botomé (1988, p. 282) diz que "qualquer campo de atuação profissional é sempre multidisciplinar embora possa não ser multiprofissional ou interprofissional". É natural, portanto, que se pressuponha a necessidade de conhecimentos produzidos por diferentes áreas do saber, para a formação do profissional de um determinado campo. No caso da formação em Psicologia Organizacional, as disciplinas científicas, que mais rapidamente aparecem vinculadas à área, são a Sociologia, a Antropologia, a Economia e, no conjunto formado pelas contribuições destas e de outras disciplinas, a Administração. Na óptica do Participante G:

> "Eu identificaria, como uma primeira necessidade, ampliar o contato que ele (psicólogo) tem com teorias na Administração de Pessoal, disciplinas que botassem ele em contato com isso. Disciplinas de Sociologia Organizacional, de Economia e tal, que dessem a ele uma visão do mundo das organizações, para ele não ficar tão em desvantagem com os outros profissionais. Por que eu acredito que ele fica em desvantagem? Porque a Psicologia é um terreno onde todo mundo mete a mão. Outros profissionais, mesmo sem uma formação mais sólida ou sem uma formação sistemática, se acham entendidos em comportamento humano, em explicar por que uma pessoa se comporta assim. Então, eu acho que o psicólogo entra nessa relação com outros profissionais de uma forma inferiorizada, porque nem um referencial técnico, os termos técnicos, ele domina muito nessa área. Eu acho que eles vão adquirindo depois, com a experiência, com os cursos que a organização oferece e tal (...) isso contribui para que ele permaneça no mercado, nessa área, com uma participação restrita. Ele vai fazer exatamente aquela atividade técnica para qual tem mais... teve algum treinamento. E qual é? Onde ele teve algum treinamento? Exatamente na Seleção, por meio de testes. A gente está vendo aí que os cursos basicamente gastam grande parcela de seu tempo ensinando as pessoas a aplicar testes. Não é nem ensinando a construir testes, mas é aplicar e... mensurar, dar diagnóstico etc. e tal."

Outros conhecimentos mostram-se necessários, indo desde informações específicas da área, como sobre Avaliação de Desempenho, Segurança no Trabalho, Treinamento, etc., passando pelo conhecimento do ambiente das organizações, procedimentos e finalidades das intervenções, até um embasamento dado pela Filosofia, pelas Ciências Políticas e, também, pela História do Sindicalismo, para que o profissional tenha flexibilidade de ação frente ao inusitado das situações que se apresentam, como exemplifica o Participante C:

> "Ontem eu escrevi um projeto, entreguei um projeto para uma empresa, sobre desenvolvimento de qualidade de produção de laboratório de química. É claro que não conhecia nada de laboratório de química. Não tinha a mínima idéia. Então eu tive que estudar um pouquinho... quais as exigências de um laboratório, entender o tipo de trabalho deles, a perspectiva histórica na qual vivem, etc. Tudo isso foi possível por causa da minha visão, digamos assim, a respeito do homem contemporâneo, da sociedade contemporânea, da visão crítica que tenho – eu imagino ter – das teorias de Psicologia, e também que a Filosofia me dá."

QUADRO 2.4 Sinopse das inter-relações entre os conteúdos identificados no conjunto temático 2 – Conhecimento e Habilidades – na dimensão da formação profissional

Condições	Eventos	Implicações
– o trabalho humano é pouco enfatizado enquanto conteúdo de aprendizagem – desenvolvimento precário dos requisitos para uma atuação competente e di-	– falta um referencial para apreensão crítica da realidade política e social das organizações e clareza quanto à inserção nas relações de produção; existe	– dificuldades na aquisição de um referencial para o ingresso no mercado – deve-se analisar os referenciais sociais, de saúde e de produção

(continua)

QUADRO 2.4 *(Continuação)*

Condições	Eventos	Implicações
ficuldades de desenvolvimento de sensibilidade política nos alunos – ausência de informações relativas a relações trabalhistas – conteúdos de Análise do Comportamento facilitam a aprendizagem de profissiografia	carência de aprendizagem das relações de trabalho – necessidade de compreensão dos aspectos econômicos da Geografia e da resposta de produzir – incapacidade de reconhecimento da falta de domínio científico – necessidade de desenvolvimento de habilidades de liderança, competência nas relações de autoridade e percepção do papel	– indicou-se a suplementação de informações relativas ao Treinamento ou Psicologia Institucional e formação metodológica para compensar atividades de avaliação de desempenho – responsabilizou-se a universidade pelo desenvolvimento de uma competência social ampla – requerem-se informações complementares para promoção do autodesenvolvimento e manutenção de atividades interprofissionais – deve-se desenvolver a consciência de que se é usuário de ciência e tecnologia – devem-se enfatizar as variáveis que extrapolam o contexto imediato e entender as multideterminações dinâmicas em qualquer área de atuação – deve-se compreender o processo de produção como comportamental

Nas condições, associadas às necessidades dos conhecimentos e das informações, os participantes consideraram a precariedade no conjunto de conhecimentos voltados para Saúde Mental no Trabalho e ausência desses conteúdos na graduação. Consideraram também que os cursos não abordam a questão da produção do conhecimento em um contexto aplicado e que os conhecimentos gerados na universidade são úteis não apenas aos alunos, mas é incerta a aceitação desses conhecimentos (publicações) pelos psicólogos nas empresas. Acentuaram que os conteúdos de clínica são predominantes, que os conteúdos nos cursos de Psicologia dão pouca importância ou ênfase à questão do trabalho, que existe uma ausência de conteúdos voltados para a Saúde Mental no Trabalho e que os conteúdos das disciplinas voltadas para a Psicologia Organizacional não colocam as relações entre os fatos comportamentais e os fatos econômicos. Afirmaram que os conteúdos teóricos são fracamente associados às atividades características da área, são excessivos e desatualizados, que a formação não facilita a generalização dos conteúdos aprendidos e que os núcleos de formação complementar para o psicólogo organizacional também não têm conteúdos efetivamente característicos da área. Acrescentaram que os conteúdos de Análise do Comportamento durante o curso facilitam a aprendizagem de profissiografia, que os conteúdos de Psicologia Social que são apresentados tratam das relações em pequenos grupos sem integrá-las ao contexto de trabalho e que uma formação política, na universidade, poderia lançar mão dos conteúdos das Ciências Sociais.

Analise-se o depoimento do Participante B:

> "Eu gosto dessa área de Saúde Mental no Trabalho. Eu nunca tive sequer uma palavra no meu curso de Psicologia."

A ausência dos conteúdos especificamente vinculados a uma formação direcionada para a Psicologia Organizacional, como informações relativas à Saúde Mental no Trabalho, e a falta do estabelecimento de relações, como entre os fatos comportamentais e fatos econômicos, tem sido, algumas vezes, denunciada. Contudo, a estrutura que persiste prioriza os conteúdos clínicos em prejuízo da discussão de assuntos que abordem, por exemplo, a questão do trabalho ou a organização social como um fenômeno psicológico. Em realidade, como a citação de Botomé (1988, p. 277) permite discernir, a lacuna formada pela falta daqueles conteúdos compromete o preparo do psicólogo para o exercício de qualquer atividade: "A formação profissional ainda parece ignorar a Ecologia, a Administração, as Ciências Sociais e outras áreas do conhecimento que podem auxiliar o profissional psicólogo a entender e interferir nos processos com que trabalha ou pode trabalhar".

Mais do que a falta de conteúdos, as informações que são transmitidas não são interligadas às diversas possibilidades de aplicação, sem permitir o uso dos conhecimentos de modo que abarque as atividades da Psicologia como um todo. A ausência de uma abordagem integrada dos conteúdos no curso provoca a manifestação do Participante G:

> "Até na Psicologia Social, só com algum esforço você consegue generalizar... extrair alguma coisa para organizações."

O conhecimento que é gerado nas universidades acaba apresentando-se com, pelo menos, duas características: encontra dificuldades de penetração entre os profissionais que atuam nas organizações e é produzido como um processo isolado do contexto aplicado, como se pudesse apenas ocorrer nos círculos acadêmicos. O quadro que se configura, em sintonia com as restrições que a empresa estabelece, é o de dificuldades para produzir conhecimento e resultados, simultaneamente; faz parte da orquestração da dependência cultural aos detentores da informação ou do *know-how*, mais do que do capital. Em contextos culturais mais desenvolvidos, a pesquisa acadêmica é tanto procurada como interage com a produção feita fora dos limites da universidade. O pesquisador, de dentro ou de fora das universidades, encontra nas bibliotecas a principal fonte de consultas, e fundamenta o seu trabalho nos alicerces da pesquisa científica.

Em seqüência, nas implicações, os participantes decidiram que o psicólogo deve dominar o conhecimento técnico-instrumental das atividades do campo de Recursos Humanos. Concluíram que, frente às alternativas de formação complementar no Brasil possuírem um conteúdo forte de Administração, devem-se produzir conteúdos pertinentes à nossa realidade, além de incentivar os alunos a produzi-los, e enfatizar conteúdos ligados ao contexto social do trabalho, à noção de vínculo de trabalho, ao respeito pelo instrumento, pelos dados e pelas pessoas, e ao estabelecimento de objetivos. Apontaram que a formação deve incluir subsídios teóricos e práticos relativos ao contexto de trabalho, subsídios de natureza técnico-instrumental e subsídios da Psicologia Social, Ergonomia e Análise do Comportamento. Acrescentaram, mais especificamente, que a formação deveria incluir conteúdos técnico-instrumentais e da utilização política da avaliação de desempenho.

A questão que se coloca para Bouvier e colaboradores (1988, p. 1) trata de

> (...) decidir como deve ser conciliada a teoria e a prática na formação, o grau de importância das disciplinas lecionadas no curso para a formação do profissional, e a importância de se discutirem temas com embasamento filosófico, sociológico, antropológico e econômico, a fim de possibilitar uma postura mais crítica ao profissional.

A isso soma-se a importância de encontrar um nível razoável de integração entre as disciplinas e "discutir a validade da divisão de áreas dentro da psicologia" (p. 1). O que nos interessa é a formação de um psicólogo que possa aplicar os conhecimentos da Psicologia e suas vinculações conceituais e práticas em qualquer setor de atividades, sem compartimentá-las ou, muito menos, estigmatizar algumas atividades como pouco nobres. A Psicologia há de abordar o ser humano, visto em sua unidade, na amplitude de suas relações e raio de ação. Os participantes enfatizam a premência de uma abertura no foco de análise:

> "Retirar um pouco a visão do controle do comportamento imediato através do ambiente imediato, e tentar enxergar isso num ambiente um pouco mais amplo, mais extenso, que abrange as relações econômicas de produção" (Participante A).
>
> "Outro aspecto que eu acho bastante falho ainda é a noção de contexto: a visão histórica de processo, de relação de trabalho" (Participante B).
>
> "Os psicólogos ainda não despertaram para todas as relações que existem entre as atividades de trabalho e as diferentes atividades da vida humana. Isto é, as relações entre o trabalho, por exemplo, e a sexualidade, o trabalho e a realização pessoal, o trabalho e a família, e assim por diante" (Participante C).
>
> "Acho que estruturalmente o nosso curso de Psicologia tem que estar trabalhando sempre a idéia de que tem uma série de conhecimentos em Psicologia que se extrapolam para todas as áreas da vida humana" (Participante D).

Para Botomé (1988, p. 278), "estudos sobre política científica, educação, planejamento, ensino superior, administração, currículo de graduação, ciência, tecnologia e universidade em países de Terceiro Mundo, etc., podem auxiliar a entender alguns aspectos capazes de alterar a formação e o exercício profissional". Explicações do mundo calcadas em um empirismo imediatista e fragmentário podem ser interessantes para a dominação cultural, no sentido que se está considerando, pedra angular da dominação econômica.

QUADRO 2.5 Sinopse das inter-relações entre os conteúdos identificados no conjunto temático 2 – Conhecimentos e Habilidades – na dimensão da formação profissional

Condições	Eventos	Implicações
– precariedade nos conhecimentos e ausência dos conteúdos de Saúde Mental no trabalho – os cursos não abordam a questão da produção do conhecimento em um contexto aplicado – é incerta a aceitação, entre os psicólogos nas empresas, das publicações geradas pela universidade – os cursos dão pouca ênfase à questão do trabalho, acentuam os conteúdos clínicos e não colocam as relações entre os fatos comportamentais e os fatos econômicos – conteúdos teóricos dissociados da área, excessivos e desatualizados – a graduação não facilita a generalização dos conteúdos e a formação complementar não possui conteúdos característicos da área – os conteúdos de Análise do Comportamento facilitam a aprendizagem de profissiografia – os conteúdos de Psicologia Social não são integrados ao contexto de trabalho – uma formação política poderia lançar mão dos conteúdos de Ciências Sociais	– necessidade dos conhecimentos de Economia, Sociologia, Administração, Ciências Políticas e Psicologia Social; dos conhecimentos do ambiente das organizações, dos procedimentos e finalidades das intervenções, dos conhecimentos transmitidos pelos professores – insuficiência nos conhecimentos sobre Treinamento, Segurança no trabalho, Avaliação de Desempenho e História do Sindicalismo – falta de capacitação para produzir conhecimentos e resultados simultaneamente	– o psicólogo deve dominar o conhecimento técnico-instrumental – devem-se produzir conteúdos pertinentes à nossa realidade e enfatizar o contexto social e vínculo de trabalho, instrumentos, dados, pessoas e objetivos – deve-se incluir conteúdos relativos ao contexto de trabalho, subsídios técnico-instrumentais, da Psicologia Social, Ergonomia, Análise do Comportamento e Avaliação de Desempenho

Os participantes ainda acusaram, como um segundo conjunto de necessidades na dimensão da formação profissional, a falta de um referencial que permita ao psicólogo uma apreensão crítica da realidade política e social das organizações e clareza no que tange à própria inserção nas relações de produção. Assinalaram a carência de aprendizagem das relações de trabalho em uma perspectiva de prevenção. Indicaram a necessidade de compreensão dos aspectos econômicos da Geografia, da capacitação humana na resposta de produzir e de sua utilização como fator gerador de riquezas. De outro lado, explicitaram a incapacidade dos psicólogos de reconhecerem a própria falta de domínio científico, além da necessidade de desenvolvimento de habilidades de liderança e competência nas relações de autoridade e da percepção do próprio papel.

O binômio falta de apreensão crítica da realidade e falta de domínio científico resume a realidade no preparo dos nossos psicólogos. A afirmação é respaldada pela análise de Patto (1982, p. 7):

> O exame dos currículos dos cursos de Psicologia evidencia a ausência de uma formação filosófica e sociológica, compatível com a aquisição de um instrumental teórico-conceitual, que lhes possibilite agir como verdadeiros cientistas e que os reduz à condição de veículos de um fazer destituído de pensar.

Fica claro que o processo formativo não deve se restringir a alguns conhecimentos e facilitar o domínio de algumas habilidades. Questões como a percepção do próprio papel, a inserção nas relações de produção e do desenvolvimento de habilidades de interação no nível do poder e da autoridade, são pertinentes e imprescindíveis. Aspectos que alguns podem encarar como periféricos para a atuação em organizações, assumem relevância quando vistos aguçadamente:

> "Você precisa ler uma notícia e ter uma noção de impacto social, de alterações das relações de trabalho, enfim, infiltrações de mercado, porque isso provoca interferências no chão de fábrica, em nível de moral, em nível de expectativas, de segurança das pessoas, etc." (Participante B).

Nas condições, vinculadas àquele segundo conjunto de necessidades, indicaram que o trabalho humano, enquanto conteúdo de aprendizagem, é pouco enfatizado nas disciplinas da formação, assim como falaram sobre a precariedade no desenvolvimento, durante a graduação, dos requisitos para uma atuação competente, das dificuldades de se desenvolver sensibilidade política nos alunos e que o curso não transmite informações relativas a relações trabalhistas. Foi acrescentado que conteúdos de Análise do Comportamento, durante o curso, facilitam a aprendizagem de profissiografia.

Considera-se a análise do objeto tradicional de estudo da Psicologia, o comportamento, fundamentalmente orientada pelo social. Uma série de sistemas apresenta-se quando se tenta compreender a pessoa, da célula aos sistemas supranacionais formados de sociedades. O psicólogo, e outros profissionais das Ciências Humanas, situam-se na difícil posição de, para entender a pessoa, ter que estudar a incidência de todas as dimensões sobre o seu objeto de estudo. Além das deficiências de repertório dos professores e também dos alunos ao iniciarem o curso, como já foi visto, a inclusão de conhecimentos que tratem de relações trabalhistas, por exemplo, pertinente ao preparo para atividades em organizações, é assunto que foge ao ideal de aprendizagem preestabelecido pelos alunos. Figueiredo (1983, p. 11) retrata "as representações, aspirações e expectativas dos alunos" como algo que se acredita difícil de coadunar com uma formação científica e profissional, tendo como base a definição do objeto de estudo da Psicologia como acima referida.

Se se quer um profissional que tenha uma formação abrangente, que não se limite às linhas arbitrárias de uma área e que se integre politicamente à sociedade, por intermédio de seu trabalho, encontra-se, nas condições atuais da formação, uma conjuntura que demanda modificações nas inúmeras instâncias que se intercruzam para compor o quadro. As dificuldades do preparo são diversas, desde o nível técnico até à geração de discernimento e compromisso político.

> A percepção de estudantes de Psicologia a respeito das situações com as quais o psicólogo pode ou deve atuar revela uma limitada compreensão do que é possível fazer com o domínio do conhecimento em Psicologia. (Botomé, 1988, p. 276)

Por sua vez, nas implicações, os participantes observaram que a precariedade nos subsídios teóricos e práticos dificulta a aquisição de um referencial que qualifique o psicólogo no ingresso no mercado de trabalho. Observaram também que a formação deve analisar os referenciais sociais, de saúde e de produção. Indicaram a busca de informações complementares, a suplementação de informações relativas a cursos de Treinamento ou de Psicologia Instrucional, ou melhoria nos cursos de Didática, Metodologia de Ensino, etc., e, especificamente, que uma formação metodológica consistente pode compensar a precariedade nas informações técnicas de avaliação de desempenho. Assinalaram a responsabilidade da universidade pelo desenvolvimento de uma competência social ampla, bem como que o autodesenvolvimento e a manutenção das atividades interprofissionais requerem uma busca de informações complementares, além de que o psicólogo deve desenvolver a consciência de que é um usuário de ciência e tecnologia. Registraram ainda que, no entendimento do processo comportamental, deve-se passar a enfatizar as variáveis que extrapolam o contexto imediato e buscar o entendimento das multideterminações dinâmicas em qualquer área de atuação. Concluíram que se deve compreender o processo de produção como um processo comportamental, sobredeterminado pelas condições presentes na natureza.

Uma tarefa primordial, quando se pensam as possibilidades de inclusões de conteúdos ou mudanças na estrutura curricular existente, refere-se a uma análise minuciosa da atuação profissional. Isto é, quais as atividades desempenhadas pelo psicólogo, em quais contextos de trabalho e quais conhecimentos podem efetivamente gerar competência no exercício daquelas atividades, de modo a serem estabelecidas condições para o desenvolvimento das habilidades previstas. O aluno deve compreender as conexões que são buscadas entre o conhecimento e a aplicação. Mais do que isso, o processo deve se pautar pela clarificação das raízes epistemológicas que sustentam práticas diferenciadas.

> Cabe à epistemologia (teoria do conhecimento), pois, transpor para o seio da ciência a mesma compreensão que se deve ter do mundo. Trata-se da totalidade dialética. Mais do que cada aspecto, vale a interdependência. (Sousa Filho, 1989, p. 882)

Existe uma questão ainda mais fundamental no trabalho de definir que tipo de profissional pretende-se formar: a dificuldade de consenso em torno do próprio objeto da Psicologia.

> Falar sobre a formação do psicólogo, nestes dias atuais e na nossa cultura, é tarefa bastante complexa, uma vez que no Brasil (embora não necessariamente em outros países) não há um consenso quanto à função do psicólogo, nem mesmo do que é a Psicologia, qual o seu objeto, havendo até aqueles que dizem que a Psicologia não tem objeto! (Biaggio, 1978, p. 125)

Para as atividades específicas e características das organizações de trabalho, o quadro não se mostra menos confuso:

> "Qual que é meu objeto de trabalho? Para que eu existo lá naquela organização? Eu aprendi que era para fazer seleção de pessoas. Não tem nada a ver... Realmente, é um ritual: um ritual de preservação de cultura, que a área de Recursos Humanos impõe, e que hoje escolhem alguns psicólogos para manter isso, de certa forma" (Participante B).
>
> "Falta ser claro sobre o que é que se pretende, o que é que não se pretende quando se forma um psicólogo para atuar em organizações" (Participante D).

Na dimensão de atividades de trabalho, entre as necessidades, os participantes verificaram a falta de conhecimento do processo de trabalho e da inserção do papel do psicólogo no contexto de produção, a necessidade de atualização dos conhecimentos e, em geral, a necessidade dos conhecimentos gerados na universidade. Mais especificamente, determinaram a necessidade de conhecer e utilizar a profissiografia no processo de seleção e que, em Treinamento, é preciso utilizar os subsídios das teorias de aprendizagem.

Sem dúvida, os periódicos constituem a forma mais eficaz de divulgação e atualização de conhecimentos. O número de periódicos de Psicologia publicada no Brasil ainda é, sem dúvida, reduzido. Por outro lado, como afirma Netto (1988, p. 133), "parece não haver uma tradição na cultura acadêmica e profissional, principalmente profissional brasileira, de se recorrer a revistas para buscar atualização de conhecimentos e proceder à pesquisa bibliográfica" .

QUADRO 2.6 Sinopse das inter-relações entre os conteúdos identificados no conjunto temático 2 – Conhecimentos e Habilidades – na dimensão das atividades de trabalho

Condições	Eventos	Implicações
– a empresa não oferece condições para divulgação do conhecimento produzido – ausência de busca de informações de metodologia – início das atividades sem clareza das vinculações e finalidades da atuação – o conteúdo de Seleção é norte-americano, restrito aos testes e desatualizado – a construção de instrumentos de treinamento depende do conhecimento do método científico – a organização supõe o conhecimento técnico-instrumental em Avaliação de Desempenho	– falta de conhecimento do processo de trabalho e da inserção do papel do psicólogo – necessidade de atualização dos conhecimentos e necessidade dos conhecimentos gerados na universidade – necessidade de conhecer e utilizar a profissiografia na seleção e dos subsídios das teorias de aprendizagem no treinamento	– o psicólogo acaba ingressando no mercado sem clareza do próprio papel ou iniciativa para as atividades de vinculação – sugerir informações de natureza política – deve-se criticar os conteúdos existentes na área e aprimorá-los – as empresas acabam suprindo os conhecimentos que faltam ao psicólogo

Gomes (1988, p. 464) ressalva que "a maioria das nossas revistas especializadas é irregular, isto é, aparece com grande intervalo entre um número e outro, quando não é raridade, isto é, nasce e morre num só volume e número". É preciso observar também que a produção relativa à Psicologia Organizacional encontra-se, muitas vezes, nos periódicos de Administração e de outras áreas de conhecimento.

Gomes (1988, p. 465) assim retrata a situação geral das publicações dos periódicos científicos brasileiros de Psicologia, das bibliotecas e das assinaturas pelos profissionais:

> A distribuição de publicações seriadas com textos de Psicologia é sensivelmente prejudicada pela irregularidade das revistas, mudanças constantes nos títulos, ausência de numeração adequada, ausência de ISSN (Número Internacional Normalizado de Publicações Seriadas) e, principalmente, seu aspecto generalista. Nas bibliotecas, as coleções de periódicos estão sempre incompletas. As bibliotecas, por sua vez, respondem que grande parte da culpa está na fragilidade das estruturas administrativas e organização temática das revistas. Por outro lado, profissionais não se sentem encorajados para assinar periódicos que nunca sabem quando chegam e do que vão tratar.

Na percepção dos participantes, se de um lado existe a necessidade de atualização, de outro, repetem-se as dificuldades de contato com uma produção característica de nossa realidade cultural:

> "Outro aprendizado duro foi o da atualização. Um hábito que eu tive que aprender quando eu percebi que na empresa as coisas acontecem com mais rapidez do que na universidade" (Participante B).

"Noventa e nove por cento da produção científica (da área) não acontece em português. O que existe em língua portuguesa é muito pouco" (Participante D).

Ligadas às últimas necessidades descritas, nas condições, os participantes notaram que a empresa não oferece condições para a divulgação do conhecimento produzido, e que existe uma ausência de busca de informações de metodologia. Observaram que o início das atividades na área, no Brasil, ocorreu sem clareza das vinculações e finalidade da atuação. Comentaram também que o conteúdo de Seleção é norte-americano, restrito aos testes, e desatualizado, que a construção de instrumentos de treinamento depende do conhecimento do método científico e que é clara a expectativa da organização quanto ao conhecimento técnico-instrumental em Avaliação de Desempenho.

A produção e divulgação do conhecimento está vinculada às restrições impostas pelos interesses da empresa, à própria história de desenvolvimento da área no Brasil e à carência de embasamento metodológico-científico do psicólogo.

Netto (1988, p. 123) pressupõe que "existe uma parte do conhecimento psicológico que é produzida e divulgada por instituições não-vinculadas ao sistema universitário". As empresas fazem parte de tais instituições. Contudo, existe uma cisão entre os dois sistemas:

> "Existe o mundo nosso, aqui dentro da universidade, onde nós tentamos publicar, etc. e tal, e ao mesmo tempo existe aquele mundo lá fora, das empresas" (Participante E).
>
> "E as publicações que nós fazemos, será que preenchem as necessidades deles? Que relações existem entre os trabalhos que a gente publica e as necessidades reais dos psicólogos de uma empresa?" (Participante E).

Na visão de Matos (1988, p. 103),

> (...) se as empresas produzem conhecimento e tecnologia, o fazem para uso interno, divulgado por meio de relatórios secretos e documentos sigilosos. Em países do terceiro mundo, só a universidade tem condições de desenvolver tecnologias para o bem comum e de manter pesquisas a longo prazo.

Adicionalmente, nas implicações, destacaram que o psicólogo é levado a ingressar no mercado sem clareza do próprio papel ou iniciativa para as atividades de vinculação. Sugeriram que os psicólogos deveriam receber informações de natureza política e científica, que se devem criticar os conteúdos existentes na área e aprimorá-los. Ressalvaram que a empresa supre os conhecimentos que faltam ao psicólogo.

A desvinculação que existe entre o sistema formativo e o sistema das atividades de trabalho é rapidamente percebida e apropriada pelas empresas, quando moldam o psicólogo e outros profissionais recém-graduados dentro dos padrões que interessam à produção.

A composição do currículo e sua concretização deveria ter como objetivo primordial o estabelecimento de conhecimentos, atitudes e habilidades relevantes para o desempenho das atividades de trabalho e que pudessem ser avaliadas como competentes, no nível técnico e de inserção social. Em outras palavras, fechar os olhos para a realidade das empresas significa abdicar do preparo de profissionais potencialmente capazes de mudanças na direção de valores voltados para uma retribuição mais equânime e em busca de padrões de qualidade de vida mais dignos. Almeja-se preparar efetivos agentes de transformação, orientados pelos valores de uma sociedade democrática.

Os participantes também comentaram, em um segundo bloco, dentro dos eventos centrais na dimensão das atividades de trabalho, a necessidade de integrar-se e aprenderem as mudanças no ambiente organizacional, interno e externo, suas inter-relações e impactos no comportamento, e a necessidade de saber lidar com as rápidas mudanças tecnológicas e suas implicações no contexto organizacional. Indicaram que o psicólogo precisa compreender, abrangentemente, a própria ação e identificar a inserção das próprias atividades na organização. Acentuaram a necessidade de desenvolvimento de uma mentalidade pluralista de participação no trabalho, de desenvolvimento de consciência política, a necessidade de desenvolver a autocrítica da atuação e de desenvolver uma visão preventiva de Saúde no Trabalho. Consideraram que o psicólogo precisa saber obter dados, selecioná-los criticamente, estabelecer relações e decidir, e também precisa ser capaz de planejar, coletar, analisar dados e estabelecer suas relações enquanto ciência psicológica. Constataram a falta de consciência, entre os psicólogos, da própria incompetência quanto ao domínio do método científico, que a falta de domínio dos instrumentos, do método científico e de uma teoria impossibilita o trabalho em Treinamento, e que o psicólogo precisa dominar os procedimentos de análise organizacional e avaliação de desempenho. Indicaram a falta de habilidades diagnósticas e de análise na área de Segurança no Trabalho, e a necessidade de adquirir o hábito existente nas organizações de criar e de avaliar o trabalho.

QUADRO 2.7 Sinopse das inter-relações entre os conteúdos identificados no conjunto temático 2 – Conhecimentos e Habilidades – na dimensão das atividades de trabalho

Condições	Eventos	Implicações
– os técnicos em Administração desenvolvem mais habilidades em relacionamentos humanos que o psicólogo	– necessidade de integrar-se e aprender as mudanças tecnológicas e do ambiente organizacional como um todo – necessidade de compreender a própria ação e inserção na organização, de desenvolver uma mentalidade pluralista de participação no trabalho, consciência política, autocrítica da atua-	– o psicólogo acaba aprendendo e reproduzindo acriticamente a tecnologia repassada pelo administrador – deve-se buscar maior compreensão do trabalho humano – a competência é decorrente do domínio técnico-instrumental e do método científico

(continua)

QUADRO 2.7 *(Continuação)*

Condições	Eventos	Implicações
	ção e visão preventiva de Saúde no Trabalho – necessidade de saber obter e analisar dados – falta consciência quanto à incompetência no domínio do método científico, que somada à falta de domínio dos instrumentos e de uma teoria, impossibilita o trabalho em Treinamento – necessidade de dominar a análise organizacional e a avaliação de desempenho e necessidade de saber criar e de avaliar o trabalho – faltam também habilidades diagnósticas e de análise em Segurança no Trabalho	– o psicólogo acaba administrando o treinamento, sem domínio científico – o desinteresse não gera desenvolvimento profissional – a avaliação do trabalho contribui para o autodesenvolvimento – a precária competência técnica acaba implicando no não-desenvolvimento de um método de atuação

A orientação predominante na formação do psicólogo e o desinteresse pela área afastam o aluno e o profissional de assuntos relativos às mudanças tecnológicas ou, em sentido mais globalizante, às mudanças no ambiente organizacional. A permanência e o crescimento do profissional no contexto das organizações requerem um envolvimento com um ambiente que "não lhe é apresentado" durante sua formação:

"Para eu me manter nos empregos, para eu crescer nos empregos, eu tive que buscar autodesenvolvimento, aprender a conviver com as pessoas, aprender a buscar informação... a buscar orientação, onde tivesse" (Participante B).

"O psicólogo que trabalha na área de Recursos Humanos e que é também um bom psicólogo organizacional, uma pessoa comprometida, que não tem muitos grilos de estar lá, trabalhando ali, que quer se aperfeiçoar e tal, o caminho dele é cair para a administração, para aprender aquela tecnologia da administração" (Participante G).

A ação que desenvolve e a autocrítica da atuação, a inserção das atividades na organização, a idéia de participação em equipes de trabalho, o desenvolvimento de uma visão preventiva, são tópicos que requerem um esforço adicional dos psicólogos que se identificam com o trabalho em organizações, porque, via de regra, não são vistos em seus cursos de origem. Fica obrigado também a descobrir o emprego do método científico em um contexto social, a associar as teorias com as habilidades de trabalho e estabelecer e sujeitar-se aos critérios de avaliação:

"Numa organização, você tem toda uma comunidade esperando o seu trabalho, porque ele é divulgado, as metas são conhecidas. Então o seu trabalho é muito checado" (Participante B).

O Participante A relata o que ocorre no ingresso nas empresas e sugere alternativas para a atuação do psicólogo organizacional:

"Ele vem munido de uma série de metodologias, métodos... principalmente psicométricas. E a primeira alternativa dele, profissional, é usar isso de alguma forma, vender essa sua competência, dentro do mercado de trabalho. Por outro lado, eu acho que a outra grande linha, direção, é a linha da crítica ou da renovação, ou da transformação. Não apenas da sua própria profissão... Nesse sentido, vamos chamar de evolução tecnológica e de novas formas de ver o comportamento humano, mas também de ter um compromisso com a própria condição daqueles que trabalham dentro da sociedade – trabalhador em geral – e das relações de trabalho e de produção que aí estão".

Em complemento, nas condições, registraram apenas que os técnicos de administração desenvolvem no campo, muitas vezes, mais habilidades em relacionamentos humanos do que o próprio psicólogo.

É possível comparar os relatos dos participantes:

"Ele (psicólogo) vai guiado, vai de olhos tapados e é guiado de mãos dadas por onde o planejamento dessas pessoas (administradores, economistas) conduzem o seu comportamento" (Participante A).

"O pessoal de administração faz com muito mais competência do que os psicólogos" (Participante F).

"Os técnicos de administração, muitas vezes, desenvolvem mais habilidades em relacionamentos humanos do que o psicólogo" (Participante G).

Ponderadas as condições de formação, o envolvimento do psicólogo com as atividades de trabalho em organizações, a indefinição de um objeto de estudo e a qualidade da Psicologia Organizacional no Brasil, a constatação de que os técnicos de administração desenvolvem mais habilidades no campo não surpreende. Como diz Pereira (1983, p. 51), "o elemento fundamental para a caracterização de uma determinada ciência tem sido o objeto próprio ao qual é aplicado um método específico". Para a maioria dos psicólogos, a visão dessa área de atividades é muito estreita:

"Psicologia Organizacional não é somente fazer análise de cargos e seleção em empresas" (Participante D).

Nas implicações, alinhadas às necessidades do segundo bloco, nas atividades de trabalho, os participantes levantaram que o psicólogo aprende e reproduz acriticamente a tecnologia repassada pelo administrador. Ressaltaram que se deve buscar uma maior compreensão da evolução do trabalho humano. Admitiram que o domínio técnico-instrumental e do método científico dá competência à atuação, e que o psicólogo acaba administrando o treinamento, sem um domínio científico maior do processo. Postularam que, sem interesse pelas atividades específicas da área, corre-se o risco de não ocorrer o desenvolvimento profissional, que a avaliação do trabalho é indispensável ao autodesenvolvimento, e que a precária competência técnica do psicólogo implica na falta de desenvolvimento de um modelo de atuação característico e adequado à realidade de trabalho.

Face à falta de modelos característicos dentro de sua área de formação, a conseqüência inevitável é o empréstimo da tecnologia e dos parâmetros de outras áreas de conhecimento, como da Administração, ainda que fortemente influenciada pela Psicologia em sua estruturação teórica. O Participante C confirma:

> "A atividade do psicólogo do trabalho, hoje, está bastante balizada, bastante paramentada, pelas teorias de organização".

Defronta-se, novamente, com a precariedade técnica e de domínio científico, assuntos que serão detalhados em seções posteriores no presente estudo, associados ao desinteresse pelas atividades específicas da área. O Participante C conclui:

> "Um bom profissional é um indivíduo que está interessado".

Quando se planeja a capacitação ou o treinamento de recursos humanos, como tem sido geralmente aceito pelos profissionais que atuam nas organizações (Peterson e Bownas, 1982, p. 49), é necessário um sistema que inclua informações concernentes às atividades de trabalho, às atividades do ambiente ou situação de trabalho e às características humanas requeridas ou desejadas (conhecimentos, habilidades, atitudes, etc.).

> Conhecimentos referem-se à capacidade da pessoa para reproduzir ou reconhecer fatos específicos ou relações, enquanto habilidades referem-se à capacidade para desempenhar tarefas específicas de uma maneira preestabelecida. (Roe, 1984, p. 119)

Conhecimentos e habilidades podem ser adquiridos em um programa de treinamento. A eficácia da aquisição dependerá das condições de aprendizagem estabelecidas. Por outro lado, o interesse pelas atividades desenvolvidas depende das atitudes e valores do grupo e da comunidade como um todo em torno de tais atividades. Retornar-se-á também a esse assunto em outros capítulos.

MÉTODO CIENTÍFICO

Na dimensão da formação profissional, os participantes disseram que faltam subsídios metodológicos relativos ao trabalho de Seleção. Apontaram que os psicólogos não reconhecem a própria falta de domínio científico, enquanto a ausência de uma formação científica consolidada foi generalizada aos profissionais do campo de Recursos Humanos. Assinalaram a necessidade de incrementar a pesquisa na formação e que os psicólogos não realizam pesquisas.

Já se deixou claro que não se dissocia a formação do profissional, que atua fora dos espaços tradicionais de pesquisa, da formação do pesquisador. Pode-se dizer que profissionais dentro da universidade ou das instituições de pesquisa dedicam grande parte de seu tempo a tais atividades e são, portanto, denominados pesquisadores. Isso não quer dizer que o psicólogo competente, em qualquer área ou local de atuação, deixe de embasar sua prática em parâmetros científico-metodológicos. Seu exercício deve ser orientado pelo conhecimento existente na área, mas deve também estar alerta para os limites desse conhecimento e para as possibilidades de reformulá-lo. Nas palavras de Todorov (1985, p. 26):

> Se você pensar nos requisitos, nas características da atividade de pesquisador e no campo profissional, você vai encontrar muitos elementos comuns. Ambos vão lidar basicamente com solução de problemas.

QUADRO 2.8 Sinopse das inter-relações entre os conteúdos identificados no conjunto temático 3 – Método Científico – na dimensão da formação profissional

Condições	Eventos	Implicações
– os cursos não transmitem atitudes científicas – aprendizado de pesquisa precário e equivocado – não se encontram interesses de pesquisa na área e as pesquisas não têm finalidades prática e social – não se difundem pesquisas como as de Ergonomia e de Psicologia Social – os professores não se apresentam com interesse e preparo em profundidade na ciência psicológica	– faltam subsídios metodológicos relativos ao trabalho em Seleção – os psicólogos não reconhecem a própria falta de domínio científico – ausência de uma formação científica consolidada entre os profissionais do campo de Recursos Humanos – necessidade de incrementar a pesquisa na formação e falta de realização de pesquisas	– os cursos devem apresentar as várias abordagens da Psicologia – o psicólogo deve desenvolver a consciência de que é usuário de ciência e de tecnologia – a formação deve ser mais consistente no ensino do método científico – os psicólogos acabam rejeitando os parâmetros científicos de trabalho – os professores de metodologia e de disciplinas de aplicação deveriam estabelecer a reciprocidade entre o método científico e a prática – uma formação metodológica consistente e adequada pode compensar a precariedade das informações técnicas de avaliação de desempenho, gera capacidade para construção de instrumentos e, no geral, possibilita flexibilidade

Machado (1987, p. 1162) compara o desenvolvimento do ensino e da pesquisa:

> Embora na maioria das vezes esses dois temas se encontrem entrelaçados, como se verifica, por exemplo, em universidades americanas e européias, no Brasil as origens das atividades de ensino e de desenvolvimento de ciência tiveram inícios bastante distintos.

O desenvolvimento das duas atividades em relativo paralelismo e o próprio surgimento tardio de nossas universidades são reflexos da dominação científico-cultural em nosso País. O tecnicismo que prevalece na formação de terceiro grau coaduna-se com esse quadro. A ênfase em pesquisa é introduzida na pós-graduação. A capacitação para realizar trabalhos com sustentação e dentro de critérios científicos advém, de fato, após o doutoramento. "A produtividade científica média dos docentes com essa titulação é sem dúvida maior do que as de outras categorias" (Pimentel-Souza, 1989, p. 889).

A ausência de um sistema formador de doutores na área tem, entre outras conseqüências, a geração de um insignificante número de pesquisas e publicações relativas à Psicologia Organizacional, atividades francamente aumentadas quando se atinge aquele nível de qualificação. Ao sistema estrutural de formação como um todo soma-se o estigma sobre a área:

> "A tendência da Psicologia tem sido de não se dar bem com esta área, ela não consegue lidar muito bem com ela. Em São Paulo, se você juntar todos que têm doutorado neste campo não dá um curso de mestrado. E eu não sei se nós vamos lidar bem, porque ela é uma espécie de filha adotiva, ou bastarda, que ninguém quer" (Participante D).

Outra conseqüência dessa situação é o estabelecimento de inúmeras firmas de consultoria ou de materiais e procedimentos de trabalho pertinentes à área, utilizando-se de profissionais de áreas próximas ou mesmo distantes da Psicologia, nem sempre revelando, dentro dos critérios dos psicólogos, um nível de rigor desejável.

Nas condições, relacionadas às últimas necessidades descritas, esclareceram que os cursos de Psicologia não transmitem atitudes científicas e que é deficiente esse aspecto da formação. Observaram que o aprendizado de pesquisa na formação é precário e equivocado, que não se encontram interesses de pesquisa na área, que algumas pesquisas não têm finalidade prática e social e que, nos cursos, não se difundem pesquisas como as de Ergonomia e de Psicologia Social. Afirmaram que, muitas vezes, os professores não se apresentam com interesse e preparo em profundidade na ciência psicológica.

Matos (1988, p. 101) considera que o currículo mínimo federal "aloca espaço considerável no curso básico de formação para estágios profissionais" e não prevê espaço destinado à pesquisa. Para Weber (1985, p. 11), "constata-se que, de fato, não há no currículo mínimo qualquer preocupação com a inclusão de trabalhos de pesquisa, seja no nível das disciplinas, seja no nível do estágio".

Como esperar o desenvolvimento de atitudes científicas entre os alunos? Em levantamento realizado por questionários aplicados a alunos, Paulon e Carlos (1983, p. 23) apresentam uma porcentagem significava (25,9%) de participantes que consideram necessário reduzir o número de créditos em Metodologia Científica em Psicologia. O aluno não vê a pesquisa como algo integrante das suas atividades e tampouco vê a ciência psicológica como um processo, uma construção. A pesquisa interessa na medida em que possa fornecer "verdades" que possam ser rapidamente transpostas para a aplicação. A idéia de cisão entre a pesquisa e a aplicação é difundida. Alguns conhecidos autores sustentam posições divergentes:

> "Não existe razão *a priori* para considerar como desunidos ou mesmo antagônicos os aspectos de pesquisa e de aplicação de qualquer ciência e, em particular, da psicologia. Dentro do contexto relativamente tranqüilo e desimpedido da discussão teórica, pode-se até conceber, voltando-se à ideologia favorável à pesquisa, esta como um núcleo criativo, gerador de práticas mais adequadas e poderosas" (Ades, 1978, p. 130).
>
> "(...) a percepção do profissional em Psicologia no Brasil é totalmente distorcida em direção ao profissional exclusivamente aplicado. Não se considera a pesquisa como uma atividade profissional, e há uma dicotomia indesejável entre a pesquisa e a aplicação quando, a meu ver, a formação profissional do psicólogo deveria levá-lo a uma atividade integrada em que os resultados de qualquer trabalho aplicado são avaliados por intermédio de pesquisa" (1978, p. 127).

Um extenso rol de fatores contribui para a precariedade da formação científico-metodológica, indo das justificativas ingênuas de opção teórica até convicções, também não menos ingênuas, de um "caráter tecnológico" da atuação do psicólogo. A pesquisa é vista, muitas vezes, como algo abstrato, desvinculada da aplicação. O desenvolvimento de uma atitude científica nos alunos encontra obstáculos diversificados, desde um crescente número de alunos e deterioração dos laboratórios, o despreparo ou a desmotivação do professor pesquisador, até a crescente falta de verbas para pesquisa repassadas pelas agências de fomento.

Pereira (1983, p. 65) defende que a pesquisa científica foi estatizada em favor dos interesses das relações sociais de produção e troca do Estado capitalista. Assim, é o Estado que determina indiretamente "os temas a serem estudados e dá recursos para tanto ao mesmo tempo que não dá recursos ou dilui aquelas iniciativas que não estão a serviço da lógica capitalista (...) Hoje a Universidade limita-se a reproduzir os padrões do Estado".

Por outro lado, nas implicações, ressalvaram que a Psicologia não é ciência de uma abordagem só, portanto, os cursos devem apresentar suas várias abordagens e que o psicólogo deve desenvolver a consciência de que é usuário de ciência e tecnologia. Indicaram que a formação deve ser mais consistente no ensino do método científico, que se deve fornecer uma visão científica e que, pela deficiência desse tipo de formação, rejeitam-se os parâmetros científicos de trabalho, e que os professores de metodologia e de disciplinas de aplicação deveriam estabelecer a reciprocidade entre o método científico e a prática. Assentaram, especificamente, que uma formação metodológica consistente e adequada pode compensar a precariedade das informações técnicas de avaliação de desempenho e, no geral, possibilita flexibilidade para responder às exigências do trabalho nas organizações, e, no que diz respeito ao Treinamento, que a capacidade para construção de instrumentos depende de uma formação científica sólida.

Na análise de Ades (1978, p. 142):

> (...) 1) o treino em pesquisa tanto na chamada área básica, como nas diversas direções de aplicação, é necessário para a formação plena e íntegra do psicólogo; 2) é imprescindível incentivar, em nosso meio, a investigação e a comunicação de experiências a respeito da eficiência de diversos programas de treino em pesquisa.

Já se discorreu a respeito do primeiro aspecto da análise, que pode levar à formação de psicólogos mais competentes para o exercício nas organizações. O segundo aspecto assume grande importância na medida em que se pode, por meio de um maior número de pesquisas e da troca de informações, intensificar a geração de um substrato teórico com características da realidade brasileira.

O aluno deveria encontrar, idealmente, oportunidade de escolha para participar em projetos de pesquisa desenvolvidos por professores de seu departamento. Deveria ter oportunidade de divulgar e discutir o trabalho, passando progressivamente, conforme seus interesses, dos temas básicos para os aplicados. Ter-se-ia não apenas uma formação teórico-metodológica consistente, mas, sobretudo, departamentos de Psicologia construindo o conhecimento. Seria produzido, no mínimo, como diz Weber (1985, p. 13): "um consumidor competente do que vem sendo produzido na sua área de atuação profissional". O Participante F complementa:

> "Acompanhar pesquisa não é simplesmente ser mão-de-obra barata de pesquisador. O sujeito tem que acompanhar todas as fases do processo de fazer ciência, desde a coleta de dados até a análise, inclusive as idas e voltas que isso tem".

Para Ades (1978, p. 137) "o treino em pesquisa é, basicamente, um treino em compreensão". Isso faz com que se volte a análise para o contexto das atitudes e expectativas características dos alunos. Embasado em pesquisa desenvolvida junto a estudantes de Psicologia do Nordeste brasileiro e nas conclusões de uma pesquisa norte-americana com objetivos similares, Figueiredo (1983, p. 13-14) aponta a necessidade de, antes da transmissão de conceitos de metodologia científica, "promover um confronto sistemático com as fantasias individuais e coletivas: antes de passar informações e instalar habilidades, parece necessário combater os equívocos e as esperanças infundadas". Mais adiante, prossegue: "Os alunos dos cursos de Psicologia além de chegarem recheados de idéias e noções pré-científicas acerca da mente, do comportamento, da personalidade etc., cuja falsidade precisa ser detectada, trazem também concepções anticientíficas sobre a Psicologia".

As dificuldades para o estabelecimento de hábitos de pesquisa aparecem em todos os níveis, do individual, entre as atitudes e expectativas dos alunos e o despreparo dos professores para ensinar a pesquisar, ao nível estrutural, pelas precárias condições e pela institucionalização de normas que não realçam a pesquisa nos currículos. Recorrendo novamente a Ades (1978, p. 134): "(...) pesquisa não se aprende lendo livros sobre Metodologia de Pesquisa, mas sim, fazendo e vivendo, na prática, os problemas metodológicos que se defronta quando se faz uma pesquisa". Na realidade, os cursos de Metodologia são essencialmente reflexivos e estão tão afastados da conexão entre a prática e a metodologia científica quanto os cursos voltados para a prática estão afastados dos cursos de Metodologia. A prática deveria começar na pesquisa.

Na dimensão de atividades de trabalho, os participantes indicaram que o psicólogo precisa ser capaz de planejar, coletar, analisar dados e estabelecer suas relações enquanto ciência psicológica, e que o psicólogo carece de domínio do método científico em atividades gerais e específicas, como o Treinamento e a Avaliação de Desempenho. Destacaram a necessidade de perceber a atividade de análise profissiográfica como científica, de identificação de variáveis.

QUADRO 2.9 Sinopse das inter-relações entre os conteúdos identificados no conjunto temático 3 – Método Científico – na dimensão das atividades de trabalho

Condições	Eventos	Implicações
– os profissionais que dominam o método científico são valorizados nas organizações – a construção dos instrumentos de treinamento depende do conhecimento do método científico – os psicólogos não buscam informações de metodologia – existe maior produção científica dentro das empresas do que nas universidades – as organizações não exigem claramente competência científica, exigem competência técnico-instrumental – o bom psicólogo é um cientista aplicado – um projeto de consultoria é uma pesquisa – diversidade de interesses entre os pesquisadores e os profissionais das organizações	– precisa ser capaz de planejar, coletar, analisar dados e estabelecer suas relações enquanto ciência psicológica – carência de domínio do método científico – necessidade de perceber a atividade de análise profissiográfica como científica	– o domínio do método científico e o domínio técnico-instrumental fornecem competência – os psicólogos deveriam receber informações de natureza científica nas organizações – o psicólogo acaba administrando o treinamento, sem um domínio maior do processo

A pergunta formulada pelo Participante G é respondida, de certa forma, pelo Participante F:

> "Como aplicar conhecimentos científicos à realidade específica, e como, a partir dessa realidade, produzir conhecimento?" (Participante G).
> "Ele (psicólogo) não sabe fazer diagnósticos porque não domina o método científico" (Participante F).
> "O sujeito (psicólogo) não aprendeu que primeiro se identificam e se definem variáveis e depois se definem procedimentos pra poder medir aquela variável (...) Ele aprendeu que existe um ritual que tem que ser cumprido e aprendeu a fazer a seleção como um ritual, não como uma questão de método" (Participante F).

Encontra-se em Bouvier e colaboradores (1988, p. 7) uma perspectiva da qualidade de uma pesquisa:

> (...) uma pesquisa de boa qualidade é aquela que leva em conta a natureza do problema a ser resolvido para então se escolher uma metodologia apropriada ou é aquela que possibilita uma intervenção transformadora da realidade presente.

A precariedade da formação, em pesquisa nos cursos, dificilmente torna um psicólogo capaz de se defrontar com os problemas correntes nas organizações, em termos de conseguir estabelecer critérios e instrumentos para configurar um problema, estabelecer um diagnóstico e apresentar propostas de solução. Acaba confinado às atividades estereotipadas da área e repetindo procedimentos, como dizem os participantes, ritualisticamente, com as conseqüências de ser visto como um profissional inepto e perceber-se envolvido em um círculo de insatisfação:

> "Aquilo que acontece hoje é, digamos, uma caricatura de trabalho (...), no qual tudo aquilo que ele (psicólogo) faz, ou está previsto fazer, está previamente definido, como, por exemplo, aplicar PMK" (Participante C).

Combinadas a essas necessidades, nas condições, evidenciaram que os profissionais que dominam o método científico são valorizados nas organizações, que a construção dos instrumentos de treinamento depende do conhecimento do método científico, e que os psicólogos não buscam informações de metodologia. Observaram que existe maior produção científica dentro das empresas do que nas universidades e que as organizações não exigem claramente competência científica, exigem competência técnico-instrumental. Observaram que o bom psicólogo é um cientista aplicado. Referiram-se a um projeto de consultoria como uma pesquisa, e à diversidade de interesses entre os pesquisadores e os profissionais das organizações no que tange à natureza da pesquisa e do trabalho aplicado.

O domínio dos parâmetros de pesquisa, mesmo que não se tenha clareza de sua importância, constitui parte fundamental (não absoluta, certamente) da afirmação do psicólogo como um profissional nas organizações. Ainda será visto, na análise do ambiente das organizações, que o exercício do poder está fortemente associado à competência técnica, que não fica restrita, é claro, ao domínio de alguns instrumentos:

> "Você não é cientista na organização por ser cientista. Você é cientista no sentido de ser cientista aplicado" (Participante F).

Espera-se que o psicólogo, além de considerar a inserção de seu trabalho, apresente-se habilitado a comportar-se de maneira que suas atividades possam ser avaliadas e que os resultados decorrentes sejam válidos. Em outras palavras, espera-se do psicólogo a capacidade de pesquisar. Para conduzir um processo de pesquisa, ele deve ser capaz de definir com clareza o problema em foco, buscar respostas ao problema formulado e relatar o processo. Cada uma dessas etapas envolve aspectos essenciais, como a capacidade de observar seletivamente, supor relações entre eventos, identificar variáveis e suas vinculações com dimensões teóricas escolhidas, o planejamento das condições de coleta de dados, com especificação dos controles a serem utilizados, elaboração de instrumentos e estratégia de análise dos resultados e a transformação de todo o processo de modo a comunicar as condições e conclusões da pesquisa em linguagem adequada ao público receptor.

Na seqüência, nas implicações, os participantes concluíram que o domínio do método científico e o domínio técnico-instrumental fornecem competência à atuação, que os psicólogos deveriam receber informações de natureza científica (as organizações não têm clareza da importância disso) e que, em conseqüência dessa falta, por exemplo, o psicólogo administra o treinamento, sem um domínio científico maior do processo.

Colocado de uma maneira simples, em qualquer atividade ou área de atuação, o psicólogo deve agir "com cabeça de pesquisador." Não necessariamente para publicar em periódicos científicos, mas pelo menos de modo a tornar o procedimento e os resultados compreensíveis para a comunidade que é atingida pelo seu serviço. Se não for assim, o que diferenciaria a ação, no caso do psicólogo que atua em organizações, da ação do profissional que conta com experiência cotidiana no campo de Recursos Humanos e que não conta com uma formação científico-acadêmica?

Outro aspecto da formação científico-acadêmica inclui, ou deveria incluir, uma familiaridade do profissional com as instituições que geram conhecimento. Na medida em que se embui do espírito de pesquisador, é na universidade que deveria encontrar fontes e meios de divulgação do trabalho que realiza – ressalvado o desenvolvimento informacional que as empresas adquirem cada vez mais, em todos os aspectos, fornecendo fontes e canais de divulgação. A presença do ex-aluno na universidade permitiria checar e atualizar o processo de formação e saber das necessidades que a atuação está impondo.

ABORDAGENS E TEORIAS

Na dimensão da formação profissional, os participantes acusaram a falta de um modelo de ação aplicável ao contexto de trabalho. Identificaram a necessidade de uma revisão geral da formação em Psicologia Organizacional. Assinalaram que faltam subsídios das teorias de Administração e que os psicólogos não estabelecem, especificamente, vinculações entre as teorias estudadas e a prática em Treinamento.

O desenvolvimento de um modelo, sem considerar as características do nosso contexto, tem sido repetidamente contestado. O produto da importação de explicações a respeito da natureza e causa da satisfação no trabalho, por exemplo, pode tornar-se sensivelmente descontextualizado. Assim, como é sabido, as técnicas de controle da produção no Japão têm ótimos resultados e funcionam bem para aquele contexto cultural e histórico. Transportadas para o Brasil, muitas vezes não alcançam os efeitos esperados ou até mostram-se estranhas à nossa cultura.

QUADRO 2.10 Sinopse das inter-relações entre os conteúdos identificados no conjunto temático 4 – Abordagens e Teorias – na dimensão da formação profissional.

Condições	Eventos	Implicações
– os cursos não possuem um modelo que considere as inter-relações do contexto e mantêm as preferências por uma abordagem centrada no indivíduo – as disciplinas mantêm uma estratégia que não é transposta para o contexto – transmissão de uma visão estereotipada das atividades em organização, uma noção de realidade estática e unilateral e ausência de uma postura preventiva – desvinculação dos professores e das teorias ensinadas nas disciplinas de formação em aprendizagem em relação às atividades práticas de Treinamento	– falta um modelo aplicável ao contexto de trabalho – necessidade de uma revisão geral da formação em Psicologia Organizacional – faltam subsídios das teorias de Administração e estabelecimento das vinculações entre as teorias e a prática em Treinamento	– tentativa de formar as próprias experiências como modelo – sugestão de busca de um modelo integrador – sugestão de iniciar o estudo pela geografia e extrapolar o nível individual – deduziu-se que a área pode tornar-se influente e básica – deve-se enfatizar as variáveis que extrapolam o contexto imediato, buscar uma visão íntegra das atividades, fornecer uma visão científica dos processos organizacionais, evadir-se do trabalho apenas ao nível patológico e apresentar as várias abordagens da Psicologia

Emprestando a indagação de Weber e Carraher (1982, p. 10):

> Até que ponto não estaríamos mais uma vez buscando no estrangeiro a análise e as soluções de problemas que têm sua especificidade exatamente no fato de existirem e serem engendrados em um contexto socioeconômico e cultural determinado?

Deve-se ter, para os problemas administrativos de pessoal, característicos de nossa realidade, um substrato teórico que leve em conta os traços distintivos do nosso desenvolvimento histórico-econômico. A ausência desse substrato é óbvia, especialmente no que concerne à Psicologia Organizacional, em que pesem o caráter hegemônico da dominação capitalista e os conceitos das ciências sociais com possibilidades de transposição universal. Nessa área de aplicação, ao longo de toda sua história, o que se encontra é uma abundante reprodução das descobertas e dos instrumentos estrangeiros. Nas palavras do Participante B, talvez com exagero:

> "Nós ainda precisamos da Psicologia Organizacional brasileira."

Nas condições, arranjadas de acordo com a falta de um modelo de ação, os participantes opinaram que a Psicologia não possui um modelo que permita apresentar a realidade de transformações permanentes das organizações ou que os cursos mantêm um modelo de intervenção que não considera as inter-relações do contexto. Observaram que o curso de Psicologia mantém, e o psicólogo revela, desde sua entrada no curso, acentuadas preferências por uma abordagem centrada no indivíduo e que as disciplinas, nos cursos, mantêm uma estratégia que não é transposta para o contexto do trabalho. Como condições associadas à necessidade de uma revisão geral da formação em Psicologia Organizacional, os participantes denunciaram a visão estereotipada das atividades em organizações, transmitida na graduação, a ausência de uma postura preventiva e a transmissão de uma noção de realidade estática e unilateral. Os participantes ainda constataram, no que diz respeito à falta de subsídios das teorias de Administração e do estabelecimento de vinculações entre as teorias estudadas e a prática em Treinamento, que os professores e as teorias ensinadas nas disciplinas de formação em aprendizagem, geralmente, não estão vinculados às atividades práticas de Treinamento.

A perspectiva enviesada dos conteúdos das disciplinas que compõem os currículos dos cursos de Psicologia reproduzem a fragmentação dirigida pelo que se tornou comum chamar de psicologização na explicação da realidade humana e social. Observa-se, no máximo, uma idéia de multidisciplinaridade, na qual as disciplinas diversas não se inter-relacionam. Novamente, o denominador comum tem sido uma ênfase explicativa, calcada no, também já bastante conhecido, modelo médico, centralizado no indivíduo e em intervenções curativas. Isso dificulta o trabalho dos professores que pretendem um enfoque que se apóie no caráter social do comportamento humano e em uma visão preventiva (Neri, 1978, p. 122). As declarações apresentadas a seguir ilustram a situação:

"O curso de Psicologia me mostrou um psicólogo isolado, sozinho, senhor da situação, na qual ele dava as cartas" (Participante B).

"Tive mais contato com isso já na empresa, quando os médicos do trabalho, por exemplo, esperavam de mim coisas que eu nunca tinha me preparado pra oferecer (...) Não tinha aprendido nada em termos preventivos na relação com o trabalho. Não tinha muita coisa a oferecer na época" (Participante B).

"Você tinha que trabalhar e oferecer soluções, prevenir problemas numa macrovisão" (Participante B).

"No fundo, pela nossa especialização profissional, ou só no trabalho, ou só no emocional, ou só na formação, ou só não sei o que... a gente acaba como que meio cego ou caolho pra enxergar todos os aspectos" (Participante C).

"Ele (psicólogo) é jogado num contexto de trabalho, no mundo da produção, de organizações, sem ter nenhum referencial. E eu não falo nem em referencial crítico, é conhecimento mesmo, de teorias organizacionais, de administração geral (...), além da formação deficiente geral em Psicologia" (Participante G).

"O psicólogo, em geral, chega a uma organização, uma fábrica, uma coisa assim de grande porte, assim... distante daquele mundo" (Participante G).

Mais do que a falta de referênciais teórico-metodológicos, que ainda será analisada em maiores detalhes no presente trabalho, o clima que é transmitido e "vivenciado" nos cursos de Psicologia produz um confronto entre valores naqueles que se dirigem para as atividades de trabalho nas organizações. Na percepção do Participante G:

"Ao longo dos cursos, que são muito soltos, são muito pouco dirigidos, você quase vive aquele clima clínico... tudo é aceitável, tudo é compreensível (...) De repente, você é cobrado, cobrado por produtividade (...) Grande parte dos psicólogos que passam por organizacional, que deixam organizacional, acho que entram um pouco em choque com isso."

As questões da transmissão de uma visão estereotipada, da ausência de uma postura preventiva e da noção de realidade estática e unilateral estão interligadas e demadam a adoção de perspectivas de cunho sistêmico, que permitam a análise das inter-relações do contexto. O quadro geral, que faz o pano-de-fundo dessa situação, está ligado à perda de autonomia que a própria ciência revela no mundo contemporâneo, em que as suas disciplinas apresentam-se progressivamente dissociadas e difíceis de serem arroladas em um projeto de totalidade. Isso requer dos profissionais, e principalmente dos agentes formadores, contínuo exame das vinculações com as suas áreas e busca de integração.

A desvinculação dos conteúdos estudados nas disciplinas e as possibilidades de aplicação vinculadas à área de Psicologia Organizacional, ou ao campo de Recursos Humanos, não se confinam apenas aos estudos da aprendizagem e sua necessária associação ao Treinamento. Para confirmar o quanto os conteúdos das disciplinas necessitam de redirecionamento, basta verificar, por exemplo, que conteúdos de Psicologia Social, nos currículos dos cursos de Psicologia no Brasil, estão voltados para as atividades em organizações. Seria natural esperar que se discutissem, pelo menos, questões relativas à formação e à interação de grupos no ambiente das organizações de trabalho. Outro exemplo: onde são vistas disciplinas de Psicologia do Desenvolvimento Humano que abordam a importância do trabalho na dinâmica pessoal, ou a relevância da socialização em organizações de trabalho no contexto de vida de qualquer ser humano?

Adicionalmente, nas implicações, os participantes registraram a tentativa de tornar as próprias experiências práticas como modelo para os alunos, e a sugestão de se buscar um modelo integrador, que compreenda o ser humano em sua globalidade e dinamicidade. Sugeriram que o psicólogo deveria começar estudando Geografia, em uma perspectiva histórica e materialista, e que a perspectiva de diagnóstico da realidade deve extrapolar o nível individual. Deduziram que uma reformulação de visão da Psicologia Organizacional tornaria a área influente e básica, e que se devem enfatizar as variáveis que extrapolam o contexto imediato, as relações econômicas de produção, estudadas em uma visão crítica; que se deve, também, buscar uma visão integrada das atividades na área, além de fornecer uma visão científica para investigar os processos organizacionais e evadir-se do trabalho apenas ao nível patológico. Indicaram, finalmente, que os cursos deveriam apresentar as várias abordagens da Psicologia.

Existe, também na Psicologia, uma diversidade de métodos e teorias, estruturando uma multiplicidade de visões e formas de abordar o seu objeto.

> Impõe-se, assim, a necessidade de uma reflexão epistemológica que possibilite ao estudante colocar em perspectiva a diversidade de teorias e métodos em função da unidade do próprio objeto da Psicologia. A ausência desta reflexão é que propicia o privilégio de determinadas teorias e métodos, em detrimento de outros... (Weber e Carraher, 1982, p. 6)

Concorda-se com Ades (1978, p. 131), que coloca em relevo

> (...) a difusão de uma atitude de curiosidade, inquirição e rigor que é típica da pesquisa. Essa atitude, em vez de ser tida como privativa de uns poucos indivíduos, especialmente dotados, deveria (...) ser considerada como um ingrediente importante de qualquer abordagem à realidade, quer teórica, quer aplicada.

A aproximação da realidade por intermédio dos princípios postulados pela pesquisa científica e a busca de uma visão integrada e abrangente com certeza tornariam o trabalho do psicólogo, em organizações, mais coerente e contextualizado.

O trabalho, componente primordial na integração psicológica e social do ser humano, via de regra, é pareado à visão estereotipada que os cursos difundem no que tange à produtividade e suas vinculações, como diz o Participante A:

> "A análise do comportamento na universidade, em geral, deveria sistematicamente lembrar-se da contribuição do trabalho, do processo de trabalho, da produção como um componente importante nos desvios de comportamento e nos acertos de comportamento".

Na dimensão das atividades de trabalho, consideraram a necessidade de uma revisão geral da aplicação da Psicologia Organizacional e a necessidade de desenvolver uma visão preventiva de Saúde no Trabalho. Os participantes ainda comentaram a necessidade de utilizar os subsídios das teorias de aprendizagem e de dominar uma teoria para desenvolver o trabalho em Treinamento.

A utilização da Psicologia pelas organizações brasileiras, pelo fato do parque industrial nacional ter sido construído em sua maior parte por empresas estrangeiras, que trazem soluções prontas para os problemas que requerem a participação do psicólogo, dificulta fortemente a geração de uma tecnologia ou de uma perspectiva nacional nessa área de aplicação. Isso, é claro, somado aos diversos fatores que estão sendo analisados e que contribuem para a restrição do desenvolvimento de uma Psicologia Organizacional voltada para os problemas peculiares do trabalhador brasileiro.

QUADRO 2.11 Sinopse das inter-relações entre os conteúdos identificados no conjunto temático 4 – Abordagens e Teorias – na dimensão das atividades de trabalho

Condições	Eventos	Implicações
- a abordagem do psicólogo é menos burocrática - a prática do psicólogo nas organizações repete os modelos iniciais de atuação - os modelos são produzidos em outros contextos e não são renovados - o psicólogo reproduz um modelo repassado pelo administrador - não se considera o trabalho na perspectiva de prevenção - o campo mantém-se convencional	- necessidade de uma revisão geral da aplicação da Psicologia Organizacional e desenvolvimento de uma visão preventiva - necessidade de utilizar os subsídios das teorias de aprendizagem e de dominar uma teoria para desenvolver o trabalho em Treinamento	- sugeriu-se a busca de uma visão global de saúde - o psicólogo que é produzido é incompetente para gerar um modelo de atuação próprio e busca realização nos moldes da clínica - devem-se buscar novas abordagens em Psicologia Organizacional e uma perspectiva globalizada - sugeriu-se uma mudança da postura isolacionista do psicólogo na empresa - a utilização das teorias de aprendizagem torna o profissional competente

Em relação à necessidade de uma revisão geral da aplicação da Psicologia Organizacional e do desenvolvimento de uma visão preventiva de Saúde no Trabalho, os participantes, nas condições, compararam a abordagem do psicólogo no contexto organizacional como menos burocrática (ou menos formal). Registraram que a prática dos psicólogos nas organizações repete os modelos iniciais de atuação, com ênfase em modelos estrangeiros, que não se ajustam plenamente à realidade do País. Os modelos são produzidos em outros contextos culturais e não são renovados. Julgaram que o psicólogo reproduz um modelo repassado pelo administrador, modelo que também está em superação. Evidenciaram que não se considera o trabalho em uma perspectiva de prevenção. Nas condições associadas à necessidade de utilizar os subsídios das teorias de aprendizagem e de dominar uma teoria para desenvolver o trabalho em Treinamento, os participantes cogitaram que o campo permanece convencional, baseado nas teorias de organização.

Aqueles que se dedicam à Psicologia Organizacional no Brasil sabem que o nível de produção de conhecimentos na área é muito pequeno, quase inexistente. Tem-se mantido, durante a história dessa prática, uma clara dependência intelectual dos países desenvolvidos. Essa dependência é acentuada quanto à produção norte-americana, como se pode confirmar por meio do exame das origens dos livros relativos à área em que são publicados no País. Domínio, aliás, observado também em relação a muitos outros países. Até onde se sabe, comparativamente em franca minoria, apenas países como a Inglaterra, França, Alemanha ou Japão têm desenvolvido trabalhos com um cunho mais nacionalizado, ainda assim em estreita afinidade teórica desses trabalhos com a produção americana.

Considere-se também, extrapolando os limites da produção acadêmica, que o exercício nas organizações, em sua globalidade, é contextualizado e preestabelecido com base nos parâmetros gerados em países estrangeiros. Em outras palavras, a colonização cultural opera em sincronia: na escola, nos meios de comunicação, nas empresas, etc. A alternativa, acredita-se, não é reinventar a roda, mas a utilização crítica dos conhecimentos estrangeiros e, principalmente, estimular a produção com características nacionais próprias.

É necessário acrescentar à idéia de proteção dos valores e geração de uma ciência com características nacionais, a noção de ciência como patrimônio universal. Para Seminério (1980, p. 566), "a ciência tem um acervo mundial, e querer desprezá-lo é um ato ingênuo e infantil". O desenvolvimento da teoria e da aplicação com características peculiares à nossa cultura depende do aproveitamento, repassado por aguçada crítica por intermédio dos debates em simpósios e congressos, da produção científica divulgada em publicações e de outros mecanismos que se prestem a tal objetivo.

Quando se fala em estimular a produção, não se está dirigindo a um agente abstrato ou esperando o "beneplácito" das agências governamentais – sabe-se, deveres nunca realizados. É uma atividade a ser construída pelo professor, ainda que difícil, pelas contingências que a estrutura impõe e pelas próprias limitações do docente. Pesquisar e publicar também se aprende fazendo. Trata-se de possibilidades em alguma medida factíveis. Acredita-se no potencial de transformação primordial da educação. Nessa intrincada cadeia, iniciativas formadoras de pessoas comprometidas com a emancipação individual e coletiva devem ser concretizadas em algum de seus elos. Enquadram-se, na análise percuciente de Ribeiro (1978), na "política de crescimento autônomo," que requer esforços contrários às forças do sistema estabelecido no nível da macroestrutura, reproduzidas no nível do subsistema universitário. A tarefa não é simples. Para Weber e Carraher (1982, p. 2):

> Parece já ter sido largamente demonstrado que a principal responsabilidade pela não-realização do ideal modernizador no Brasil não cabe às instituições universitárias, mas aos próprios contornos dados ao processo de industrialização pelos grupos que conseguiram definir as linhas gerais do modelo de desenvolvimento econômico do país. De fato, nosso parque industrial constituído, na sua maior parte, por um conglomerado de empresas de origem estrangeira que utilizam tecnologias geradas por suas matrizes, torna praticamente desnecessária a produção de conhecimentos que possam gerar tecnologias autóctenes. Além disso, é patente a perda progressiva da importância da educação no orçamento nacional o que demarcaria, desde já, os limites reais da preocupação com a formação de pessoal qualificado para enfrentar "o processo de mudança acelerada".

Nas implicações, listadas logo a seguir, sugeriram a busca de uma visão global de saúde. Concluíram que existe uma busca, dentro das organizações, de realização dos interesses nos moldes da clínica. Indicaram que se deve buscar novas abordagens em Psicologia Organizacional e manter uma perspectiva de análise globalizada das atividades da área. Sugeriram uma mudança da postura isolacionista do psicólogo na empresa por meio de rodízio de profissionais. Finalmente, estabeleceram que a utilização das teorias de aprendizagem torna o profissional competente.

Quando o psicólogo consegue generalizar ou aprofundar leituras que estabeleçam as vinculações do corpo teórico da Psicologia com a prática, como no caso do trabalho em Treinamento, apesar dessas relações não serem explícitas na maioria dos cursos, aumenta suas possibilidades de desenvolver atividades consistentes. Retornando à ênfase clínica da formação, encontra-se em Botomé (1988, p. 277) que "mesmo quando realizam atividades alternativas, os profissionais o fazem com desconforto, insegurança e um alto índice de abandono. Ou, depois de algum tempo de atuação, retornam aos modelos familiares já aprendidos".

Em base de um modelo ultrapassado de Psicologia, como dizem Bouvier e colaboradores (1988, p. 4), "de 25 anos atrás", e no "azar de adotar o modelo médico, no qual o discurso competente é o pior de todos" (Carvalho, 1988, p. 14), o critério de competência profissional é dado pela autoridade do especialista e não pela avaliação de seus pares ou por quem é atingido pelos serviços.

Na atuação, é imprescindível saber transitar do teórico ao prático, conhecer as implicações da ação profissional, no que se refere ao uso das técnicas e dos modelos teóricos, por uma crítica metodológica que vislumbre o potencial dos procedimentos e de capacidade para geração de novos procedimentos, quando necessários, e da crítica da própria inserção, que avalie as conseqüências políticas do fazer profissional. Na interpretação de Baus (1989, p. 2):

Como teoria e prática nem sempre caminham juntas, o aluno não aprende a se defrontar com problemas, a identificá-los e a aplicar os meios para superá-los. Ao contrário, é acostumado a admirar teorias e pensadores (até mesmo a idolatrá-los) sem muitas vezes se aprofundar no contexto epistemológico donde emergem as teorias, sem compreender o significado de termos e conceitos (nível semântico) e suas inter-relações (nível sintático).

A afirmação complementa-se em Weber e Carraher (1982, p. 8):

> Um currículo que não reconheça o *status* da Psicologia como ciência em construção, como aliás, todas as ciências sociais o são, pode conduzir a um ensino predominantemente descritivo e doutrinário, pois os professores e estudantes se reduzem a simples consumidores de um conhecimento pretensamente já elaborado.

INSTRUMENTOS E PROCEDIMENTOS

Na dimensão da formação profissional, os participantes constataram a falta de preparo técnico-instrumental para o desenvolvimento das atividades do campo de Recursos Humanos, bem como a falta de instrumentos e preparo para diagnóstico da realidade organizacional. Ressaltaram a incapacidade do psicólogo para realizar diagnósticos e a necessidade de realizar diagnósticos participativos. Identificaram a necessidade de aproximação, na formação, das áreas de novas tecnologias e a necessidade de maior conhecimento dos procedimentos de intervenção.

QUADRO 2.12 Sinopse das inter-relações entre os conteúdos identificados no conjunto temático 5 – Instrumentos e Procedimentos – na dimensão da formação profissional

Condições	Eventos	Implicações
– a maioria das universidades não fornece preparo técnico-instrumental; esse tipo de competência não advém da graduação, mas de cursos extra-acadêmicos – recebe-se algum instrumental apenas em Seleção de Pessoal; a entrevista e a observação recebem pouca atenção como procedimentos de coleta	– falta de preparo técnico-instrumental para o desenvolvimento das atividades e de instrumentos e preparo para diagnóstico da realidade organizacional – incapacidade do psicólogo para realizar diagnósticos e necessidade de realizar diagnósticos participativos – necessidade de aproximação das áreas de novas tecnologias e de maior conhecimento dos procedimentos de intervenção	– o psicólogo tenta vender competência técnico-instrumental, tenta dominar o conhecimento técnico-instrumental das atividades do campo de RH e a formação deveria incluir subsídios dessa natureza – a formação leva a uma excessiva utilização de instrumentos de lápis e papel, prejudicando outras estratégias de coleta – deve-se respeitar o instrumento utilizado e os dados, que não são empregados com maior segurança e impacto

(continua)

QUADRO 2.12 *(Continuação)*

Condições	Eventos	Implicações
		– o ensino consistente do método científico permite a geração de novos instrumentos e compensar a precariedade das informações técnicas – as permanentes transformações que ocorrem na organização podem mudar os instrumentos do psicólogo, que deve desenvolver a consciência e tecnologia – o psicólogo acaba mantendo-se em atividades técnicas – a análise do fenômeno organizacional e da questão do trabalho constituem alternativas de formação

A formação do psicólogo tem sido acusada de conter uma carga teórica excessiva e desarticulada entre si e com a prática, como atesta a declaração:

"Eu, como profissional, tive que passar por um período de aprendizagem, para saber como é que eu iria aplicar aquelas regras, aqueles princípios de aprendizagem, numa situação de treinamento" (Participante E).

A formação técnico-instrumental é igualmente desarticulada, descontextualizada e desatualizada. O psicólogo tem dificuldades de transpor o instrumental e os procedimentos para as atividades de trabalho:

"Outro ponto que eu precisei me virar bastante para aprender foi em nível de instrumental" (Participante B).

O psicólogo é conhecido pelo uso de certos recursos, como os testes psicológicos em Seleção de Pessoal e os procedimentos tradicionais em Avaliação de Desempenho. Exige-se do psicólogo a aplicação desses instrumentos e procedimentos. Sua oportunidade de firmar as atividades que desenvolve nas organizações passa, quase invariavelmente, por revelar-se competente no nível técnico-instrumental. Apesar de grande parte dos psicólogos permanecer restrita a esse nível, não se pode negar a necessidade de habilitação quanto aos instrumentos e procedimentos, tanto quanto no que tange ao suporte teórico-metodológico e da reflexão de sua prática.

É difundida a opinião de que é necessário formar psicólogos profissionais e não técnicos, no sentido de que tenham sólida fundamentação teórica e capacidade para aprender, gerar ou modificar técnicas, além do preparo ético-político para questionar a finalidade da aplicação técnica. É preciso estar atento para não esquecer do ensino de técnicas básicas, no curso, para que a situação não se torne polarizada e extrema, produzindo um profissional com capacidade argumentativa e desprovido do manejo de instrumentais. Ao se fazer referências ao ensino de técnicas, não se quer propor currículos com cinco semestres obrigatórios de testes psicológicos, mas ao ensino, por exemplo, da utilização de computadores em Psicologia.

Nas condições que acompanharam as necessidades referentes à falta de preparo técnico-instrumental e para realizar diagnósticos e intervenções, os participantes observaram que a maioria das universidades não fornece preparo técnico-instrumental ou que esse tipo de competência não advém da graduação, mas de cursos extra-acadêmicos. Encontraram que se recebe algum instrumental apenas em Seleção de Pessoal e, mais especificamente, verificou-se que a entrevista e a observação recebem pouca atenção como procedimentos de coleta.

O produto da formação técnico-instrumental também é insatisfatório, apesar da pertinência dos relatos de que, na maior parte, formamos técnicos:

> "A qualidade técnica do trabalho do psicólogo é, no geral, muito deficiente" (Participante G).

Mesmo em atividades tidas pela comunidade como aquilo que o psicólogo sabe ou está preparado para fazer, o treinamento é inapropriado:

> "Ele (psicólogo) só sabe aplicar o teste que está aí no mercado. Não tem flexibilidade para construir um teste" (Participante F).

Reflexo do empobrecimento formativo e da pressão pelo uso de instrumentos padronizados, proliferam os cursos extra-acadêmicos para o ensino de testes ou técnicas de aplicação imediata, apreendidas como um conjunto de regras formais que se cumprem, em seqüência invariável, para a solução de um problema. Se a situação que se apresentar trouxer mudanças, ainda que ligeiras, no problema ou na possibilidade de emprego de alguma das regras, dificulta-se a atuação do psicólogo. Não se elabora um conceito amplo de atuação, no qual os instrumentos e os procedimentos são recursos a serem ajustados dentro de um referencial dirigido para a solução ou, idealmente, para a prevenção de problemas.

As situações nas quais o aluno de graduação aprende a utilizar instrumentos e procedimentos são os chamados trabalhos práticos. Nessas situações, as contingências estão de tal modo estabelecidas pelo professor que o problema a ser resolvido está de antemão delimitado e simplificado. Os procedimentos e instrumentos a serem utilizados já estão igualmente definidos e também os resultados são previstos. Ou seja, as situações criadas não deixam margem ao aluno para pensá-las. Podem gerar uma ilusão de confiança e certeza que o torna apreensivo ao primeiro sinal de instabilidade que a situação real de trabalho coloca, ou a maldizer a situação por não se apresentar "de acordo com o seu potencial".

Deve-se ressalvar que muitos cursos de Psicologia, principalmente nas escolas particulares, não dispõem de condições para o desenvolvimento de trabalhos práticos, dado o elevado número de alunos em cada turma, em ambientes físicos restritos e precárias condições de ensino. Muito distantes de aproximar os trabalhos práticos dos moldes da pesquisa, as escolas particulares apresentam, como revela Matos (1988, p. 105-106), um número insignificante de investigações.

É comum colocar-se para os alunos, ao longo dos cursos de Psicologia, que a oportunidade da aprendizagem prática virá nos estágios, ditos profissionalizantes. Nesse ínterim, continuam a se transmitir fragmentos de teoria e técnicas esparsas. Os professores que supervisionam estágios, quase sempre no último ano da graduação, estão acostumados a encontrar alunos que trazem expectativas intensas e que rapidamente revelam sua frustração. Uma carga horária de 500 horas de estágio nas áreas tradicionais (Clínica, Escolar e Organizacional), como dizem Weber e Carraher (1982, p. 11), "significa que o estagiário passará em cada um dos seus estágios, tempo suficiente, na melhor das hipóteses, apenas para a sua ambientação". É óbvia a insuficiência e a inadequação de um programa como o que está difundido. Não se explicita abertamente, mas sabe-se que o aluno chega ao final do curso sem habilitação verdadeira em nenhuma das áreas; no entanto, legalmente habilitado para o exercício de qualquer atividade da Psicologia. A aprendizagem prática deve começar em fases iniciais, com aumentos progressivos na carga horária e no grau de complexidade, atrelada à teoria e aos critérios científico-metodológicos de aplicação.

A condição terceiro-mundista e de dependência de nossa ciência e tecnologia, segundo Duran (1983, p. 5), nos

> (...) levam, em seus desdobramentos, muito freqüentemente, a consumirmos e a gerarmos, indiscriminadamente, maus produtos. Seriam maus produtos porque não atenderiam aos requisitos mínimos de critérios científicos e/ou porque não atenderiam às reais ou às mais urgentes necessidades do "mercado" – nosso país.

Complementarmente, nas implicações, os participantes concluíram que o psicólogo tenta vender a competência técnico-instrumental que recebeu, que tenta dominar o conhecimento técnico-instrumental das atividades do campo de Recursos Humanos e que a formação deveria incluir subsídios dessa natureza (foram solicitados conteúdos para avaliação de desempenho). Julgaram excessiva a utilização de instrumentos de lápis e papel, e que se deve respeitar o instrumento utilizado. Opinaram que o ensino consistente do método científico permite a geração de novos instrumentos, observada nas atividades de treinamento e na reprodução apriorística de instrumentos na prática da avaliação de desempenho. Observaram também que as permanentes transformações que ocorrem na organização podem mudar os instrumentos do psicólogo e que o psicólogo deve desenvolver a consciência de que é um usuário de ciência e tecnologia. Ainda foi verificado que uma formação metodológica consistente pode compensar a precariedade das informações técnicas de avaliação de desempenho, e que o psicólogo se mantém em atividades técnicas. Julgaram que outras estratégias de coleta de dados ficam prejudicadas pela excessiva utilização de instrumentos de lápis e papel, que se devem respeitar os dados, e que não se utilizam os dados disponíveis com maior segurança e impacto. Sugeriram, como alternativas de formação, a análise do fenômeno organizacional e a análise da questão do trabalho.

O conhecimento científico privilegia a técnica. É uma marca do uso do conhecimento em nosso tempo, em que interessa fazer previsões, subordinar o mundo físico e submeter muitos homens ao domínio de alguns. Por trás da questão técnica está a luta pelo poder, o conhecimento interessa apenas como fonte que gera novas técnicas, na disputa pela dominação. O problema não está na geração de técnicas em si mesma, mas no uso que se faz delas. Pensa-se na aplicação, já comentada, voltada para os problemas concretos da comunidade e visando à melhoria da qualidade de vida.

É no contexto das relações de poder – da dominação científico-cultural imposta pelos países do Primeiro Mundo ou da desigualdade retributiva entre dirigentes e dirigidos – que se coloca a necessidade de se intencionalizar a ação.

> Isto quer dizer, selecionar os conhecimentos, instrumentos e técnicas que já temos disponíveis e que são adequados para tais problemas. Quer dizer, mais ainda, produzir tais conhecimentos, instrumentos e técnicas e difundi-los. Quer dizer também, lutar pelas condições para que isso possa ser feito. (Duran, 1983, p. 3-4)

A reprodução de instrumentos e procedimentos, sem a necessária reflexão a respeito das finalidades do trabalho ou a abdicação de espaços que serão, de qualquer modo, ocupados e exercidos, não levam a uma situação melhor. A escola tem o dever de revisar e propor novos direcionamentos:

> "Só se fala em testes, coisas trazidas do exterior. Por que, então, nós não tentamos melhorar isso? E não só na área de Seleção, eu acho que em outras áreas também" (Participante E).

A aprendizagem dos instrumentos e procedimentos não deveria se dar sem que se aprendesse, antes de mais nada, a contextualizar os problemas humanos na organização, a colocar o conhecimento psicológico dentro da interdisciplinaridade dos conhecimentos e da interprofissionalidade para uma prática eficaz em que se tenham os parâmetros científicos como critérios de ação consistente. É nesse sentido que o estudo da Psicologia Organizacional deveria privilegiar a análise do fenômeno organizacional e da questão do trabalho, na perspectiva científica e política, inevitavelmente. Os participantes exprimem, em parte, a preocupação:

"Como é que você associa, por exemplo, somatização, absenteísmo, alcoolismo, a problemas de clima organizacional? Isso é um trabalho importante do psicólogo" (Participante B).

"Ele seleciona para a produção e, nesse sentido, naturalmente coloca uma certa prioridade sobre a produção em relação ao trabalhador" (Participante C).

"Não basta ter instrumental, o sujeito tem que ter capacidade de refletir cientificamente o que está fazendo. Quer dizer, não é simplesmente aplicar o instrumento, mas, para que que eu vou aplicar esse instrumento? Quais são as variáveis que eu efetivamente quero controlar, que eu preciso medir? Esse tipo de coisa é raramente discutido ou refletido. Quer dizer, em vez do sujeito se perguntar quais são as variáveis e construir o instrumento a partir das variáveis, ele corre para construir o instrumento, ou copiar o instrumento de alguém" (Participante F).

Na dimensão de atividades de trabalho, os participantes atribuíram dificuldade na adequação técnico-instrumental às necessidades de trabalho e suas conseqüências éticas. Asseveraram que falta competência técnica ao psicólogo, que precisa ser capaz de planejar, coletar, analisar dados, estabelecer suas relações e decidir e que necessita desenvolver o registro sistemático dos dados. Assinalaram a falta de domínio dos instrumentos e a necessidade de capacitação para constru-los, em particular, nas atividades de Treinamento. Denunciaram ainda a falta de habilidades de análise na área de Segurança no Trabalho, a necessidade de dominar os procedimentos de análise organizacional e de avaliação de desempenho. Denunciaram, finalmente, que faltam ao psicólogo habilidades diagnósticas na área de Segurança no Trabalho.

QUADRO 2.13 Sinopse das inter-relações entre os conteúdos identificados no conjunto temático 5 – Instrumentos e Procedimentos – na dimensão das atividades de trabalho

Condições	Eventos	Implicações
– o psicólogo é encontrado em atividades técnicas, e o seu papel é restrito a essa dimensão – as organizações não exigem competência científica, exigem competência técnico-instrumental – o psicólogo repete procedimentos para os quais teve algum preparo (procedimentos convencionais, não-renovados e produzidos em outros contextos culturais) – a construção de instrumentos de treinamento é indissociável do contexto organizacional e do conhe-	– dificuldades na adequação técnico-instrumental às necessidades de trabalho e suas conseqüências éticas – falta competência técnica ao psicólogo, que precisa ser capaz de planejar, coletar, analisar dados, estabelecer relações e decidir e desenvolver o registro sistemático dos dados – falta de domínio dos instrumentos e de capacitação para construí-los – falta de habilidades diagnósticas e de análise na área de Segurança e necessidade de dominar os	– deve-se buscar a adequação dos instrumentos e reconsiderar a noção que se adquire a respeito das relações de poder e uso de instrumentos (ajuste crítico dos instrumentos) – o domínio técnico-instrumental e do método científico gera competência à atuação – os resultados da aplicação técnica na Avaliação de Desempenho vinculam-se à dimensão política e às variáveis do contexto – o psicólogo transpõe e repassa acriticamente a tecnologia

(continua)

QUADRO 2.13 Sinopse das inter-relações entre os conteúdos identificados no conjunto temático 5 – Instrumentos e Procedimentos – na dimensão das atividades de trabalho *(Continuação)*

Condições	Eventos	Implicações
cimento do método científico – a Psicometria é um instrumental que dá suporte às atividades do campo de RH – o espaço em Seleção é reconhecido pela associação aos testes e às medidas	procedimentos de análise organizacional e de avaliação de desempenho	– deve-se manter uma perspectiva de análise globalizada – a atuação competente propicia a ampliação das atividades e passagens para a análise organizacional

A formação que tem sido descrita não deixa de colocar o psicólogo em dificuldades de aplicação no âmbito das atividades em organizações. Algumas técnicas esparsas, ensinadas sem considerar o contexto, em uma relação inversa, na qual o segmento é priorizado ao contexto, sem a análise cuidadosa das variáveis às quais se liga, coloca obstáculos, como se pode ver, inclusive nas intervenções que podem ser nomeadas tradicionais, como é o caso das intervenções em Segurança no Trabalho. Na análise do Participante A:

> "Essa consideração sobre a aquisição de instrumental e sair para o mercado de trabalho, como quem vende um objeto, quase que um material, concreto, leva realmente a considerar a necessidade, hoje, assim, até premente, de repensar e rever inteiramente toda a estrutura da formação do psicólogo voltado para o trabalho".

É interessante constatar como o psicólogo mostra-se alheio a problemas muito próximos que lhe dizem respeito, como é o caso da avaliação dos docentes nas universidades. Dizem-lhe respeito por tratar-se de analisar e avaliar comportamentos. A avaliação de desempenho, como é conhecida nas empresas, tem sido, ao longo do tempo, questão proposta pelos e aos psicólogos. Existe uma gama de instrumentos e procedimentos desenvolvidos, não constituindo novidade os conteúdos de divergência de caráter político, teórico e metodológico que sempre acompanham o assunto. Apesar disso, quando o tema é tratado nos cursos de Psicologia, é colocado à parte, fora do âmbito de participação profissional do psicólogo. Outra vez, o viés formativo e de interesses de aplicação faz com que a categoria restrinja o seu raio de ação, envoltos em uma nuvem de isenção e descomprometimento. O tema se constitui, a nosso ver, excelente oportunidade de trazer para sala de aula um problema atual de nossa realidade e que demanda nossa participação. Poderia tornar-se um exercício acadêmico para melhorar o preparo dos psicólogos que irão trabalhar em organizações, revelar à comunidade as possibilidades de aplicação da Psicologia e demonstrar a maturidade da categoria em relação aos problemas de interesse coletivo.

Nas condições que foram combinadas com as dificuldades de aplicação técnico-instrumentais, os participantes observaram que o psicólogo é encontrado em atividades técnicas, e que o seu papel é restrito a essa dimensão, que as organizações não exigem claramente competência científica, exigem competência técnico-instrumental e é clara a expectativa quanto ao conhecimento técnico-instrumental de atividades específicas, como em Avaliação de Desempenho. Afirmaram que o psicólogo repete procedimentos para os quais teve algum preparo, procedimentos que são convencionais, não renovados e produzidos em outros contextos culturais. Constataram que a construção de instrumentos de treinamento é indissociável do contexto organizacional e a sua construção depende do conhecimento do método científico. Apontaram a Psicometria como um instrumental que dá suporte às atividades no campo de Recursos Humanos. Ainda foi colocado que o espaço em Seleção é reconhecido como atividade do psicólogo pela associação aos testes e medidas, sendo o seu conteúdo desatualizado e restrito a esses instrumentos.

Prevalece a idéia de que a restrição dos psicólogos às atividades técnicas e a expectativa estabelecida pelas organizações em torno dessas atividades têm, entre muitos fatores determinantes, a limitação auto-imposta pelos próprios psicólogos e suas dificuldades em lidar com os problemas organizacionais, pela precariedade do treinamento acadêmico que recebem.

A origem da Psicologia foi marcada pelos estudos psicométricos, desde os estudos pioneiros da experiência imediata desenvolvidos por Wundt. Ganharam aplicabilidade com os testes psicológicos nas primeiras décadas do século XX, tanto no ambiente escolar quanto nas organizações de trabalho. Entretanto, na Psicologia Organizacional, a ênfase tem sido colocada progressivamente mais nos fatores contextuais que determinam a ação individual do que nos intrínsecos.

Em outros contextos culturais, no início, as atividades dos psicólogos foram vinculadas e reconhecidas apenas pelo uso de testes padronizados. No Brasil, observadas as seções dos classificados nos jornais, pode-se concluir que a imagem permanece. Neri (1978, p. 122) é mais otimista:

> Durante muito tempo o psicólogo que trabalha em empresa foi rotulado como o profissional que utiliza testes. Não vou entrar aqui no mérito se é um instrumento adequado ou não... (...) Hoje espera-se desse profissional, que trabalha em organização, que ele tenha necessidade de fazer análise psicológica utilizando de instrumentos, que ele tenha capacidade de pelo menos criar seus próprios instrumentos, adaptados à realidade em que vive.

A mudança nesse estado de coisas depende das regras de mercado, pois provocar transformações depende de fatores macroestruturais, além de alterações setoriais de currículo, dos conteúdos programáticos ou das atitudes e expectativas entre os profissionais da categoria. Em outras palavras, não bastaria uma reformulação interna visando à competência técnico-instrumental, atualização e pertinência metodológica e social. Mas tais mudanças também são prioritárias, para quem quer um quadro diferente:

> "Há então uma grande ansiedade em fazer alguma coisa que o sujeito (psicólogo) não sabe nem como começar. Ele acredita que basta copiar um questionário e sair aplicando" (Participante F).

Nas implicações, os participantes concluíram que se deve buscar a adequação dos instrumentos, que se deve reconsiderar a noção que se adquire a respeito das relações de poder e uso de instrumentos, em um processo de reflexão e ajuste crítico dos instrumentos à realidade. Notaram que o domínio técnico-instrumental e do método científico dá competência à atuação. Deduziram que os resultados da aplicação técnica na Avaliação de Desempenho vinculam-se à dimensão política e às variáveis do contexto. Consideraram também que o psicólogo transpõe, acriticamente, técnicas para a organização e reproduz de igual modo a tecnologia repassada pelo administrador. Ressaltaram que se deve manter uma perspectiva de análise globalizada, e que uma atuação competente propicia a ampliação das atividades e conseqüente passagem para a análise organizacional.

A expressão do Participante E resume e define a situação:

> "Eu acho que é a hora, nós, de nossa área, criarmos. Não ficarmos nas coisas trazidas do exterior."

Na realidade, já tarda o momento de produzir instrumentos e procedimentos próprios de nossa realidade. Não obstante os fatores que dificultam atingir esse objetivo, estima-se que mudanças ao nível das atitudes entre os professores e alunos em relação à área, por intermédio do reconhecimento da importância do fenômeno organizacional e da questão do trabalho no seio dos estudos da Psicologia, da valorização do embasamento metodológico-científico, da reflexão crítica e visão de globalidade, pode-se passar a produzir profissionais com maior competência. O depoimento do Partipante C é um exemplo de capacidade de generalização a ser firmada entre os psicólogos:

> "Não acho importante conhecer especificamente essa técnica ou aquela técnica. Eu acho que tudo isso se aprende. Eu não conheço, particularmente, metade, ou mais da metade, dos instrumentos que os psicólogos usam em São Paulo. No entanto, se eu precisar usar algum, em questão de semanas eu aprendo."

A formação não pode fornecer tudo: conhecimentos, instrumentos, consciência crítica, posicionamentos políticos, etc. Pode propiciar condições, a partir de elementos de base, para que o futuro profissional possa ter alguma autonomia e controle do próprio desenvolvimento posterior.

ATUAÇÃO

Na dimensão da formação profissional, os participantes identificaram a necessidade do exercício prático no contexto das organizações, bem como da vinculação dessa prática com as teorias estudadas. Denunciaram a falta de um modelo de ação aplicável ao contexto do trabalho e a necessidade de maior conhecimento dos procedimentos e finalidades das intervenções. Verificaram também que falta capacitação para produzir, simultaneamente, conhecimento e resultados no contexto de trabalho.

QUADRO 2.14 Sinopse das inter-relações entre os conteúdos identificados no conjunto temático 6 – Atuação – na dimensão da formação profissional

Condições	Eventos	Implicações
– o modelo de intervenção mantido pelos cursos não considera as inter-relações do contexto – ausência de finalidade prática de algumas pesquisas na área e vinculação da teoria com a prática – conteúdos teóricos fracamente associados às atividades características da área – o psicólogo tem potencial para oferecer mais à sociedade – a formação transmite uma visão estereotipada das atividades em organizações – os alunos se envolvem em atividades extra-acadêmicas – a pós-graduação não fornece base para atividades fora do âmbito acadêmico – os professores têm deficiências relativas às experiências na área	– necessidade do exercício prático no contexto das organizações e da vinculação dessa prática com as teorias estudadas – falta de um modelo de ação aplicável ao contexto do trabalho e necessidade de maior conhecimento dos procedimentos e finalidades das intervenções – falta capacitação para produzir, simultaneamente. – falta de conhecimento e resultados no contexto de trabalho	– indicou-se a importância do estabelecimento do hábito de refletir criticamente justaposto à ação – o psicólogo acaba não encontrando alternativas de intervenção – tentativa de usar a própria prática como modelo para os alunos – a prática acaba prejudicada frente ao excesso de conteúdo teórico, revela-se alienada e não gera competência para atividades específicas – os professores deveriam atualizar-se com a prática e acrescentar subsídios práticos relativos ao contexto de trabalho – deve-se utilizar a sala de aula como ambiente para o relato de experiências, promover e recuperar a vivência do aluno e do professor – o professor deve entrar em contato direto com as organizações – os professores de metodologia e de disciplinas de aplicação deveriam estabelecer a reciprocidade entre o método e a prática

Entende-se que o uso do termo prática traz um sentido de investigação ou de intervenção controlada. Aplica-se desde aos trabalhos realizados pelo estudante no início do curso, visando verificar a aplicabilidade de elementos teóricos, às atividades profissionais do psicólogo no mercado de trabalho, em uma conotação mais geral. Tratam-se das atividades de investigação ou da prática profissional no ambiente de trabalho, tendo os conteúdos teóricos da Psicologia Organizacional e de áreas de conhecimento paralelas como substrato referencial.

A aplicação da Psicologia em organizações se dá de modo fragmentado:

> "A área Organizacional ainda é muito identificada como a área aplicada, puramente aplicada... chegar lá e trabalhar e aplicar..." (Participante G).

Botomé (1988, p. 282) distingue área de conhecimento e área de atuação profissional, atribuindo à primeira o objetivo de produzir conhecimento, enquanto a segunda preocupa-se em aplicar o conhecimento por intermédio de intervenções. A separação entre objetivos de estudo, de um lado, e interesses em utilizar o conhecimento, de outro, como se interpreta, conduz a uma cisão que não traz benefícios. Ao contrário, reforça a tendência ao tecnicismo e afasta o aluno do rigor metodológico, como se isso pertencesse apenas à esfera da pesquisa ou, mais genericamente, da produção de conhecimento. Em qualquer área de atividades, o exercício profissional, em bases que sustente uma aceitação pela comunidade científica como conhecimento válido, seria, sem dúvida, muito oportuno, dada a baixa produtividade científica da Psicologia brasileira, apontada por Matos (1988, p. 102). Isso concerne particularmente, como já se teve oportunidade de analisar no presente trabalho, à Psicologia Organizacional.

O desenvolvimento da pesquisa-ação é um exemplo de um procedimento que teve suas origens em trabalhos comunitários, dentro dos parâmetros científico-metodológicos baseados na teoria de campo de forças, elaborada por Kurt Lewin, que tem gerado conhecimento ao longo do tempo, em aplicações profissionais. Pesquisa-ação, para Moscovici (1985, p. 122), "é, ao mesmo tempo, uma abordagem à solução de problemas (modelo teórico) e um processo de resolução de problemas (conjunto de atividades)". Outras estratégias, como a proposta de Gilbert (1978), mostram-se igualmente promissoras: é possível produzir conhecimento e resultados, ao mesmo tempo, no contexto de trabalho.

Logo a seguir, nas condições, os participantes explicitaram que o modelo de intervenção mantido pelos cursos de Psicologia não considera as inter-relações do contexto. Foram feitas referências à ausência de finalidade prática de algumas pesquisas na área e de vinculação, como exemplo, entre teorias de aprendizagem e a prática do Treinamento. Consideraram os conteúdos teóricos fracamente associados às atividades características da área. Postularam que o psicólogo tem potencial para oferecer mais à sociedade, que a formação transmite uma visão estereotipada das atividades em organizações, que os alunos se envolvem em atividades extra-acadêmicas pouco relacionadas ou diferentes das atividades do campo de estudos, e que a pós-graduação não fornece base para atividades fora do âmbito acadêmico. Foram indicadas deficiências dos professores relativas às experiências na área.

A falta da prática, concomitante aos conteúdos teóricos que são transmitidos nos cursos, revela-se nas manifestações do Participante E:

> "Quando fui trabalhar na Empresa X, eu tive que aprender muita coisa. Eu não sabia... eu sabia muita teoria (...), senti que realmente precisava de mais prática".
>
> "O pessoal que trabalha nas empresas sente na carne o problema de não ter a prática e de não ter uma formação profissional adequada".
>
> "A prática é imprescindível".

Para Bouvier e colaboradores (1988, p. 5) o curso "deveria procurar integrar ensino-pesquisa, tendo professores realmente comprometidos com a qualidade de ensino, e para isso, torna-se fundamental o engajamento dos professores como também dos acadêmicos no processo de produção de conhecimento". A aspiração de uma maior troca entre a Psicologia e outras disciplinas científicas e as necessidades de vinculação da teoria com a prática exigem dos professores um domínio de conhecimentos que vai além dos conteúdos mais restritos à sua área de interesse. Isso não é, a rigor, tarefa fácil; "nem parece ser freqüente como capacitação profissional dos que formam os novos profissionais" (Botomé, 1988, p. 282).

É claro o potencial de atividades que poderiam ser exercidas pelos psicólogos no âmbito das organizações. O escopo da área, conforme foi esclarecido na introdução do presente estudo, possui uma abrangência maior do que os profissionais relatam como atividades desempenhadas, e ainda muito maior do que se tem visto nas publicações como pesquisas desenvolvidas por psicólogos brasileiros. É difícil negar a contribuição dos fatores descritos nas condições para configurar o quadro restrito de atividades do profissional nas organizações.

Os participantes indicaram, nas implicações, a importância do estabelecimento do hábito de refletir criticamente justaposto à ação. Consideraram que o psicólogo não consegue encontrar alternativas de intervenção. Foi relatada a tentativa de usar a própria prática como modelo para os alunos. Indicaram o prejuízo da prática frente ao excesso de conteúdo teórico, além de uma prática que se revela alienada, no contexto de uma formação que resulta em não gerar competência para a prática de atividades específicas como a avaliação de desempenho. Sugeriram que os professores deveriam atualizar-se com a prática e acrescentar subsídios práticos relativos ao contexto de trabalho. Falaram na possibilidade de utilização da sala de aula como ambiente para o relato de experiências na área, e que se deve tanto promover como recuperar a vivência do aluno e do professor nas empresas. Acentuou-se que o professor deve entrar em contato direto com as organizações (também para aproximar-se das áreas de novas tecnologias). Finalmente, reafirmaram que os professores de metodologia e de disciplinas de aplicação deveriam estabelecer a reciprocidade entre o método científico e a prática.

Face ao descaso dos cursos para com a área, Neri (1978, p. 121-122) não espera muito:

> (...) eu não pediria a criação de uma matéria específica para a área de industrial, mas sim que os professores das matérias atuais procurassem ampliar um pouco os textos, os problemas apresentados aos alunos.

O exercício profissional, por mais óbvio que pareça, deve ser o acoplamento da teoria e da prática:

> "Ele (professor) vai ter que puxar, para o aluno lembrar de todas as teorias de aprendizagem que aprendeu e como é que aquilo se aplica à situação de treinamento" (Participante F).

A parte teórica ensinada nos cursos pode e deve ser paralela à prática. Ribes e colaboradores (1987) propuseram um modelo que integra ensino, pesquisa e extensão. A integração é procurada no nível longitudinal, de uma fase ou semestre para o outro, e no transversal, entre os módulos do mesmo semestre. A proposta, adaptada à nossa realidade educacional, poderia, contando com os dez semestres letivos, incluir um número de horas voltadas para o embasamento teórico-metodológico, iguais e repetidas em todos os semestres. Os outros dois terços da carga horária total seriam distribuídos entre a pesquisa e a extensão, sendo que, no início, uma quantidade maior estaria voltada para a pesquisa e, progressivamente, o número de horas de extensão seria aumentado. Acredita-se que pesquisa, no caso, tem um caráter mais básico, de observação e acompanhamento de trabalhos acadêmicos, enquanto a extensão requer os mesmos rigores metodológico-científicos, em trabalhos dirigidos à comunidade, com um aumento gradativo na complexidade dos problemas a serem enfrentados. Ambas podem gerar conhecimento reconhecido como válido.

No Brasil, as atividades de estágio definem-se de acordo com aquilo que as instituições oferecem. Raramente são vistas propostas de intervenção partindo dos estagiários ou professores supervisores. Os estágios em Organizacional não surpreendem, repetem-se nos departamentos de Seleção de Pessoal, muitas vezes, circunscritos às atividades de aplicação e mensuração de testes. Não se pode dizer, dentro de tal programa, que se prepare o psicólogo para o exercício da Psicologia Organizacional.

Sem dúvida, a prática, preliminar e preparatória para a transição entre a escola e o mercado de trabalho, tem sido muito precária e parece ter se agravado à medida que os cursos receberam contingentes cada vez maiores de estudantes. Mello (1975, p. 15) denunciava que:

Os estágios, obrigatórios e com supervisão, sofrem vários tipos de restrições: de espaço, de tempo, de disponibilidade dos professores para supervisão, do tipo de clientela que procura os serviços gratuitos de Psicologia, do fato dos estágios serem apêndices de cursos teóricos, da fragmentação do conhecimento, e assim por diante.

A realidade de preparo para as atividades de trabalho revela uma fragmentação em que o interesse dos alunos e a prática proposta ficam resumidas nas atividades "previstas nos estágios supervisionados, nas quais o interesse único é a aquisição de técnicas de aplicação do conhecimento científico" (Matos, 1988, p. 101); ao fim e ao cabo, comprometida com os interesses de dominação de quem precisa de técnicos. O curso, na visão de Bouvier e colaboradores (1988, p. 4-5):

> Deveria ter uma linha de formação e objeto de estudo definidos, ser um conjunto de disciplinas integradas, sendo as teorias estudadas na fonte, verificando-se qual é realmente o pensamento do autor e não interpretações dos seus seguidores. Deveria questionar em que contexto histórico as teorias foram produzidas e a quem e como estão servindo, desmistificando, assim, a neutralidade das teorias, procurando formar profissionais com uma orientação ideológica não-elitista.

Os participantes também reconheceram, como um segundo bloco de necessidades na dimensão da formação profissional, a falta de preparo técnico-instrumental para as atividades, de modo geral, do campo de Recursos Humanos e para uma atuação específica. Registraram as necessidades do hábito de se ter o próprio trabalho avaliado, da perspectiva do trabalho com "pessoas normais" e de subsídios metodológicos e de reflexão política para o trabalho em Seleção.

No entendimento do Participante A, é preciso:

> "Posicionar o psicólogo dentro da organização ao nível do discurso, de diálogo, mais compatível com a competência e a visão de outros profissionais (...) do processo de trabalho e de produção como um todo. Então ele poderá enxergar variáveis, relações funcionais entre o comportamento e outras condições colocadas dentro das organizações que, sem esse conhecimento, ele dificilmente conseguiria revelar, descobrir (...) para que conseguisse caminhar no que a gente poderia assim chamar de pequenas revoluções atomizadas dentro da organização, que seriam sendas abertas."

O psicólogo é o profissional que deveria não apenas aplicar o conhecimento produzido pela investigação científica da Psicologia, mas gerar conhecimento por meio da sua prática e manter-se constantemente atento às conseqüências da aplicação. A prática simplesmente como aplicação técnica, destituída de reflexão de cunho teórico-científico e de cunho político, é incapaz de propor alternativas e, pior, é alienante. A avaliação continuada do próprio fazer torna-se auto-educativa e emancipadora. Isso, é claro, não acontece em um passe de mágica. Deve ser instrumento e meta do processo de formação acadêmica.

QUADRO 2.15 Sinopse das inter-relações entre os conteúdos identificados no conjunto temático 6 – Atuação – na dimensão da formação profissional

Condições	Eventos	Implicações
– noção das atividades restrita à Seleção e ao Treinamento – as atividades práticas de Treinamento não são vinculadas às teorias de aprendizagem – o preparo para as atividades de Avaliação de Desempenho é precário – a Psicometria dá suporte às atividades de RH – a Segurança no trabalho possui potencial de atividades – os cursos não transmitem o hábito de exposição do trabalho e capacitação para o trabalho em psicometria – existem acentuadas preferências pelo trabalho em grupos sociais restritos – precariedade no desenvolvimento dos requisitos para uma atuação competente – o currículo estabelece o espaço de atuação restrito à Seleção	– falta de preparo técnico-instrumental para as atividades – necessidade de ter o próprio trabalho avaliado, da perspectiva do trabalho com "pessoas normais" e de subsídios metodológicos e de reflexão política para o trabalho em Seleção	– as atividades práticas exigem recursos do aluno e da escola – deve-se buscar uma visão integrada das atividades da área – a formação conduz à competência para ampliar a gama de atividades; deve-se fornecer visão científica – busca de informações complementares para manutenção das atividades interprofissionais – o psicólogo deve dominar o conhecimento técnico-instrumental das atividades de RH e não se manter restrito a essas atividades – a ausência de competência faz com que o psicólogo atue apenas ao nível dos comportamentos patológicos – uma formação metodológica adequada gera flexibilidade, aceitação dos parâmetros científicos e de reflexão sobre a finalidade do trabalho – a especialização em RH acaba descaracteriando a atuação psicológica – devem-se estudar as multideterminações dinâmicas da realidade – as mudanças na atuação são dificultadas pela visão estereotipada e pelo predomínio da clínica

Nas condições, conectadas ao segundo bloco, assinalaram que a noção das atividades é restrita à Seleção e ao Treinamento, que as atividades práticas de Treinamento não são vinculadas às teorias de aprendizagem, que o preparo para as atividades de Avaliação de Desempenho é precário, que a Psicometria dá suporte às atividades de Recursos Humanos, e que a Segurança no Trabalho possui potencial de atividades. Falaram que os cursos não transmitem o hábito de exposição do trabalho e não transmitem capacitação para o trabalho em

Psicometria, e que existem acentuadas preferências pelo trabalho em grupos sociais, restritos desde o início da formação. Comentaram a precariedade do desenvolvimento dos requisitos para uma atuação competente, além da insuficiência do preparo na graduação. Também se colocou que o currículo estabelece o espaço de atuação restrito à Seleção de Pessoal.

A idéia dos conteúdos necessários para atividades específicas e a noção das atividades restritas dos psicólogos organizacionais não são fatos novos para grande parte dos professores dos cursos de Psicologia. Às vezes é motivo de sarcasmo, em um estranho descomprometimento desses professores no que tange a um produto com o qual estão ligados os psicólogos que pretendem trabalhar em organizações. O aparente descomprometimento estende-se para a categoria – sua categoria – que se envolve com as atividades em organizações e uma legislação que habilita os mesmos professores, sendo psicólogos, a tal exercício. A situação é, no mínimo, dúbia. Por que se mantém? Existe conivência, pois, de qualquer modo, os psicólogos continuam a exercer as atividades de seleção, treinamento, etc., ao mesmo tempo em que existe apreensão quanto ao que é feito, entre aqueles que aparentemente repudiam o exercício de tais atividades. Seria sensato refletir e melhor preparar os alunos que no futuro trabalharão dentro das empresas em nome da Psicologia. Ou, talvez, a percepção das exigências do estabelecimento de um novo padrão de preparo, ampliando em muito o trabalho para além de quatro paredes, como é necessário para sujeitar-se às avaliações de grupos extensos, estaria fazendo com que os professores se acomodassem nos moldes existentes e em conformidade com a expectativa dos alunos?

A observação do Participante C nos fornece um ângulo do problema:

"Na medida em que ele (psicólogo) sucumbe e não é crítico das tarefas que lhe dão, permitindo que essas tarefas compliquem, digamos assim, a sua imagem futura, então ele acaba sendo agente de reprodução do *status quo*."

O relato do Participante B demonstra que alternativas de atuação requerem esforços para suprir lacunas básicas da formação:

"Hoje estou trabalhando, por exemplo, com prevenção de estresse, qualidade de vida no trabalho e cultura organizacional, temas que eu nunca ouvi falar no meu curso de Psicologia."

Se não se está atento para uma revisão de conceitos e preconceitos, certamente corre-se o risco de se perseguirem referenciais teóricos e práticos que tornam a nossa tarefa, analisada cuidadosa e criticamente, algo confuso e inoperante.

Nas implicações ligadas ao segundo bloco, os participantes explicaram que as atividades práticas exigem recursos do aluno e da escola, que se deve buscar uma visão integrada das atividades na área, que a formação não dá competência para ampliar a gama de atividades e, para suprir isso, deveria fornecer uma visão científica. Foi relatada uma busca de informações complementares para manutenção das atividades interprofissionais. Apontaram também que o psicólogo deve dominar o conhecimento técnico-instrumental das atividades do campo de Recursos Humanos, que o profissional mantém-se restrito a essas atividades técnicas e, nessa medida, pode acabar descaracterizando a atuação psicológica. Concluíram que a ausência de competência faz com que o psicólogo atue apenas no nível dos comportamentos patológicos, que a flexibilidade para responder às exigências do trabalho nas organizações depende de uma formação metodológica adequada, formação que também auxiliaria para que não se rejeitassem parâmetros científicos e de reflexão sobre a finalidade do trabalho. Ressaltaram que, em qualquer área de atuação, deve-se entender as multideterminações dinâmicas da realidade, e que as mudanças na atuação são dificultadas pela visão estereotipada, transmitida na graduação e pelo predomínio da clínica.

As restrições da formação e suas implicações são decorrentes de fatores que poderiam ser classificados no nível dos alunos, dos professores, dos cursos, das escolas, da categoria profissional e, de modo geral, dos fatores macroestruturais. Desde uma estrutura de conteúdos curriculares que privilegia o estudo dos comportamentos patológicos, até a prevalência de segmentos na profissão que valorizam o exercício de determinadas atividades em detrimento de outras, no contexto estereotipado das expectativas de quem absorve os serviços, inseridos em uma conjuntura econômica recessiva que se prolonga no País, uma multiplicidade de fatores interagem dinamicamente na configuração do quadro. Uma profissão é caracterizada por determinantes históricos, legais, institucionais e sociais (Botomé, 1988, p. 280).

Apesar da negligência dos cursos de Psicologia, em relação ao preparo para o exercício na área, cerca de um quarto dos que se inserem na vida profissional como psicólogos dirigem-se para o trabalho em organizações. Ainda além, mais de um terço da amostra estudada pelo CFP, nas diversas regiões dos Conselhos de Psicologia, em algum momento da vida profissional, já atuou em Organizacional (Bastos, 1988, p. 169). O que se mostra um dado alarmante, no mínimo, quanto à imagem que se deriva de uma atuação sem respaldo formativo suficiente e exercida sem motivação. As consequências extrapolam-se para a categoria como um todo.

Quanto aos motivos que levam a escolher a área Organizacional, "predominam as condições de trabalho tais como remuneração e mercado" (Carvalho e colaboradores, 1988, p. 51). A opção de exercício que se apresenta ao psicólogo é bastante limitada:

> "As atividades de trabalho, condições, as próprias dimensões presentes na formação, acabam empurrando a pessoa para um determinado conjunto de atividades, que são as atividades clássicas do departamento de Recursos Humanos. E não leva a pessoa a perceber outras áreas de atividades: na área pública, na organização e avaliação de programas governamentais, na área de saúde do trabalhador, na área de desenvolvimento comunitário, na área de organizações alternativas, e assim por diante" (Participante D).

Ao lado do fato das oportunidades de atividades restritas, oferecidas no mercado de trabalho e da expectativa estereotipada existente nas organizações, o psicólogo não encontra cursos que lhe ofereçam a possibilidade de aprofundar seus conhecimentos da área, no âmbito da Psicologia, no nível da pós-graduação, como já foi visto. Não encontra também associações profissionais que congreguem os seus pares ou periódicos específicos da área, no Brasil. As alternativas estão no campo dos Recursos Humanos, benéficas por ampliar os horizontes de conhecimento e trocas interprofissionais, mas sob o risco concreto, como os participantes denunciaram, de descaracterizar a atuação psicológica. Ocorre uma troca de referenciais, por quase absoluta falta de referencial próprio no âmbito da Psicologia Organizacional.

Na dimensão de atividades de trabalho, os participantes detectaram que o psicólogo necessita manter o interesse pelas atividades específicas da área, assim como identificar a inserção dessas atividades na organização e saber criticar politicamente as atividades de análise e avaliação. Precisa refletir sobre a possibilidade e a necessidade de ampliar as atividades e perceber as atividades como científicas. Acentuaram a necessidade de atuação em equipes e do desenvolvimento de autocrítica da atuação. Interpretou-se como necessária uma revisão geral da aplicação da Psicologia e geração de oportunidades de aplicação.

Para o Participante A:

"O grande esforço do psicólogo do trabalho seria a busca permanente de novas áreas, ou novas formas de aplicação."

É muito comum, entre psicólogos organizacionais, comentários e esperanças de ampliação das atividades e de participação em equipes interprofissionais de trabalho. Tanto a ampliação das atividades como a participação em equipes requer do psicólogo habilidades para identificar aspectos da realidade que não se restrinjam ao que, tradicionalmente, se considera o campo de atividades da Psicologia. Em outras palavras, é primordial que o psicólogo estude conceitos e fundamentos das áreas de conhecimento paralelas ao seu campo de atividades. Observam-se também dificuldades do psicólogo na interação com profissionais acostumados a parâmetros de objetividade em suas análises, sendo os profissionais da saúde e os administradores de empresa exemplos típicos desse modo de encarar e conduzir o trabalho.

A abertura de espaços para o psicólogo, às vezes, soa como uma questão de vontade das agências governamentais ou mesmo dos clientes. O próprio psicólogo não se dá conta da premência, antes de mais nada, de ampliar o conceito de atuação psicológica e participação ativa no conjunto de forças que compõem o jogo social. É evidente a responsabilidade das agências de formação no desenvolvimento de um conceito ampliado. "O que define uma *atuação abrangente* é o quanto essa atuação reflete o potencial de utilidade e de contribuição da profissão à sociedade" (Carvalho, 1988, p. 235).

Quadro 2.16 — Sinopse das inter-relações entre os conteúdos identificados no conjunto temático 6 – Atuação – na dimensão das atividades de trabalho

Condições	Eventos	Implicações
– a expectativa da organização envolve padrões estereotipados das atividades e o psicólogo mantém-se em atividades técnicas, tradicionais e restritas, sem ampliá-las – início das atividades, no Brasil, sem clareza de suas vinculações, finalidade, globalidade e prevenção – o espaço em Seleção é reconhecido como do psicólogo pela associação aos testes e medidas – os psicólogos não reconhecem o potencial de expansão em atividades como a Segurança no Trabalho, mantêm-se em atividades imediatas e insatisfeitos – existe alto risco de apropriação das atividades do psicólogo em detrimento do trabalhador – a separação acadêmica das áreas de aplicação não é compatível com a realidade – os psicólogos repetem os modelos iniciais e mantêm-se na área tradicional e limitada de atuação	– necessidade de manter o interesse pelas atividades específicas da área, identificando a inserção dessas atividades de análise e avaliação – necessidade de refletir sobre a ampliação das atividades e percebê-las como científicas – necessidade da atuação em equipes e do desenvolvimento de autocrítica da atuação – necessidade de uma revisão geral da aplicação e geração de oportunidades de aplicação	– o psicólogo ingressa no mercado sem iniciativa para as atividades de vinvulação, as contigências acabam inseriando-o em atividades tradicionais e a restrição à dimensão técnica diminui sua potencialidade – sugeriu-se que a atuação competente propicia a ampliação das atividades e que se devem estabelecer as relações entre as atividades e as variáveis do contexto e avaliar os próprios resultados – encontram-se dificuldades em atividades específicas; deve-se manter as atividades como seções integradas – os conflitos são inerentes às atividades em organizações – deve-se buscar novas áreas ou formas de aplicação – os resultados de aplicação técnica na Avaliação de Desempenho vinculam-se à dimensão política e das relações de variáveis – deve-se ter preparo para lidar com a atuação em organizações; o domínio técnico-instrumental e do método gera competência e propicia ampliação das atividades – deve-se desenvolver um modelo de atuação próprio, característico e adequado à realidade

Muitas vezes, observa-se que a maior dificuldade encontra-se no comportamento do próprio profissional psicólogo, gerada por questões pessoais, de despreparo ou falta de conhecimento e habilidades para o fazer ao qual se propõe e incapacidade de interação com outros profissionais. Não bastaria ampliar quantitativamente as atividades do psicólogo; é imprescindível estabelecer uma atuação com boa qualidade. É preciso reconhecer coisas elementares como as diferentes formações acadêmicas dos membros de uma equipe, as diferenças de abordagens, metodologias e linguagem. É indispensável discernir os diferentes graus de *status* e poder dentro da equipe.

Nas condições, arranjadas na seqüência, os participantes descobriram que a expectativa da organização envolve padrões estereotipados das atividades dos psicólogos, que os psicólogos mantêm-se em atividades técnicas, tradicionais e restritas, sem ampliá-las. Assinalaram que as atividades na área tiveram início, no Brasil, sem clareza de suas vinculações, finalidade, globalidade e prevenção. Constataram uma tendência de ampliação, que o espaço em Seleção é reconhecido como do psicólogo pela associação aos testes e medidas e que os psicólogos não reconhecem o potencial de expansão em atividades como a Segurança no Trabalho. Afirmaram que o psicólogo mantém-se em suas atividades imediatas, insatisfeito com as atividades características das organizações. Avaliaram que existe alto risco de apropriação das atividades do psicólogo em detrimento do trabalhador. Denunciaram que a separação acadêmica das áreas tradicionais da Psicologia não é compatível com a realidade de aplicação. Comentaram que os psicólogos nas organizações repetem os modelos iniciais e que se mantêm no campo tradicional e limitado de atuação.

Já se mencionou que a área organizacional atrai o psicólogo pelas oportunidades que o mercado de trabalho oferece e, principalmente, pelas possibilidades financeiramente mais recompensadoras. Borges-Andrade (1987, p. 305) completa dizendo que "o resultado é, em muitos casos, uma latente insatisfação dos que permanecem na área organizacional, com as características sociais da profissão, ao mesmo tempo em que há uma maior satisfação com as características econômicas da mesma". Para Bastos (1988, p. 190), existe em Organizacional "uma maior insatisfação com a própria área ou a natureza do seu trabalho". Por trás dessa questão sempre desponta o exercício idealizado no consultório.

Queixas e insatisfações, aliás, são constantes durante o curso de Psicologia, desembocando quase invariavelmente na questão da reforma curricular e na necessidade de rever as áreas e os procedimentos de atuação. O que ocorre em tais momentos é a repetição de pontos de vistas, colocados a qualquer custo, deixando sempre a impressão de que apenas se discutiu, e as questões cruciais permanecem. Nas palavras de Figueiredo (1983, p. 1), a reforma "nunca é justificada pela necessidade de atualizar conteúdos obsoletos ou de redistribuir as cargas horárias em decorrência de transformações substanciais na própria organização do conhecimento psicológico".

Na empresa permanece a expectativa de algumas atividades restritas da parte do profissional que provém dos cursos de Psicologia, reafirmando os modelos das atividades iniciais nas empresas brasileiras: a retrógrada fórmula do "homem certo no lugar certo." A afirmação de Bastos (1988, p. 163) resume o problema com propriedade ao relatar que

> (...) cresce a insatisfação quanto ao tipo de serviços que prestamos e quanto a quem deles tem se beneficiado; por outro lado, faltam-nos respostas alternativas suficientemente claras e abrangentes; faltam-nos, sobretudo, as necessárias condições de construí-las.

Nas implicações, de outro lado, os participantes explicaram que o psicólogo ingressa no mercado sem iniciativa para as atividades de vinculação, que as contingências acabam inserindo o profissional em atividades tradicionais, e que a restrição à dimensão técnica diminui sua potencialidade. Sugeriram que a atuação competente propicia a ampliação das atividades (a ampliação requer competência e senso crítico), que se devem estabelecer as relações entre as atividades e as variáveis do contexto e avaliar os próprios resultados (sistematizar o processo de avaliação e legitimar as atividades). Consideraram que os psicólogos que se encontram na área de Segurança no Trabalho têm dificuldades para o desenvolvimento das atividades, que se devem manter as atividades como seções integradas e que os conflitos são inerentes às atividades em organizações. Estabeleceram que se deve buscar novas áreas ou formas de aplicação e que os resultados da aplicação técnica na Avaliação de Desempenho vinculam-se à dimensão política e das relações de variáveis na organização. Enfatizaram que se deve ter preparo para lidar com os conflitos inerentes à atuação do psicólogo em organizações, que o domínio técnico-instrumental e do método científico dá competência à atuação, o que propicia a ampliação das atividades. Afirmaram que o psicólogo deve desenvolver um modelo de atuação próprio, característico e adequado à sua realidade de trabalho.

São curiosas as conclusões de Borges-Andrade (1988b, p. 253), baseado nas avaliações do exercício profissional, coletadas na pesquisa do Conselho Federal de Psicologia:

> Os respondentes parecem acreditar que seu papel junto à comunidade é bem mais importante do que os insumos de que dispõem para nele atuar (...) A melhor disponibilidade de recursos para o exercício da profissão estaria avaliada entre os da área Organizacional.

Parece existir um grau de onipotência fantasiosa nestas crenças, quando confrontadas com a descrição que se tem registrada. A debilidade das contribuições dos psicólogos no contexto organizacional é algo que já se tem patenteado (Malvezzi, 1979).

Os fatores que determinam as deficiências dos psicólogos organizacionais são variados. A falta de iniciativa, a restrição à dimensão técnica, a falta de visão política e globalizada, e assim por diante, não corrigidas e associadas a outros fatores, mantêm um desempenho insatisfatório, interpretado como incompetência. Uma forma de buscar solução para o problema é tentar modificar a expectativa de papel por parte de quem recebe os serviços, por meio de novos padrões de serviços oferecidos, e, principalmente, por parte de quem forma os futuros profissionais.

A observação do Participante G, transformadas as negações em afirmativas, indicam caminhos de reconhecimento e legitimação das atividades:

> "Ele (psicólogo) só não faz pesquisa sobre a sua ação, sobre a atuação, nem sobre os problemas organizacionais, como não utiliza, de uma forma sistemática, a sua experiência prática, para refletir sobre os seus instrumentos, os seus métodos de trabalho."

Os participantes observaram, em um segundo bloco de necessidades na dimensão das atividades de trabalho, que o psicólogo necessita de capacidade inovadora para atingir resultados. Reconheceram a necessidade de adquirir o hábito de criar e de avaliar o trabalho. Apontaram a dificuldade na adequação técnico-instrumental às necessidades de trabalho e suas conseqüências éticas. Indicaram a necessidade de definição de problemas/objeto/finalidade do trabalho e de desenvolvimento de uma mentalidade pluralista de participação no trabalho. Acusaram a falta de competência do psicólogo para gerar alternativas de intervenção. Formularam que o trabalho específico em Treinamento demanda domínio dos instrumentos, do método científico e de uma teoria.

Existe uma pressão contínua dentro das organizações pela produtividade. Implicitamente, espera-se dos profissionais de nível intermediário a capacidade de contribuir com idéias criativas e úteis. Não é diferente em relação ao psicólogo. "A pesquisa é aceita, em princípios, como atividade desbravadora e como base para inovações tecnológicas em múltiplas áreas de interesse social" (Ades, 1978, p. 129).

Criatividade e inovação dependem de embasamento metodológico, senso crítico e interesse pelo trabalho realizado.

QUADRO 2.17 — Sinopse das inter-relações entre os conteúdos identificados no conjunto temático 6 – Atuação – na dimensão das atividades de trabalho

Condições	Eventos	Implicações
– o trabalho em organizações é continuamente avaliado e necessariamente exposto e ocorre em uma relação dinâmica e ampla – o psicólogo não considera o trabalho como globalidade e não consegue legitimar suas atividades na empresa – existem divergências de interesses entre pesquisadores e profissionais das organizações – a prática dos psicólogos repete os modelos iniciais de atuação; a área não tem estruturação como prática; constata-se ausência de ampliação em setores nos quais existe potencial	– o psicólogo necessita de capacidade inovadora para atingir resultados – necessidade de adquirir o hábito de criar e de avaliar o trabalho – dificuldade na adequação técnico-instrumental às necessidades de trabalho e suas conseqüências éticas – necessidade de definição de problemas/objeto/finalidade do trabalho e de desenvolvimento de um mentalidade pluralista de participação no trabalho – falta de competência para gerar alternativas de intervenção – atividades em Treinamento demandam domínio dos instrumentos, do método científico e de uma teoria	– a avaliação é indispensável ao autodesenvolvimento – a consciência política permite avaliar a utilização do próprio trabalho e a percepção dessa apropriação angustia e afasta o psicólogo das empresas – deve-se avaliar os resultados das próprias atividades – a alteração nas intervenções é decorrente de maior competência na interação com outros profissionais e na percepção da globalidade dos fenômenos organizacionais – a restrição das contribuições vincula-se à atuação limitada, às questões de poder e à esquiva dos postos de liderança – profissionais com maior compreensão dos fenômenos econômicos dirigem a ação do psicólogo

Parte-se da idéia de que é fundamental produzir, dentro das universidades, tanto um conhecimento como um profissional crítico, para que se possa ter criatividade. A investigação sistemática e científica é primordial, apesar de não "haver muito empenho em colocar o espírito de pesquisa como elemento a ser incentivado e incutido, em cursos universitários como os de Psicologia" (Ades, 1978, p. 129). Sabe-se que a criatividade também está subordinada às leis de mercado. Fala-se de criatividade com o significado de poder gerar algo novo e de valor dentro da cultura em que é produzido. Cultura no caso não se refere apenas à cultura organizacional. Pensa-se na inovação que contribui para colocar a ciência e a tecnologia a serviço da solução dos imensos problemas que nossa sociedade enfrenta.

É no sentido de manter atenção para as conseqüências da inovação que se entende o comentário de Duran (1983, p. 18) quando diz que "em nossa busca de um caminho novo para o ensino da Psicologia, precisamos tanto olhar criativamente para o futuro como criticamente para o presente".

Nas condições, acompanhando o segundo bloco de necessidades, julgaram que o trabalho em organizações é continuamente avaliado e necessariamente exposto e ocorre em uma relação dinâmica e ampla. Evidenciaram que o psicólogo não considera o trabalho como globalidade e não consegue legitimar as suas atividades na empresa. Indicaram que existe divergência de interesses entre pesquisadores e profissionais das organizações no que tange à natureza da pesquisa e do trabalho aplicado. Reafirmaram que a prática dos psicólogos nas organizações repete os modelos iniciais de atuação, que a área organizacional não tem estruturação como prática e que se constata ausência de ampliação em setores nos quais existe potencial de contribuição.

As idéias de dinamicidade, amplitude e globalidade das relações internas que ocorrem nas organizações têm vinculação direta com as dificuldades que o psicólogo enfrenta para legitimar o seu trabalho. É inevitável retornar ao preparo teórico-metodológico, precário na formação, e à questão da abordagem, calcada em um modelo que secciona o indivíduo do contexto. Não se pretende reduzir a explicação a esses fatores, mas não se pode negar tais vínculos.

Hoje não se pode negar as multideterminações do comportamento. Não é possível imaginar o indivíduo em compartimentos, ou dar as costas aos fatores sociais de determinação. Isso justifica, no plano teórico, a procura das interfaces com outras disciplinas e, no plano aplicado, a necessidade da atuação em equipes profissionais.

O que é descrito pelo Participante G não deixa de ser, entre outros fatores, conseqüência direta dos interesses dos psicólogos e dos conhecimentos e habilidades que adquirem:

"Esta última pesquisa nossa (Conselho Federal de Psicologia, 1988) mostrou bastante isto: o índice de psicólogos organizacionais que entram nessas atividades... que desenvolvem atividades mais nobres, mais significativas e tal, é bem reduzido".

O psicólogo não apenas encontra dificuldades para conviver com o seu objeto de estudo, quando o seu trabalho está diretamente inserido nas organizações sociais, como, muitas vezes, mantém a atenção voltada para outra área:

> Uma pessoa que está trabalhando numa organização simplesmente esperando juntar dinheiro para pagar uma outra formação ou sem saber muito o que poderá fazer naquela organização, não vai ter condições de realmente atuar de uma forma condizente com o que se espera do psicólogo. (Neri, 1978, p. 119)

Nas implicações associadas ao segundo bloco, dentro das atividades de trabalho, foram feitas referências à avaliação como indispensável ao autodesenvolvimento. Analisaram que a consciência política permite avaliar a utilização do próprio trabalho, e que a percepção dessa apropriação angustia e afasta o profissional das empresas. Reafirmaram que se deve avaliar os resultados das próprias atividades. Indicaram que a alteração nas intervenções é decorrente de maior competência na interação com outros profissionais e na percepção de globalidade dos fenômenos organizacionais. Asseguraram que a restrição das contribuições vinculam-se à atuação limitada, às questões de poder e à esquiva dos postos de liderança. Comentaram que profissionais com maior compreensão dos fenômenos econômicos dirigem a ação do psicólogo.

Avalia-se que o afastamento de grande parte dos psicólogos do ambiente de trabalho das organizações deve-se muito mais ao seu desinteresse e à percepção de sua incompetência para lidar com o fenômeno organizacional e com as questões de poder do que da consciência da apropriação do trabalho. Tal apropriação é inerente ao sistema capitalista, seja qual for o local de trabalho. Não faltam ataques à ação ortopédica das atividades psicológicas na clínica ou de domesticação ou docilização nas escolas. Mais se trata de criar alternativas de emancipação por meio do exercício crítico das atividades do que criar bodes expiatórios. As organizações de trabalho representam o local onde se dá o embate mais claro entre dominantes e dominados, por essa razão significam um desafio ao qual não se pode reagir como avestruzes.

A alternativa está em entender melhor o local de trabalho, a história do desenvolvimento industrial, a trama das relações de poder, os determinantes econômicos e sociais, e assim por diante. Algumas declarações dos participantes completam a idéia:

> "O processo de produção é um processo comportamental em que a interação dos homens, das pessoas, entre si e com a natureza, para produzir a sua subsistência, a sua sobrevivência, o desenvolvimento – esse processo comportamental, o seu primeiro condicionamento começa pela natureza. Isto é, ninguém vai conseguir produzir nada que não esteja presente na natureza" (Participante A).

> "Trabalharia muito mais a leitura do fenômeno organizacional, em geral, porque aí você tem como equipar o psicólogo para trabalhar seja na área educacional, seja na área clínica, seja na universidade, seja na militância política, seja o diabo que for. Quer dizer, ele vai entender um pouco mais sobre os mecanismos de agir em relação ao fenômeno organizativo em si" (Participante D).

"No mundo do trabalho as contradições aparecem de uma forma muito mais explícita. Quer dizer, os antagonismos sociais, as coisas aparecem na força bruta. Você tem lá interesses do pessoal da empresa, interesses do trabalhador, e... Enquanto que na clínica é difícil você perceber esse tipo de coisa. Você lida mais com os reflexos disso aí do que com o conflito em si... as tensões das relações de propriedade" (Participante G).

"Se ele (psicólogo) não tiver uma visão política mais global, eu acho que não vai entender a natureza dos problemas com os quais ele vai lidar" (Participante G).

IDENTIDADE E IMAGEM

Na dimensão da formação profissional, os participantes detectaram a necessidade de o psicólogo desenvolver a percepção do próprio papel.

QUADRO 2.18 Sinopse das inter-relações entre os conteúdos identificados no conjunto temático 7 – Identidade e Imagem – na dimensão da formação profissional

Condições	Eventos	Implicações
– os programas nos cursos eram e continuam falhos em relação ao papel dos psicólogos nas organizações – desinteresse e despreparo nas disciplinas específicas da área – os alunos percebem o grau de comprometimento do professor com aquilo que ensina e suas conseqüências – desinteresse por pesquisas na área e predomínio de interesses voltados para a clínica – preferência pelo trabalho em grupos sociais restritos ou por uma abordagem centrada no indivíduo, sem interdependência	– necessidade de desenvolver a percepção do próprio papel	– as vivências dos alunos e dos professores em empresas devem ser recuperadas para que se reflita sobre o papel do psicólogo organizacional – o ensino é válido para quem quer "fazer Psicologia", mas não para quem quer "ser psicólogo" – o enfraquecimento do padrão de exigências sobre o aluno repercute na imagem do psicólogo

Vincula-se a noção de papel ao conceito de identidade; no caso, aquilo que caracteriza o psicólogo como um profissional dentro de nossa cultura. O tema esteve bastante em voga há alguns anos em publicações, congressos e conversas informais entre os psicólogos brasileiros. Alguns chegavam a comparar o momento com a "crise da adolescência." O momento passou, o que não assegura que se tenham firmado alguns padrões que permitam clareza do nosso papel.

Quando foram analisados os conhecimentos e habilidades necessários ao psicólogo organizacional, comentaram-se as dificuldades, no Brasil, de estabelecer os objetivos da formação e definir o próprio objeto da Psicologia. A questão do tipo de profissional que se pretende formar tem sido longamente debatida. Alguns têm se assentado em torno de uma formação abrangente, sem delimitar áreas ou linhas teóricas, e enfatizando a integração conseqüente do profissional na sociedade, por intermédio de um fazer comprometido com as necessidades da população. Outros, destacam a importância do embasamento filosófico, a busca de alternativas de intervenção, a habilitação para utilizar instrumentos e procedimentos, em atividades interprofissionais, fundamentados teoricamente e no desenvolvimento crítico de pesquisas.

Em outros contextos culturais, a imagem do profissional foge às nossas concepções, como relata Corsini (1984, p. 160): "O psicólogo soviético conserva a imagem do cientista, um acadêmico, não como um praticante que desempenha atividades profissionais como um objeto de negócios".

Na realidade brasileira, "a imagem que o próprio psicólogo tem de sua identidade profissional é produto de um processo de formação reconhecidamente distorcido, segmentado e insuficiente" (Galvão, 1987, p. 308). Dentro do panorama da formação, o desenvolvimento do conceito do papel dos psicólogos nas atividades realizadas em organizações é pouco alentador para quem se preocupa em ratificar esse espaço de atuação:

> "Se na grande maioria (das faculdades) os alunos recebem uma espécie de visão da Psicologia Organizacional como filha bastarda..., e uma idéia de que o bom psicólogo ou vira professor – para fazer pesquisa – ou tem uma clínica, tornam-se menos dispostos a quebrar o estereótipo do psicólogo que só sabe cuidar dos testes de Seleção e dar pareceres" (Participante D).

> "Em síntese, eu acho que a formação exclui muito essa área (Organizacional), em função dos estereótipos" (Participante G).

Nessas condições, associadas às necessidades de desenvolvimento da percepção do papel, os participantes apontaram que os programas, nos cursos de Psicologia, eram e continuam falhos em relação ao papel do psicólogo nas organizações. Encontraram-se conteúdos relativos ao desinteresse e despreparo dos professores das disciplinas específicas da área. Isso foi vinculado à declaração de que os alunos percebem o grau de comprometimento do professor com aquilo que ensina e suas conseqüências. Notaram também o desinteresse por pesquisas na área e o predomínio de interesses voltados para a clínica. Acentuaram a preferência pelo trabalho em grupos sociais mais restritos ou por uma abordagem centrada no indivíduo, sem interdependência.

O que se transmite nos cursos de Psicologia, em relação ao papel dos psicólogos nas organizações, pela via da omissão ou da discriminação aberta, não é falho, é autodepreciador para a categoria como um todo. Já foi explicado: trata-se de um ataque a posições que são mantidas, pelo exercício profissional dos psicólogos nas organizações e pela legislação que estabelece a possibilidade desse exercício, sem que se defina claramente pela recusa em assumir as atividades da área ou que se tente melhorar a formação. Não se está referindo às críticas fundamentadas, daqueles que conhecem a área e o grau de alienação ou obsolescência de muitos de seus executantes e que pretendem construí-la. O foco é a manutenção de estereótipos e preconceitos, relativos à área e aos seus praticantes, dentro dos cursos.

Cabe perguntar, neste ponto, como professores desinteressados e despreparados para ensinar os conteúdos pertinentes à área, que não desenvolvem pesquisas, não contam com experiências e que se voltam para outras áreas de aplicação, poderiam aproximar-se do que é ou pode ser o papel dos psicólogos em organizações?

É interessante observar que, ao longo do tempo, após o término da graduação, a identidade do psicólogo organizacional, muitas vezes, modifica-se; por exemplo, quando passa a se autodenominar profissional de Recursos Humanos ou, à semelhança do que surge em outras ocasiões, comentadas por Langenbach e Negreiros (1988, p. 96), quando diz que "não se sente psicólogo".

Às vezes, tem-se a impressão de que o psicólogo é visto como alguém capaz de usar palavras mágicas que rapidamente transformam pessoas e situações. Com um pouco mais de atenção, pode-se perceber que alguns se sentem ou se identificam como psicólogos por atributos muito limitados. Julgam desempenhar o papel, por exemplo, se estão aplicando testes, ou, muito mais, quando se encontram em uma situação típica de aconselhamento. Situações que fogem ao escopo clássico colocam em dúvida a própria identidade. O que determina o ser profissional parece assumido como a situação imediata e não o referencial que angariou ao longo dos anos de estudo.

De outro lado, nas implicações, sugeriram que as vivências dos alunos e dos professores em empresas devem ser recuperadas para que se reflita sobre o papel do psicólogo organizacional. Criticaram o ensino nos cursos como válido para quem quer "fazer Psicologia", mas não para quem quer "ser psicólogo", assim como afirmaram que o enfraquecimento do padrão de exigências sobre o aluno repercute na imagem do psicólogo.

Julga-se que o que os participantes pretenderam transmitir com o "ser psicólogo" refere-se à aquisição dos parâmetros que caracterizam a atuação em base dos fundamentos teórico-metodológicos da Psicologia, visando ao desenvolvimento e à realização das potencialidades do ser humano, independente da área ou local de aplicação. Isso se contrapõe ao que é descrito como a identificação do psicólogo pelo domínio de algumas técnicas.

São inúmeros os fatores, também já comentados, que levam à produção dos que "fazem Psicologia." O enfraquecimento do padrão de exigências sobre o aluno é parte de uma cadeia de inter-relações, e que acaba, sem dúvida, em prejuízo do profissional que se prepara. Prejuízo que se reflete na sociedade, que deixa de contar com os serviços no nível de qualidade que poderia ter e também, não se deve esquecer, em prejuízo do próprio aluno ou futuro psicólogo. Atente-se para o que Caldas (1980, p. 558) nos diz:

> O que se observa é que um currículo de graduação bastante extenso não parece conter certos elementos básicos necessários à formação de uma identidade profissional, levando este mesmo profissional, ao sair da universidade, a uma desorientação que pode prejudicar toda a sua vida.

Tornou-se corriqueiro atribuir à recentidade da profissão no Brasil as dificuldades de uma identidade comum. Entende-se que, como foi esclarecido no início deste volume, em certos aspectos, a recentidade até justificaria uma maior absorção do profissional. Por outro lado, é inegável a necessidade de maior divulgação das atividades possíveis de serem exercidas pelo psicólogo para o conhecimento da população. Contudo, julga-se que o que mais divulga o trabalho, bem ou mal, é a competência que o profissional apresenta nas oportunidades de trabalho. Nesse aspecto, as perspectivas também não são favoráveis:

> "Ele (psicólogo) não amplia e também não tem segurança de que as coisas que ele faz são importantes ou tenham um impacto positivo na organização" (Participante G).

É um contra-senso atribuir à própria comunidade a responsabilidade por conhecer o papel do psicólogo e suas possíveis contribuições. Mas não é incomum ouvir do psicólogo em organizações que, se mais não fazem é porque os outros profissionais não sabem de suas "potencialidades."

Na dimensão de atividades de trabalho, os participantes observaram a falta de conhecimento do psicólogo sobre a inserção do seu papel no contexto da produção e a falta de reflexão e autocrítica sobre o significado do seu papel. Opinaram que faltam ao psicólogo organizacional elementos de identidade profissional e valores compatíveis com o repertório exigido para atuar em organizações. Como última necessidade identificada nessa dimensão, verificaram que o psicólogo precisa manter o interesse pelas atividades específicas da área.

QUADRO 2.19 Sinopse das inter-relações entre os conteúdos identificados no conjunto temático 7 – Identidade e Imagem – na dimensão das atividades de trabalho

Condições	Eventos	Implicações
– as empresas estabelecem um cargo técnico ao psicólogo, e o papel do psicólogo fica restrito à dimensão – a Psicologia Organizacional não tem organizações de referência no Brasil	– falta conhecimento ao psicólogo sobre a inserção de seu papel no contexto de produção e falta reflexão e autocrítica sobre o significado de seu papel – faltam elementos de identidade profissional e valores compatíveis com o reper-	– o psicólogo ingressa no mercado sem ter clareza do próprio papel e mantém interesses nos moldes da clínica – a ausência de elementos de identidade dificulta lidar com o estigma sobre a área

(continua)

QUADRO 2.19 Sinopse das inter-relações entre os conteúdos identificados no conjunto temático 7 – Identidade e Imagem – na dimensão das atividades de trabalho *(Continuação)*

Condições	Eventos	Implicações
	tório exigido para atuar em organizações – o psicólogo precisa manter o interesse pelas atividades específicas da área	– existe o risco de perpetuar a imagem do profissional limitado à Seleção – a perda de reconhecimento está ligada à avaliação e à legitimação das atividades – a afirmação do psicólogo é dificultada pela sua atuação limitada, pelas questões de poder e esquiva dos postos de liderança; tal afirmação depende de sua inserção na dimensão política das organizações

Em algumas situações nas quais o psicólogo é encontrado nas empresas, não seria exagero afirmar que transparece uma imagem de tensão e sofrimento em sua inserção. Às vezes, parece procurar omitir-se tanto quanto possível, para não ser notado ou solicitado em contribuições. Entretanto, se a insegurança do psicólogo organizacional enquanto profissional é grande, ela não é maior do que a instabilidade da categoria como um todo.

Pode-se falar de uma cultura e de valores que se tornaram característicos dos psicólogos e do seu exercício profissional (Carvalho e colaboradores, 1988, p. 49). Existe despreparo para o exercício que forçosamente pressupõe a interação com outros profissionais, quando a perspectiva predominante entre os psicólogos não ultrapassa uma visão multidisciplinar, contrária à abordagem interdisciplinar da integração dos conhecimentos na relação com o objeto de intervenção, mas também seus interesses e valores não se ajustam ao contexto:

> "Ele (psicólogo) não tem competência para tornar visível o seu potencial (...) O fato de não ter essa competência, acho que perpetua um pouco esse tipo de estereótipo, de que ele é um profissional limitado para fazer aquele tipo de coisa (seleção de pessoal)" (Participante G).
>
> "A Psicologia recruta, para os seus quadros, pessoas com um conjunto de valores muito próprios, que se identificam com os valores da clínica, da assistência individual" (Participante G).

Nas condições, vinculadas às necessidades descritas, observaram que as empresas estabelecem um cargo técnico ao psicólogo, e que o papel do psicólogo fica restrito à dimensão técnica. Evidenciaram que a Psicologia Organizacional não tem organizações de referência no Brasil.

Também a questão da ampliação das atividades de trabalho está vinculada à questão da identidade.

Enquanto não conseguirmos pensar coletivamente nas nossas propostas à comunidade, dificilmente vamos ter competência para brigar pela ampliação do mercado. A não ser que se pretenda uma ampliação paternalista, de cima para baixo. (Silva, 1980, p. 571-572)

A falta de organizações de referência para os psicólogos organizacionais, no Brasil, desponta consistentemente com o quadro descrito pelos participantes:

"Aqui você tem uma situação terrível para o pessoal. Onde que eles vão concretizar e materializar uma identidade profissional?" (Participante D).

"Como você sabe que existe enquanto psicólogo organizacional? Você não tem organizações de referência" (Participante D).

"Você consegue lidar com o estigma inicial porque você tem um núcleo base" (Participante D).

"Minha preocupação é com as pessoas que querem manter esta identidade. Não tem um congresso para elas. Não têm um instituto de pesquisa pelo qual possam dizer: 'Eu sei que eu existo porque ele existe'. Eles produzem documentos que eu posso ler..." (Participante D).

Em decorrência, nas implicações, explicitaram que o psicólogo ingressa no mercado sem ter clareza do próprio papel e deriva os interesses de realização, dentro das organizações, nos moldes da clínica. Concluíram que a ausência de elementos de identidade dificulta lidar com o estigma sobre a área. Encontraram ainda que existe o risco de perpetuar a imagem do profissional limitado à Seleção, que a perda de reconhecimento está ligada à avaliação e à legitimação das atividades, que a afirmação do psicólogo é dificultada pela sua atuação limitada, pelas questões de poder e esquiva dos postos de liderança e, finalmente, essa afirmação depende de sua inserção na dimensão política das organizações.

A identidade do psicólogo depende fundamentalmente de sua integração enquanto grupo de profissionais voltados para atividades comuns, do envolvimento com o ambiente de trabalho, da clareza de seus propósitos e da segurança do seu fazer. Isso posto, percebe-se facilmente que se encontram variados obstáculos para consolidar essa identidade . Por enquanto, a situação que se apresenta é ironicamente descrita pelo Participante D:

"Normalmente você é o rabo dos congressos de Psicologia (risos), escondido em algum canto."

O fortalecimento da identidade dos psicólogos organizacionais depende da avaliação de seu preparo acadêmico, da sua prática, do contexto social que estabelece a formação e a prática dos valores relativos às suas atividades. A criação de grupos ou a recuperação de associações profissionais é um passo importante como elemento unificador e de referência, e, talvez o mais importante no empreendimento, desenvolver um trabalho competente e arrojado na penetração em níveis com poder dentro das organizações. Se os profissionais e as condições que se têm não permitem uma reversão imediata da estereotipia existente, é preciso que se criem instituições norteadas por aqueles objetivos, por exemplo, em nível da pós-graduação.

AMBIENTE DAS ORGANIZAÇÕES

Na dimensão da formação profissional, os participantes identificaram a necessidade de se estudar o ambiente das organizações. Avaliaram a necessidade de mais prática no contexto das organizações. Julgaram que falta capacitação para produzir conhecimentos e também falta um modelo de ação aplicável ao contexto do trabalho. Detectaram a falta de instrumentos e de preparo para o diagnóstico da realidade organizacional. Não se apreende a realidade política e social das organizações. Comentaram a necessidade de conhecer o processo de produção e suas relações com os fenômenos comportamentais. Indicaram a carência de aprendizagem das relações de trabalho e falta de clareza do psicólogo no que tange à própria inserção nas relações de produção.

Constitui-se um passo preliminar na aproximação do psicólogo às organizações, conforme o entendimento que se tem difundido, a apreensão das características principais do contexto. Isso se refere a captar elementos da estrutura e do processo organizacional, para depois visualizar as interdependências do comportamento individual e grupal. Contudo, o psicólogo não conta com prática nesse ambiente, não dispõe de um modelo de ação, de conhecimentos ou de instrumentos e preparo para o diagnóstico e até mesmo de clareza da sua inserção nessas relações. Em uma palavra, um paradoxo.

Atente-se para algumas afirmações que reforçam as idéias levantadas:

"É quase impossível compreender o comportamento humano numa situação de trabalho sem se conhecer corretamente as condições em que esse processo de trabalho está atuando" (Participante A).

"Avaliar o contexto ambiental para saber quais são as condições que o empregado tem para trabalhar" (Participante E).

"Ele (psicólogo) não encara os processos organizacionais também como algo passível de investigação, de estudos, de suas práticas" (Participante G).

Fique claro que existem modelos de ação, conhecimentos e procedimentos disponíveis na literatura da área, para citar apenas um exemplo, veja-se Harrison (1987). Falta preparo e interesse dos professores para a abordagem da organização em uma perspectiva globalizada e pluridimensional, visando identificar o nível psicológico em sua interdependência com os níveis econômico, político e ideológico, como o fazem Pagès e colaboradores (1987).

Nas condições, combinadas com as necessidades anteriormente descritas, os participantes julgaram que os cursos de Psicologia mantêm um modelo de intervenção que não considera as inter-relações do contexto, que mantém disciplinas com uma estratégia que não é transposta para o contexto do trabalho e, no caso da própria Psicologia Social, seus conteúdos não são integrados ao referido contexto. De um modo geral, os cursos não abordam a questão da produção do conhecimento em um contexto aplicado. Criticaram a ausência de oportunidades, nos cursos, de apresentar a realidade de transformação permanente das organizações, dinâmica e interdependente.

O modelo de intervenção e a estratégia difundida nos cursos de Psicologia conduzem a uma análise do comportamento do indivíduo ou do grupo com características da prática em consultório. Quando transportada para o contexto organizacional, tal prática, à semelhança do que ocorre na situação escolar (Leite e Guirado, 1987, p. 16-17), também mostra-se insatisfatória para atender aos problemas da área. Hoje, por exemplo, ao se analisar a questão do alcoolismo entre trabalhadores, muitos concordam que as resultantes do problema encontram suas raízes em fatores de ordem familiar e do próprio contexto de trabalho. Pode acontecer que na medida em que aumentam as pressões financeiras, os indivíduos tornam-se mais propensos ao consumo de álcool. Isto se revela no aumento de faltas ao trabalho em períodos imediatamente anteriores aos dias de pagamento ou no aumento no número de acidentes. Em épocas passadas, os acidentes de trabalho chegaram a ser analisados como uma propensão individual, deixando uma margem de interpretação, para os psicólogos e não-psicólogos, de que se tratavam de fatores intrínsecos ao indivíduo.

Condições concretas da realidade e diferenças entre subculturas associam-se na composição de determinados efeitos que o indivíduo, muitas vezes, assume como suas próprias deficiências:

> "Se a gente não analisar o ambiente, não analisar os fatores que levam as pessoas a desempenharem do jeito que estão desempenhando, a gente não pode dizer: 'você, fulano, é responsável pelo que está fazendo" (Participante E).

Na seqüência, nas implicações, os participantes apontaram que se deve passar a enfatizar as variáveis que extrapolam o contexto imediato de trabalho, que se deve analisar as relações da Psicologia com o contexto de trabalho e enfatizar o contexto social do trabalho. Esclareceram que o psicólogo não se envolve nem antecipa os movimentos significativos no contexto do trabalho e que se deveria ter maior envolvimento com propostas para esse contexto. A análise do fenômeno organizacional foi apontada como uma alternativa de formação, enquanto pelo menos a Psicologia Social e a Psicologia Organizacional deveriam integrar a Psicologia ao fenômeno organizacional. Indicaram que as permanentes transformações que ocorrem nas empresas podem transformar os próprios instrumentos do psicólogo (o que implica estudar e ter presente esse caráter das organizações). Assinalaram que se deve produzir conteúdos pertinentes à nossa realidade. Manifestaram que o processo de produção deveria ser compreendido como um processo comportamental, sobredeterminado pelas condições presentes na natureza e que o psicólogo não possui essa compreensão ao ingressar no mercado. A formação deveria fornecer uma visão científica para a investigação dos processos organizacionais.

Não atentar para a complexidade das inter-relações, mais do que metodologicamente falho, compromete ideologicamente o psicólogo com quem contrata os serviços de uma pretensa e ilusória neutralidade científica. Analisar a configuração o mais globalmente possível é um dever metodológico e ético dos psicólogos organizacionais, educacionais, clínicos ou em qualquer atividade desenvolvida.

> De um lado existe o trabalho profissional sob controle de um problema real a ser resolvido, com decorrências e benefícios para a qualidade da vida das pessoas. De outro, existiria apenas um "fazer" ritualístico, como fim em si mesmo, e voltado para interesses de indivíduos ou pequenos grupos – "donos" das instituições. (Melchiori, 1989, p. 2)

O psicólogo que se insere em uma organização deve ser capaz de compreender suas inter-relações sistêmicas, a partir de elementos que capta por meio da estrutura formal e informal. Deve saber como definir o seu papel naquele contexto específico, propondo intervenções metologicamente consistentes e ciente de suas finalidades e conseqüências. Ao lidar com a pessoa, elemento nuclear de sua atuação, deve voltar-se continuamente para as vinculações com o grupo que a pessoa integra ou integrará, o contexto organizacional e o contexto societário maior. Deve visualizar as necessárias conexões interdisciplinares e posicionar-se de forma que os demais profissionais da organização possam entender a sua prática.

Apontou-se, no Capítulo 1, a importância atribuída à atuação do psicólogo no campo relativo ao trabalho e às atividades administrativas. Não se imagina a possibilidade de lidar com o comportamento humano sem estarmos presentes no contexto do trabalho, que consome pelo menos um terço das horas de nossas existências. Esclareceu-se, também, uma perspectiva que extrapola a visão tradicional de enquadramento do indivíduo e busca de eficiência máxima, na qual a ênfase recai na produtividade e no lucro, relegando o ser humano. Resumiu-se o propósito de desenvolver a pessoa para o controle de suas próprias mudanças e as mudanças do ambiente exterior.

Considera-se o indivíduo em suas interações com o ambiente como a unidade de análise do psicólogo que atua em organizações. Isso significa que o estudante de Psicologia deve ser treinado para compreender e intervir em questões relativas aos efeitos da ação organizacional sobre o indivíduo e do memso sobre a organização. Implica descrever e explicar os processos individuais e o processo organizacional em termos de uma interação recíproca ou de influência mútua e suas conseqüências, incluindo, é claro, a produtividade. A área envolve as atividades tradicionais como a seleção, o treinamento, os sistemas de recompensa, até o estudo de motivação e participação no trabalho. A qualidade de vida no trabalho tem sido um rótulo amplo que inclui as contribuições do psicólogo e outros profissionais no interior das organizações.

Os participantes acusaram, em um segundo bloco, dentro da dimensão da formação profissional, a necessidade do desenvolvimento de competência nas relações de autoridade. Verificaram a necessidade de preparação para ocupar posições de gerenciamento e do desenvolvimento de habilidades de liderança.

QUADRO 2.20 Sinopse das inter-relações entre os conteúdos identificados no conjunto temático 8 – Ambiente das Organizações – na dimensão da formação profissional

Condições	Eventos	Implicações
– as responsabilidades da universidade não incluem formar posições de liderança	– necessidade do desenvolvimento de competência nas relações de autoridade – necessidade de preparação para ocupar posições de gerenciamento e do desenvolvimento de habilidades de liderança	– a esquiva às posições de liderança e suas dificuldades são atribuídas à abordagem centrada no indivíduo, à preferência pelo estudo do indivíduo ou dos grupos, sem interdependência – a formação deveria voltar-se mais e fornecer informações a respeito do contexto das organizações; por exemplo, estudos a respeito do poder

Questões controvertidas como a natureza do poder e da autoridade são essenciais para entender o caráter hierárquico e coercitivo das organizações de trabalho e o comportamento dos trabalhadores. Os limites entre a autoridade, de caráter legítimo, desde que aceita pelos subordinados, e o autoritarismo, que evidencia o abuso ou o excesso, têm sido com freqüência confundidos conceitualmente, dando margem a uma justaposição e a tomar autoridade por violência. O psicólogo precisa ter maior clareza a respeito de tais assuntos e suas implicações no exercício do controle social.

O estudo da liderança e da influência são temas dos mais comuns entre os textos da literatura relacionada à Psicologia Organizacional, nem sempre dentro dos interesses de muitos psicólogos:

> "Eu acho que ele (psicólogo) sempre percebe esse jogo, essa competição, essas questões de poder, de disputa e tal, como um coisa negativa, ruim... não sei, e com a qual ele não sabe lidar" (Participante G).

Supõe-se, nas condições, que as responsabilidades da universidade não incluem formar posições de liderança.

A formação de hierarquias nas sociedades humanas tem como decorrência a socialização de pessoas que não conseguem imaginar outro tipo de organização. Os postos de comando estão presentes em qualquer organização social. O preparo de profissionais nas universidades, pelo menos naquelas especialidades em que é alta a probabilidade da ocupação futura de posições de liderança, deveria incluir a contribuição que a ciência pode dar nesse sentido, não apenas no nível teórico, mas também no nível da formação de atitudes.

A proximidade da mistificação existente em muitos compartimentos da Psicologia, pela facilidade que algumas teorias propiciam ao esotérico (Drawin,

1988, p. 239), colocam o profissional de Psicologia, que se interessa pelas organizações, em um certo desconforto. A natureza pragmática das atividades organizacionais – como o são os assuntos vinculados à liderança – não se ajusta às linguagens que não possam ser traduzidas em operações objetivas. Tanto pior quando o psicólogo sai da universidade e aceita, na organização, um contrato onipotente e acaba sob a suspeita de "alguém que não se sabe para que veio, como e que coisas faz". Uma situação que, se não se explicita, apenas mantém o psicólogo envolto em uma nuvem de mistério, enquanto não se firma o descrédito.

O psicólogo esquiva-se da liderança, e as dificuldades atribuídas a isso localizam-se na abordagem centrada no indivíduo, à abordagem e à preferência pelo estudo do indivíduo ou dos grupos, sem interdependência. A formação deveria voltar-se para informações a respeito do contexto das organizações; por exemplo, informar mais a respeito do poder nas organizações.

Estima-se que o psicólogo organizacional, dependendo da competência que adquira para tanto e de sua opção ideológica, pode promover mudanças em seus procedimentos visando deslocar uma margem de poder, ainda que pequena, aos níveis inferiores da hierarquia organizacional – fato importante como oportunidade de aprendizagem democrática, em um País como o nosso, onde a concentração de renda e poder é desmedidamente polarizada. Assim ocorre, por exemplo, quando se criam condições para o grupo de pares de alguma maneira decidir na seleção de um novo companheiro de trabalho. O exemplo parece de pequena monta, quando comparado a outros fatores da estrutura de poder na organização. Contudo, foi postulado que o somatório de pequenas transformações resultará em algo melhor do que a inércia, ou do que o "acompanhar do fluxo" produz. Advoga-se o exercício do psicólogo no sentido de democratizar as relações internas na organização, de modo a conduzir cada participante da comunidade a apreender sua inserção nas relações com o grupo e as relações do grupo com a estrutura organizativa e com a sociedade.

O trecho do participante B indica que a ocupação de posições que implicam maior poder facilita atingir as mudanças almejadas:

"Aí o psicólogo e o gerente se misturam, porque o gerente, para atingir resultados, tem que criar, tem que adaptar coisas, tem que inovar, tem que... Infelizmente, nas atividades como psicólogo, a tendência é um trabalho mais tradicional. Então, o fato de ter sido gerente foi um empurrão muito grande".

Na dimensão das atividades de trabalho, os participantes detectaram a necessidade de integração e apreensão das mudanças no ambiente organizacional, em seus vários níveis, suas inter-relações e impactos no comportamento. Reconheceram a necessidade de saber lidar com as rápidas mudanças tecnológicas e suas implicações no contexto organizacional. Comentaram que o psicólogo insere-se sem conhecimento do seu papel no contexto de produção e sem conhecimento do processo de trabalho.

Ao mesmo tempo em que é visto, de um lado, "como imbuído integralmente de uma missão tecnológica", como denuncia Ades (1978, p. 129), o psicólogo brasileiro encontra dificuldades para lidar com as mudanças tecnológicas que ocorrem rapidamente no âmbito das organizações e que têm impacto inevitável no sistema humano – impacto comprovado pelo modelo sociotécnico de Tavistock. As dificuldades estendem-se no que se refere também a acompanhar as mudanças sociais do processo de trabalho e as mudanças mais amplas na sociedade. Uma possível explicação é indicada pelo Participante G:

"Você não tem oportunidade de dar disciplinas para mostrar isso que é a realidade das grandes indústrias."

QUADRO 2.21 Sinopse das inter-relações entre os conteúdos identificados no conjunto temático 8 – Ambiente das Organizações – na dimensão das atividades de trabalho

Condições	Eventos	Implicações
– existe uma expectativa prevencionista no ambiente organizacional – a abordagem do psicólogo no contexto organizacional é menos formal e também não participa, não acompanha ou atenta para as mudanças – a separação acadêmica das áreas tradicionais da Psicologia não é compatível com a realidade de aplicação – a empresa possui atividades dinâmicas, não permite a crítica, evidencia os antagonismos da relação capital-trabalho e possui maior produção científica, sem divulgação – o psicólogo submete-se às imposições da empresa, em cargos técnicos e atividades estereotipadas – as exigências da empresa são contextualizadas por uma relação dinâmica e ampla de trabalho – a busca de produtividade e o funcionamento das organizações são aspectos um tanto avessos aos psicólogos	– necessidade de integração e apreensão das mudanças no ambiente organizacional, suas inter-relações e impactos no comportamento – necessidade de saber lidar com as rápidas mudanças tecnológicas e suas implicações – o psicólogo acaba se inserindo sem conhecimento de seu papel e sem conhecimento do processo de trabalho	– deve-se buscar a adequação entre instrumentos e realidade – as empresas acabam suprindo os conhecimentos que faltam ao psicólogo – existe um confronto entre a noção sobre a utilização de instrumentos da Psicologia e o contexto do trabalho – deve-se tornar o psicólogo mais competente na percepção de globalidade dos fenômenos organizacionais

O psicólogo pode aceitar pedidos de realizações quase impossíveis da organização e propor mudanças em curtos períodos. Pode querer ditar regras, impor perspectivas e a sua linguagem. Quando se tem esse perfil messiânico de profissional, os resultados são catastróficos. O contexto de mudanças exige sensibilidade para conhecer as pessoas envolvidas, as regras informais de interação, as rotinas do trabalho, as características dos sistemas que influenciam a organização, etc. Ainda mais, o psicólogo precisa sintonizar-se com o tipo de organização com o qual trabalha. Organizações comerciais, industriais, bancárias, etc., implicam em processos diferenciados. A variação de tipo acarreta diferentes características de valores, cultura, procedimentos e de objetivos organizacionais:

> "O que se estuda em Psicologia Organizacional não são organizações empresariais apenas, se estudam organizações, e essas vão desde o botequim na esquina, movimentos sindicais, grupos informais na sociedade, administração pública, hospitais, escolas etc., e também – por que não? – organizações empresariais. Organizações empresariais são uma entre n categorias de organizações que o psicólogo organizacional estuda" (Participante D).

Alinhadas às necessidades, nas condições, os participantes consideraram que existe uma expectativa prevencionista no ambiente organizacional. Acrescentaram que a abordagem do psicólogo nesse contexto é menos burocrática (ou menos formal). Acusaram a não-participação, o acompanhamento e a desatenção do psicólogo às mudanças organizacionais. Asseveraram que a separação acadêmica das áreas tradicionais da Psicologia não é compatível com a realidade da aplicação. Foi atribuído à empresa: possuir atividades dinâmicas, estabelecer condições que não permitem a crítica, evidenciar diretamente os antagonismos da relação capital-trabalho e possuir maior produção científica na área do que as universidades, mas sem oferecer condições para a divulgação do conhecimento produzido. Analisaram que o psicólogo submete-se às imposições da empresa, que lhe estabelece um cargo técnico, atividades estereotipadas e tem uma forte expectativa de que realize atividades tradicionais da área. Encontraram que as exigências na empresa são contextuadas por uma relação dinâmica e ampla de trabalho. Evidenciaram que a busca de produtividade e o funcionamento das organizações são aspectos um tanto avessos para os psicólogos.

Os valores entre aqueles que se preparam para o exercício da Psicologia, já discutidos anteriormente, não parecem se coadunar com os rituais das organizações de produção. O nível de exigências que as atividades de trabalho impõe é retratado por Neri (1978, p. 122):

> (...) ir um dia no trabalho noturno, ir à fundição, ir ao setor de montagem, ir ao setor de datilografia, de arquivo, sem isso você dificilmente vai conseguir visualizar ou entrevistar esse pessoal. Sem conviver, almoçar junto, partilhar problemas, dificilmente você vai ter uma idéia exata do que você poderá fazer, no que você poderá ajudá-los.

As organizações de produção ou de prestação de serviços exigem igualmente que se entendam o seu funcionamento, os pontos de conflitos e as suas rotinas.

Às vezes, atingem proporções maiores do que muitas cidades. Os problemas que trazem são potencializados e cobram uma participação interprofissional. Como Neri (1978, p. 123) acrescenta, a repercussão de um trabalho calcado em uma abordagem, unicamente individual e curativa, torna-se muito pequena.

Nas implicações, os participantes assinalaram que se deve buscar a adequação entre instrumento e realidade. Verificaram que as empresas suprem os conhecimentos que faltam ao psicólogo e que existe um confronto entre a noção que o psicólogo tem a respeito da utilização de instrumentos da Psicologia e o contexto de trabalho. Ainda foi registrado que se deve tornar o psicólogo mais competente na percepção da globalidade dos fenômenos organizacionais.

Outra vez retorna-se à visão segmentada do psicólogo em relação ao seu objeto de trabalho e à noção dos instrumentos da Psicologia que se devem aplicar individualmente, sem derivar conclusões para o contexto mais amplo e atentar para as implicações que voltam para o nível individual.

O fazer ritualístico do psicólogo, no interior das organizações, e o desinteresse pelas atividades, bem como pelo contexto onde trabalha, acabam tornando-o atrelado aos instrumentos e à visão que recebeu no curso, sem perceber as possibilidades ou a premência de analisar as relações crítica e globalmente:

> "Tudo isso sob a pressão de cumprir as etapas da empresa, os prazos, os preenchimentos de vaga" (Participante A).

> "Ele tem muito mais serviço do que tempo e, ele atropelado, estrangulado por esse acúmulo de tarefas, não tem tempo de legitimar o próprio trabalho" (Participante C).

Os participantes admitiram, como última necessidade, identificada dentro da dimensão das atividades de trabalho, que o psicólogo carece de competência nas relações de chefia.

QUADRO 2.22 Sinopse das inter-relações entre os conteúdos identificados no conjunto temático 8 – Ambiente das Organizações – na dimensão das atividades de trabalho

Condições	Eventos	Implicações
– os psicólogos se esquivam e é raro encontrá-los em postos de liderança; posições que fornecem ao psicólogo oportunidades de definição das mudanças, facilita a inovação e o atingimento de resultados – as questões de poder foram identificadas como alguns dos fatores que dificultam a afirmação do psicólogo	– o psicólogo carece de competência nas relações de chefia	– os psicólogos acabam confrontando a noção adquirida a respeito das relações de poder e a realidade das relações

O despreparo para as atividades administrativas é claramente anunciado pelo Participante E, enquanto o Participante B menciona lacunas da formação:

"Eu não tinha preparo para administrar, eu senti isso" (Participante E).

"Depois eu assumi posições de chefia, como supervisão e gerência, nas quais eu pude ter um espaço maior (...) O que é ser um gerente com 12 pessoas sob sua orientação, um orçamento, contas a prestar, objetivos a atingir... Um curso de Psicologia não prepara ninguém para assumir uma responsabilidade dessas" (Participante B).

Neri (1978, p. 120), ao se referir ao registro como psicólogo na empresa, declara: "Esse título que eu carregava na carteira profissional estava já marcado com um limite de atuação". O estigma da área prolonga-se no campo das atividades, com conotações diferentes daquelas impressas nos cursos de Psicologia, mas mantendo um círculo de atividades predeterminadas. Não é surpreendente, portanto, a declaração do Participante G:

"É raro você encontrar uma área de RH coordenada por psicólogo. Via de regra, o psicólogo está subordinado a um administrador. E fica mais com o trabalho técnico, o que, de alguma forma, é coerente com a formação tecnicista, de domínio técnico, de algumas técnicas para aplicar."

Os participantes assinalaram, nas condições associadas à necessidade de competência nas relações de chefia, que os psicólogos se esquivam, e que é raro encontrá-los em postos de liderança, mas que a ocupação dessas posições fornece ao psicólogo oportunidades de definição das mudanças, e que a ocupação de postos gerenciais facilita a inovação e o atingimento de resultados. As questões de poder foram identificadas como um dos fatores que dificultam a afirmação do psicólogo.

O psicólogo que ingressa nas empresas deve estar consciente da possibilidade, que, às vezes, se transforma em pressão, de transitar de um nível técnico, em postos subordinados, para níveis administrativos, em postos de liderança.

A trajetória da carreira do psicólogo, porquanto persista na empresa e legitime suas atividades, ao longo do tempo, passa da concentração em atividades técnicas para um aumento de atividades administrativas (Carvalho, 1988, p. 229). O Participante B deixa claro o acréscimo nas possibilidades de ação que decorre da ocupação de postos de liderança:

"Em dez anos de contrato, de carteira profissional assinada, eu tive seis meses registrado como psicólogo. Foram os piores seis meses de minha vida profissional, porque enquanto eu tinha o título de gerente eu definia noventa por cento do modo de operar o programa; mas enquanto eu fui registrado como psicólogo, eu tinha que operar segundo os preconceitos e os estereótipos relacionados ao psicólogo. Foi na empresa X, onde eu podia fazer qualquer coisa desde que fosse aplicar e avaliar testes. Até mesmo o contato com fábrica era visto como inadequado para um psicólogo."

Finalmente, nas implicações, os participantes concluíram que existe um confronto entre a noção adquirida a respeito das relações de poder e a realidade das relações.

Os cursos de Psicologia, muitas vezes, transmitem a idéia do sistema adaptativo ou de cooptação nos treinamentos de chefia e liderança nas organizações. A nosso ver, a crítica ao fato das organizações tornarem as pessoas dóceis na medida em que são revestidas de algum poder e de aguçar o controle obtuso, que bloqueia o envolvimento autêntico e a criatividade no trabalho, provoca sentimentos conflituosos quando, sem perceber alternativas para lidar com a questão, o psicólogo mergulha nas relações de poder e autoridade.

Outro aspecto da temática encontra-se nas afirmações de que um psicólogo, ao assumir postos de liderança, acaba deixando de ser psicólogo. É tão despropositado questionar se um psicólogo gerente de Recursos Humanos continua sendo psicólogo, quanto questionar se um médico continua sendo médico ao assumir a direção de um serviço de saúde, ou se um professor continua sendo professor ao assumir a direção de uma escola. O que caracteriza o fazer psicológico é o respaldo teórico que o profissional consolida em sua formação e, posteriormente, quer queira ou não, molda os seus procedimentos de trabalho e a leitura que faz da realidade. O profissional que se coloca em dúvida pode estar avançando, por iniciativas autodidatas, ou pelas vias formais, em outra área de conhecimento, ou, talvez, não tenha consolidado adequadamente uma sedimentação teórica em área alguma de conhecimento.

A QUESTÃO DA CRÍTICA E DA COMPETÊNCIA

Na dimensão da formação profissional, os participantes reconheceram a necessidade de ampliar o conceito de trabalho e suas relações com o comportamento humano de maneira mais globalizante. Revelaram também a necessidade de que os alunos compreendam a utilização do ato de produzir como um fator gerador de riquezas. Identificaram que falta ao psicólogo apreensão da realidade social das organizações. Apresentaram a necessidade do futuro psicólogo aprender a aplicação em uma perspectiva crítica, que deveria ser incrementada durante o curso, chegando mesmo a ser caracterizada com um referencial em falta. Indicaram a necessidade de conhecimentos políticos e da reflexão política relativa a atividades específicas, como a Seleção de Pessoal, agregada à apreensão da realidade política das organizações. Foi também identificada a necessidade de compreender as relações da realidade econômica com os fenômenos comportamentais, bem como dos aspectos econômicos da Geografia na geração de riquezas.

A palavra trabalho, em um sentido geral, significa dispender esforços para a consecução de uma tarefa, tendo em vista determinados propósitos ou objetivos. Daí, alguns derivam que qualquer intervenção humana, em seu ambiente, pode ser chamada de trabalho, inclusive atividades realizadas a título de lazer. Contudo, no uso cotidiano, o termo trabalho é associado ao emprego ou às atividades desenvolvidas sob remuneração.

O trabalho é a maneira de ganhar dinheiro para satisfazer as necessidades básicas. É também uma maneira de obter status, de impor-se aos demais, de sobressair-se, de solucionar necessidades psicológicas como a de ser aceito, querido e apreciado. (Ardila, 1972, p. 11)

QUADRO 2.23 Sinopse das inter-relações entre os conteúdos identificados no conjunto temático 9 – A Questão da Crítica e da Competência – na dimensão da formação profissional

Condições	Eventos	Implicações
– os cursos estão desatualizados quanto à questão do trabalho, dão pouca ênfase ou relevância ao trabalho humano e não contam com conteúdos sobre relações trabalhistas – existem dificuldades de desenvolvimento de sensibilidade política nos alunos – os conteúdos voltados para a Psicologia Organizacional não explicitam as relações entre os fatos comportamentais e os econômicos	– necessidades de ampliar o conceito de trabalho e suas relações com o comportamento humano de maneira globalizada – necessidade de que os alunos compreendam a utilização do ato de produzir como um fator gerador de riquezas – falta ao psicólogo apreensão da realidade social das organizações – necessidade do futuro psicólogo aprender a aplicação em uma perspectiva crítica – necessidade de conhecimentos políticos, de reflexão política relativa a atividades específicas e de apreensão da realidade política das organizações – necessidade de compreender as relações da realidade econômica com os fenômenos comportamentais e dos aspectos econômicos da Geografia na geração de riquezas	– devem-se enfatizar, nas atividades de ensino, conteúdos relativos ao contexto social e de vínculo de trabalho e analisar o trabalho enquanto fenômeno social – os psicólogos acabam circunscrevendo o comportamento do trabalhador ao seu ambiente imediato de trabalho, sem compreender o comportamento em suas inter-relações com os processos de produção e com o contexto global de vida do trabalhador – deve-se incluir na formação conteúdos referentes à utilização política de atividades específicas nas organizações – a universidade deveria preocupar-se em formar o cidadão, no sentido de conscientizá-lo das questões políticas – o enfraquecimento no padrão de exigências sobre o aluno é conseqüência das pressões econômicas sobre o comportamento dos professores – o estabelecimento de uma visão crítica levaria a um melhor entendimento do processo comportamental, vinculando-se reflexão e ação

O trabalho é um fator fundamental para diferenciar o homem dos outros animais.

Para sobreviver o homem necessita extrair da natureza, ativa e intencionalmente, os meios de sua subsistência. Ao fazer isso ele inicia o processo de transformação da natureza, criando um mundo humano (o mundo da cultura). (Saviani, 1991, p. 19)

É por intermédio do trabalho que se processa a hominização.

As atividades de trabalho envolvem exigências sociais, traduzidas em regras e expectativas de determinados comportamentos, enquanto limites menos explícitos bloqueiam a ascensão de indivíduos provenientes de certos estratos sociais ou mesmo dificultam a obtenção de trabalho, como a discriminação racial e sexual. Os fatores econômicos afetam diretamente as atividades produtivas e, por conseqüência, a vida dos trabalhadores. Medidas governamentais que pretendem reduzir a inflação e provocam o desemprego de grandes contingentes constituem um exemplo claro de como fatores socioeconômicos afetam o comportamento individual.

O estudo do trabalho, enquanto fenômeno psicológico, social e econômico, é necessário, para que não se forme nos alunos uma visão segmentada do comportamento determinado pelas contingências imediatas, apesar do tema não se incluir nos interesses da maioria dos estudantes de Psicologia.

O conhecimento e a crítica dos processos de trabalho e de produção são primordiais para que se possam analisar as contribuições da Psicologia, que não são poucas, na elaboração das teorias de administração. A primazia da produção sobre outros valores é assunto que concerne ao psicólogo, na medida em que dispõe de elementos que lhe permitem compreender a modelagem de tais valores.

É fato incontestável que a ciência, via de regra, está a serviço dos que detêm o poder e o capital. Não se aceita, porém, a redução absoluta a essa condição. Já foi firmado, no Capítulo 1, um modo de ver a questão: o psicólogo, como profissional, deve contribuir para a busca de uma relação empregado-empregador tão equânime quanto possível. Lidar com essa relação, inevitavelmente conflituosa, não implica tornar-se um agente de domesticação. Pressupõe-se a busca de relações mais equilibradas e caminhos de emancipação do trabalhador. Colocar as atividades da Psicologia nas organizações, inevitavelmente associadas à exploração do trabalhador, submissa ao poder, incapaz de autocrítica e de buscar caminhos emancipatórios, certamente firma um risco, no dizer de Codo (1984, p. 197), de "jogar a criança fora com a água do banho". Dois trechos do Participante A colocam duas possibilidades de atuação para o psicólogo:

> "Ele (psicólogo) é um mero agente reprodutor, às vezes de situações de trabalho bastante produtoras de infelicidade, de insatisfações, de pobreza, às vezes até de miséria".
>
> "Na medida em que o trabalhador se capacita, ele fica mais lúcido, ele enxerga melhor as coisas (...) Por intermédio do treinamento, podemos formar uma consciência bastante, digamos, válida..., competente, a respeito das suas condições, etc.".

Nas condições listadas, após as necessidades descritas, os participantes disseram que os cursos estão desatualizados quanto à questão do trabalho e dão pouca ênfase ou relevância ao trabalho humano. Constataram a ausência de conteúdos sobre relações trabalhistas nos cursos. Assinalaram que existem dificuldades de desenvolver sensibilidade política nos alunos. Acrescentaram que os conteúdos voltados para a Psicologia Organizacional não explicitam as relações entre os fatos comportamentais e os fatos econômicos, dissociando a Psicologia dos fatores mais amplos da dinâmica social em que se insere.

A desatualização das disciplinas, diretamente vinculadas à Psicologia Organizacional, é denunciada pelo Participante B:

> "Eu conheço muitos professores que ainda dão aulas em cima de um livro chamado Psicologia Industrial, do Tiffin e McCormick, que foi escrito em 1958, nos Estados Unidos, e traduzido aqui em 68 ou 69, alguma coisa assim".

O livro referido pelo Participante B, hoje um clássico da área, conta nos Estados Unidos com edições revistas e atualizadas.

Os conhecimentos que são continuamente produzidos na Psicologia Organizacional e áreas paralelas fazem com que novos temas sejam acrescentados, e os conteúdos antigos sejam revisados ou mesmo postos à parte. Questões relativas à organização como um sistema de poder, por exemplo, têm desenvolvimentos recentes e vinculam-se a assuntos que deveriam estar entre os interesses dos psicólogos, como os conflitos intergrupais.

No Brasil, muitos temas associados a atividades que necessitam receber maior atenção, dada a sua importância, encontram-se muito pouco desenvolvidos, como é o caso da Saúde Mental no Trabalho Industrial, uma área interdisciplinar de estudos, que é praticamente desconhecida para a grande maioria dos psicólogos.

Complementarmente, nas implicações, pela importância descoberta no tema, os participantes passaram a enfatizar, nas atividades de ensino, conteúdos relativos ao contexto social e de vínculo de trabalho. A análise do trabalho, enquanto fenômeno social, também se colocou como uma alternativa de formação. Sem tais informações, os psicólogos começam a atuar na empresa circunscrevendo o comportamento do trabalhador ao seu ambiente imediato de trabalho, sem compreender o comportamento em suas inter-relações com os processos de produção e com o contexto global de vida do trabalhador. Os participantes recomendaram incluir, na formação, conteúdos referentes à utilização política, a exemplo da utilização das atividades de avaliação de desempenho, nas organizações. Além disso, a universidade deveria preocupar-se em formar o cidadão, no sentido de conscientizá-lo a respeito das questões políticas. O enfraquecimento no padrão de exigências sobre o aluno, no ensino atual, é exemplo do efeito das pressões econômicas sobre o comportamento dos professores. Advogaram ainda que o estabelecimento de uma visão crítica levaria a um melhor entendimento do processo comportamental, vinculando-se a reflexão com a ação.

A análise compartimentada do desempenho do trabalhador também tem conseqüências no sentido de considerar apenas a parcela de comportamentos da pessoa que interessa à produção. Faz pleno sentido dentro da lógica capitalista.

No âmbito do trabalho organizacional, encontram-se múltiplos aspectos sociais, psicológicos e biológicos. A interação dinâmica desses fatores repercute sobre o comportamento do trabalhador. Repercute, extensivamente, em suas condições globais de vida. O estudo desses fatores, reconhecido amplamente, deve ter perspectivas de multicausalidade. Schein (1982, p. 5-6) enfatiza que "as organizações são sistemas sociais complexos e (...) quase todas as questões que se possam levantar com referência aos fatores do comportamento humano individual dentro das organizações têm de ser focalizadas de acordo com a perspectiva do sistema social em sua totalidade".

O mesmo autor (p. 6) acrescenta que a execução isolada de atividades tradicionais, como a análise de tarefas, o recrutamento, a seleção, etc., faz parte da história do desenvolvimento da área, no início do século. Hoje as preocupações dos psicólogos ampliaram-se, e necessariamente, consideram as características sistêmicas da organização e dos comportamentos de cada um de seus participantes. Ressalve-se que o autor descreve a realidade norte-americana de trabalho.

O Participante D coloca o exercício em atividades tradicionais de um modo extremado:

> "Treinamento, seleção, avaliação, etc. não são atividades privativas do psicólogo. São da área de Recursos Humanos. Qualquer idiota sabe fazer isso".

Presume-se que o psicólogo continuará a executar tais atividades, sendo que, no Brasil, é o que se oferece no mercado de trabalho. O que importa agora é considerá-las numa perspectiva crítica e integrada de análise, aprofundar o entendimento de suas inter-relações e estender a abrangência. Um fazer dentro de novos padrões depende do preparo para compreensão metodológica e da percepção política, que permitam refletir não apenas sobre os meios, mas, principalmente, sobre os fins. Para tanto urge que se reformulem aspectos essenciais da formação:

> "Temos que contar com um corpo docente capaz de transmitir não só conhecimentos de Psicologia, coisa que os livros podem trazer, mas, muito mais do que isso, levar ao aluno a sua própria reflexão crítica sobre a Psicologia" (Participante C).

Na dimensão da formação profissional, constituindo um segundo bloco, os participantes identificaram a necessidade do desenvolvimento de competência nas relações de autoridade. Outra necessidade identificada referiu-se à falta de capacitação do psicólogo para produzir conhecimento no contexto de trabalho, ao mesmo tempo em que se produzem resultados para a organização.

A competência técnica está associada à consistência científico-metodológica e o compromisso político à crítica, à análise das finalidades da atuação. A idéia continua sendo que um conhecimento adequado conduz a uma *performance* satisfatória. A composição de conhecimentos e habilidades, eficazmente desenvolvidos, deve implicar em competência profissional. A competência profissional é resultante do desenvolvimento dos conhecimentos e habilidades exigidos para o desempenho satisfatório das atividades de trabalho. O trabalho desenvolvido nessas bases pode levar a uma maior confiança e autonomia por parte do executante. Conhecimentos estão sendo compreendidos em sentido amplo, incluindo conhecimentos críticos do contexto imediato e mediato e habilidades de análise das finalidades do trabalho em um sistema de poder:

> "Ele (psicólogo) não pode sair simplesmente usando técnicas para avaliar desempenho aqui e ali, dentro da organização. Quer dizer, precisa constantemente estar se perguntando que uso está sendo feito disso" (Participante F).

QUADRO 2.24 Sinopse das inter-relações entre os conteúdos identificados no conjunto temático 9 – A Questão da Crítica e da Competência – na dimensão da formação profissional

Condições	Eventos	Implicações
– o desenvolvimento dos requisitos para uma atuação competente, de modo geral, incluindo a competência técnico-instrumental, é precário – os cursos não transmitem capacitação para o trabalho em Psicologia	– necessidade do desenvolvimento de competência nas relações de autoridade – falta capacitação para produzir conhecimento no contexto de trabalho simultâneo à produção de resultados	– o psicólogo ingressa no mercado tentando vender uma competência técnico-instrumental – a formação não gera competência nem para atividades específicas, nem para a ampliação e revisão da prática – a universidade deve se responsabilizar por desenvolver uma competência social mais ampla e deve ter receita suficiente para pagar profissionais competentes, para reestabelecer sua credibilidade e melhoria da formação – o psicólogo torna-se incompetente para compreender os processos de produção e suas conseqüências no comportamento do trabalhador – a capacidade para construir instrumentos depende de uma formação científica consistente

Os nossos cursos de Psicologia acabam gerando um tipo de competência diverso do que é exigido para solução dos problemas apresentados pela comunidade. O que parece ser a tônica dessa formação é o desenvolvimento do repertório verbal, individualista e competitivo, na defesa dos próprios pontos de vista (Botomé, 1981, p. 523). Isso dificulta o exercício integrado de atividades para a busca de soluções cooperativas e norteadas, em princípio, pelo incremento da participação coletiva nas relações de controle. Partindo desse pressuposto, deve-se encontrar critérios para mudança de competência, "um aumento na capacidade de que se acredita o aluno dotado, no fim do curso, para abordar e resolver uma categoria específica de problemas" (Ades, 1978, p. 140).

Se a universidade não tem responsabilidade por tudo que forma um profissional e cidadão, tem pelo menos a responsabilidade por fornecer um parâmetro que sustente uma posterior apreensão crítica no contexto organizacional. Um parâmetro calcado no crivo metodológico, na perspectivação política da realidade e abertura para ponderar opiniões, imprescindível no trabalho interprofissional.

Nas condições apresentadas pelos participantes, não se encontraram referências ao desenvolvimento de competência nas relações de autoridade na graduação, mas apontaram a precariedade no desenvolvimento dos requisitos para uma atuação competente, de modo geral, incluindo a competência técnico-instrumental. Fizeram-se referências aos cursos não transmitirem capacitação para o trabalho em Psicometria.

Saviani (1991, p. 43) diz-nos que "se a técnica, em termos simples, significa a maneira considerada correta de se executar uma tarefa, a competência técnica significa o conhecimento, o domínio das formas adequadas de agir; é, pois, o saber-fazer". A capacitação técnica é a mais elementar e é básica, de certo modo, para que se atinjam os objetivos da atuação. O que se quer dizer com isso é que, se o psicólogo não se firma no plano da competência técnico-instrumental, dificilmente permanecerá na organização em base do respeito da comunidade pelas atividades que desenvolve. É o passo preliminar, ou simultâneo, para futuras consolidações na direção do horizonte visualizado no compromisso político. Dois trechos de Saviani (1991, p. 42; 55) ajudam a esclarecer as relações entre a competência técnica e o compromisso político:

> A competência técnica é, pois, necessária, embora não suficiente para efetivar na prática o compromisso político assumido teoricamente.
>
> Vê-se, pois, que a competência não é entendida como um momento prévio ao engajamento político, mas como um momento no interior do próprio compromisso político.

Os participantes constataram, nas implicações, que o psicólogo tenta vender uma competência técnico-instrumental, ao ingressar no mercado. Repetiram que a formação não gera competência, nem para atividades específicas, como a avaliação de desempenho, nem para a ampliação e revisão da prática. Julgaram a universidade responsável por gerar condições para o desenvolvimento de uma competência social mais ampla. Sugeriram que a universidade deve ter receita suficiente para pagar profissionais competentes, para restabelecer sua credibilidade e melhoria da formação. Afirmaram que o psicólogo torna-se incompetente para compreender os processos de produção e suas conseqüências no comportamento do trabalhador. Acrescentaram que a capacidade para construir instrumentos depende de uma formação científica consistente.

Existe uma convicção generalizada entre os psicólogos de que outros profissionais desconhecem o que a Psicologia pode oferecer. Isso é apontado como "principal impedimento à sua atuação," conforme relata D'Amorim (1988, p. 143). Confronte-se esse dado com a alarmante insuficiência, relativa à Psicologia Organizacional, entre os conteúdos que são oferecidos no processo de preparo do psicólogo. Cabe suspeitar se o psicólogo brasileiro sabe o que a literatura de Psicologia Organizacional tem para oferecer, e as conseqüentes atividades potenciais que poderiam desenvolver em nossa realidade. Pode-se, assim, chegar à incômoda conclusão de que o psicólogo espera dos outros profissionais algo que ele próprio desconhece, ou, talvez explicando melhor, que toda comunidade organizacional "deite-se em seu divã." Supondo que os outros profissionais da organização soubessem e solicitassem determinadas atividades, além do escopo das tradicionais atividades de seleção e treinamento, o psicólogo estaria apto a atendê-los? Supondo, ainda, que estivesse apto, poderia integrar seu conhecimento a um contexto interprofissional? Estaria qualificado para compreender a linguagem do ambiente do trabalho e comunicar suas possíveis contribuições? Silva (1980, p. 571) faz indagações semelhantes: "O que acontece quando o psicólogo chega na empresa? Chega e reclama: só se propõe ao psicólogo seleção e treinamento; mas quantos profissionais psicólogos têm competência, têm formação para chegar e propor uma coisa diferente disso?".

Como se pode esperar uma atuação crítica por parte do psicólogo, se nem ao nível técnico ele tem condições de ser preparado para as atividades organizacionais? O quadro se agrava quando se pensa que "a profissão de psicólogo exige mais do que o domínio de informações da área de conhecimento da Psicologia e de técnicas derivadas do conhecimento dessa área" (Botomé, 1988, p. 282). O Participante D mostra-se desalentado:

> "Normalmente eu sou uma pessoa otimista, e me encontro, olhando este quadro aqui, numa posição extremamente pessimista. Não sei qual é a saída. Dá a impressão de ter perdido o barco em algum momento do passado. Ou seja, um momento no qual poderia ter-se estabelecido essa base necessária no nível de pós-graduação".

No panorama geral da profissão, pode-se suspeitar do senso de incompetência como uma das causas da evasão dos psicólogos recém-graduados, que nem mesmo se registram nos Conselhos de Psicologia. Gomide (1988, p. 71) assevera que "apenas metade dos formados em Psicologia requer suas inscrições nos Conselhos Regionais". Com isso não se pretende afastar os determinantes socioeconômicos, que operam impondo restrições a muitas áreas de atividades que poderiam contribuir para a solução de problemas evidentes da população.

Na dimensão das atividades de trabalho, os participantes observaram que o psicólogo precisa criticar politicamente as atividades de análise e avaliação e, em um sentido mais amplo, exercer uma autocrítica de sua atuação e do significado de seu papel. Mais especificamente, ele necessita selecionar os dados que obtém de um modo crítico. Identificaram, no geral, a necessidade de desenvolvimento de consciência política nas atividades de trabalho.

A crítica à prática do psicólogo nas organizações pode ser feita no sentido ideológico de sua inserção como profissional dentro da estrutura societária, ao nível do significado da prática na construção maior e, também, no sentido político de sua inserção no contexto organizacional, quando determinadas atividades podem servir para o predomínio dos valores de alguns segmentos sociais, na composição do jogo de forças características de qualquer empresa. É essa última acepção que parece contida nas observações do Participante F:

QUADRO 2.25 Sinopse das inter-relações entre os conteúdos identificados no conjunto temático 9 – A Questão da Crítica e da Competência – na dimensão das atividades de trabalho

Condições	Eventos	Implicações
– o trabalhador é encarado apenas como um recurso de produção – existe uma tendência, no campo dos profissionais de RH, de maior participação nos conflitos trabalhistas – a empresa se apropria e pouco divulga a produção científica que ocorre em seu interior – existe alto risco de apropriação das atividades do psicólogo em detrimento do trabalhador – as contigências da empresa não permitem a explicitação de posições críticas, e o psicólogo reproduz, via de regra, condições insatisfatórias de vida	– o psicólogo precisa criticar politicamente as atividades de análise e avaliação e exercer uma autocrítica de sua atuação e do significado de seu papel – necessidade de selecionar de um modo crítico os dados que se detém – necessidade de desenvolvimento de consciência política nas atividades de trabalho, de modo geral	– o psicólogo acaba revelando insegurança face à relação capital-trabalho – deve-se buscar um maior entendimento da evolução do trabalho humano – o risco de apropriação das atividades conduz a um sentimento de angustia e pode gerar o afastamento do psicólogo da empresa ou a sua permanência alienada – a conscientização do psicólogo sobre a utilização de seu trabalho foi associada ao desenvolvimento de consciência política – a ampliação das atividades está sujeita ao estabelecimento de senso crítico – o psicólogo torna-se um reprodutor acrítico, que transpõe e repassa técnicas acriticamente – recomendou-se sistematizar o processo de avaliação e legitimar as atividades – deve-se rever criticamente o que se faz na área, na busca de legitimação e reconhecimento – as empresas deveriam repassar informações de natureza política – a afirmação do psicólogo depende de quanto o profissional se insere na dimensão política – o psicólogo é dirigido por profissionais que compreendem melhor os fenômenos econômicos

"Tem muita gente chegando à conclusão hoje, na área de Avaliação de Desempenho, que o problema de avaliação de desempenho não é técnico, é político."

"Dominar o lado político da coisa, ter o mínimo de habilidade política para refletir sobre o que acontece na organização e... tirar implicações políticas disso."

O desempenho competente, conforme se esboça, depende da capacidade individual, da iniciativa, da criativade e do desejo do psicólogo de transformar o ambiente por intermédio do seu trabalho. Nas atividades mais simples e corriqueiras, é possível embutir sementes de mudança, principalmente quando se está ciente das condições que podem ser contrárias às transformações. Outra vez, não se está negando os fatores estruturais que dificultam as mudanças, mas não se pode desprezar os fatores nos níveis individual e institucional.

A escola, como uma das principais instituições no processo educativo, pode promover um modelo que busca identificar e resolver problemas, sob o critério de prioridade dos interesses da maioria. Pode-se também esperar que os alunos aprenderão a arriscar, na procura de novos conhecimentos, a interagir com outras pessoas, respeitando as diferentes posturas, e desenvolverão a capacidade de enfrentar conflitos, para deles extrair o que for possível e o que for melhor, rumo aos horizontes que estabeleceram para sua atuação.

Deve-se analisar, porém, a situação das universidades existentes hoje no País. O enfraquecimento da reflexão crítica a níveis deploráveis foi a principal estratégia do governo militar para neutralizar a universidade brasileira. As conseqüências hoje são evidentes: uma produção científica minguada, alheiamento aos problemas da comunidade e geração de profissionais distantes dos ideais de mudança.

Em tais condições, os participantes observaram que o trabalhador é encarado apenas como um recurso de produção, em detrimento, na relação capital-trabalho, do trabalhador. Opinaram que existe uma tendência, no campo dos profissionais de Recursos Humanos, de maior participação nos conflitos trabalhistas. Acrescentaram que a empresa apropria-se e pouco divulga a produção científica que ocorre em seu interior. Julgaram também que existe alto risco de apropriação das atividades do psicólogo em detrimento do trabalhador. Consideraram que as contingências da empresa não permitem a explicitação de posições críticas e denunciaram que o psicólogo reproduz condições insatisfatórias de vida.

Acredita-se que, durante muito tempo, prevaleceu a idéia de uma indecifrável barreira que continha a ação dos psicólogos e que, se implodida, nos tornaria definitivamente agentes de mudança. Essa percepção, para além dos fatores objetivos que reprimiam sobretudo a atuação dos profissionais do campo das Ciências Sociais, serviu como escudo em muitos momentos para que não se revelassem deficiências ao nível interno das instituições formadoras e órgãos da profissão. O trabalho, ao invés de força criadora e transformadora, representava a própria impotência que se estabelecia.

No campo da aplicação da Psicologia, ainda existem noções difundidas de uma impossibilidade de exercício comprometido com valores diversos aos da devastação e da dominação selvagem no ambiente organizacional, geralmente assentadas em explicações estreitas. Observem-se alguns depoimentos dos participantes que redimensionam a questão:

> "Eu aceito uma vida em conflito na empresa. O que eu não engulo é a inocência, entre aspas: a quantidade de pessoas que estão lá sem saber o porquê" (Participante B).
>
> "O lugar para nós é conflitante, mas eu não conheço um outro. Se existir alguma outra área de trabalho em Psicologia que não traga conflitos, eu desconfio de alguma coisa" (Participante B).
>
> "Em qualquer lugar que você for trabalhar, você vai trabalhar com contradições, e, aliás, de certa forma é mais fácil trabalhar as contradições que são mais evidentes (...), exige uma maturidade política maior" (Participante D).

A industrialização tem transformado profundamente as condições de vida em nosso meio: os processos produtivos geram problemas de saúde nos trabalhadores, transformam as estruturas rurais em economias dependentes, provocam a migração do homem do campo para as cidades, concentram a propriedade, acirram as desigualdades, etc. Trabalhar no âmbito das organizações industriais encontra um paralelo no que Bastos (1988, p. 166) comenta, referindo-se à Psicologia Comunitária, área de atuação mais recente, em que as atividades desenvolvidas "podem expressar um compromisso de transformação das condições de vida como também uma intenção de amortecer os conflitos sociais".

Na seqüência, nas implicações, constataram que o profissional acaba revelando insegurança face à relação capital-trabalho e relataram a busca de um maior entendimento da evolução do trabalho humano. O risco de apropriação das atividades conduz a um sentimento de angústia e pode gerar o afastamento do psicólogo da empresa, ou a sua permanência alienada. A conscientização do psicólogo sobre a utilização de seu trabalho foi associada ao desenvolvimento de consciência política. Admitiram que a ampliação das atividades está sujeita ao estabelecimento de senso crítico. O psicólogo torna-se um reprodutor acrítico, que transpõe e repassa técnicas acriticamente. Deve-se rever, criticamente, o que se faz na área, na busca de legitimação e reconhecimento. Falaram que as empresas deveriam repassar informações de natureza política, pela influência que a dimensão política tem sobre os resultados da aplicação; por exemplo, nas atividades de avaliação de desempenho. Recomendaram sistematizar o processo de avaliação e legitimar as atividades, como formas de não permanecer um reprodutor acrítico do *status quo*. A afirmação do psicólogo, concluíram, depende de quanto o profissional insere-se na dimensão política. Finalmente, afirmaram que o psicólogo é dirigido por profissionais que compreendem melhor os fenômenos econômicos.

A referência às necessidades de aquisição de habilidades diagnósticas pretende ressaltar a importância da atividade como recurso de apreensão da realidade multifacetada, na qual inúmeras variáveis intercruzam-se, mas pretende também colocá-la como recurso de análise da cultura organizacional. Apreender a realidade de uma organização é fundamental para decidir colocar ou não os conhecimentos e as habilidades a serviço daquele agrupamento. É uma condição de sintonia com os valores e os propósitos de uma determinada comunidade. É condição de não-alienação, no sentido de contextuar e antever as finalidades de seu próprio trabalho.

Os profissionais psicólogos constituem um subsistema, assim como os professores universitários constituem outro, com pontos de intersecção. São os valores de cada grupo que determinam a relevância das atividades que empreendem, dirigidas para certos objetivos. Também aqui não se pergunta àqueles que são atingidos pelos critérios que definem os objetivos da atuação dos psicólogos organizacionais, em nosso caso os trabalhadores, o quanto concordam ou discordam com as atividades e os objetivos nos quais são envolvidos. E muitos psicólogos arvoram o direito, certamente advindo da competência técnica ou intelectual, de assim proceder. As tendências dentro de um *continuum* polarizado pelo autoritarismo e pela condução participativa têm raízes na socialização político-ideológica de cada profissional, com a inegável contribuição das vivências escolares.

Estratégias participativas têm sido colocadas como um modo eficaz de vincular o trabalhador aos resultados de seu trabalho, aproximá-lo dos núcleos de decisão e fazê-lo exercer sua parcela de direitos na determinação do próprio destino. Para Mendonça (1987, p. 63), as técnicas de participação derivadas da Psicologia Organizacional,

> (...) também classificadas como formas de humanização do trabalho, podem evidentemente criar (...) condições operacionais de desalienação do processo de trabalho, ao nível da oficina propriamente dita e no dia-a-dia. (...) Conforme os neomarxistas americanos preconizam, a adoção da participação como ferramenta de aperfeiçoamento organizacional oferece condições para que a assunção do controle pela empresa seja buscada como meta e, além do mais, a prática da participação também mostre o caminho a seguir.

Na dimensão de atividades de trabalho, em um segundo bloco de necessidades, os participantes detectaram que o psicólogo carece de competência técnica. Constataram também que o psicólogo precisa de competência para gerar alternativas de intervenção, e que não é competente nas relações de chefia e no domínio do método científico. Identificaram a necessidade de capacidade inovadora, para atingir resultados, e capacidade de construir instrumentos (em Treinamento).

A competência possível ao psicólogo organizacional, como vista, é dada pela via da clarificação de seu papel como um agente de mudanças dentro das organizações, em atividades interprofissionais, por intermédio dos recursos de análise globalizada e intervenções interdependentes e participativas. O exercício da profissão, como ação transformadora, não pode prescindir da reflexão crítica, quer teórico-metodológica, quer ético-política. Por um lado, a prática destituída de fundamentação metodológica e teórica reduz-se ao tecnicismo;

de outro, um fazer destituído de reflexão crítica é alienado. Verifique-se as transcrições das falas do Participante G, elucidativas do assunto:

> "O que ele (psicólogo) tem de formação na área clínica ajuda muito pouco a atuar como agente de uma saúde organizacional."
>
> "Acho que é importante você, mesmo sem ter um controle sobre a situação, ter consciência dele."
>
> "Sempre acontece assim: o psicólogo entra na área de RH, normalmente em recrutamento, seleção, etc., e faz aquele trabalho rotineiro, burocrático... Acho que choca muito com os valores pessoais, com o ideal de atuação que ele tem (...) Isso cria um descompasso muito grande entre o que o psicólogo gostaria de fazer e o que a situação de trabalho oferece para ele. E aí diz que não tem apoio, não tem suporte e... também não sabe propor, nem descobrir ou criar saídas."

QUADRO 2.26 Sinopse das inter-relações entre os conteúdos identificados no conjunto temático 9 – A Questão da Crítica e da Competência – na dimensão das atividades de trabalho

Condições	Eventos	Implicações
– as organizações não exigem claramente competência científica, mas exigem competência técnico-instrumento	– o psicólogo carece de competência técnica – o psicólogo precisa de competência para gerar alternativas de intervenção, não é competente nas relações de chefia e no domínio do método científico – necessidade de capacidade inovadora e de construção de instrumentos	– não é apenas o domínio técnico-instrumental e do método científico que dá competência à atuação – se os psicólogos tivessem competência, ocupariam a área de Segurança no Trabalho – o psicólogo deve tornar mais competente no nível da interação com outros profissionais – a ampliação das atividades depende da atuação competente – os psicólogos acabam em desânimo com a profissão, principalmente quando não conseguem inovar

Como condições associadas às últimas necessidades descritas, fizeram referência ao fato de as organizações não exigirem claramente competência científica, mas exigirem competência técnico-instrumental.

Não se trata de se restringir ao que a empresa impõe ou espera. Já se discutiu a necessidade de desenvolver a competência técnica, diga-se, por razões teórico-didáticas. Para a empresa, a competência técnica é condição elementar da permanência do psicólogo dentro de seus quadros. Como educadores, interessa-nos formar um profissional como um bem público e social. Nessa medida, o nível da competência científica e do compromisso político completam o profissional potencialmente capaz de se tornar um agente de transformações.

A situação descrita pelo Participante F não favorece muito o atingimento daqueles níveis de competência, enquanto o Participante D sugere uma alternativa:

> "O sujeito, se consegue sair, ser competente nisso aí (saber obter e lidar com informações), ele ganha mais, e, por razões de mercado, ele não vai para universidade, porque elas pagam pior. Tem exceções. Tem as pessoas que vão mesmo assim para as universidades por razão de ideal. Quer dizer, elas têm o ideal de repassar o conhecimento, esse tipo de coisa" (Participante F).

> "A única saída que temos é começar a convencer as pessoas de que o fenômeno organizacional é um fenômeno muito mais amplo e muito mais nobre do que as pessoas imaginam" (Participante D).

A seguir, nas implicações vinculadas, indicaram que não é apenas o domínio técnico-instrumental e do método científico que dá competência à atuação. Anunciaram que os psicólogos, se tivessem competência, ocupariam a área de Segurança no Trabalho. Admitiram que o psicólogo deve se tornar mais competente no âmbito da interação com outros profissionais. A atuação competente propiciaria a ampliação das atividades (ou a ampliação das atividades requer competência). Finalmente, falaram que os psicólogos acabam em desânimo com a profissão, principalmente quando não conseguem inovar.

Já foi comentado também que o profissional, enquanto pessoa que sofre a ação de um conjunto de fatores, de um lado forçando seu ingresso, de outro malpreparando e predispondo negativamente para o exercício nas organizações, acaba como um dos grandes prejudicados nessa cadeia. Não se consegue imaginar como, dentro do perfil de psicólogo organizacional, que tem sido descrito até aqui, poderá ocupar áreas de atividades, interagir competentemente com outros profissionais ou ser inovador.

Agir criativamente, em nosso caso, depende de atingir certa maturidade intelectual para analisar os fenômenos sob múltiplos enfoques e de modo crítico. Depende de confrontar, constantemente, as teorias e a realidade de aplicação, do domínio de procedimentos e métodos para abordar essa realidade e de desenvolver novas formas de investigação. É preciso estar atualizado, com um fluxo dinâmico de idéias que coloca em rápida obsolescência informações anteriores. Pensar inovadora e criativamente não depende apenas de querer fazê-lo. E se isso não é possível, o profissional acomoda-se e passa a sofrer as conseqüências do "ofício de um malfazer": o processo de formação dos psicólogos organizacionais no Brasil.

3
ATIVIDADES PROFISSIONAIS DO PSICÓLOGO E REDEFINIÇÕES ESTRATÉGICAS NAS ORGANIZAÇÕES*

REINTERPRETAÇÕES

Os gestores de hoje enfrentam um ritmo acelerado de mudanças para que as organizações sobrevivam. Além de agente de mudança de si mesmo, o gerente precisa identificar e promover, sempre, as adequações de seu grupo, visando ao desenvolvimento de equipes de alto desempenho. Deve compreender e administrar a cultura, as competências, as comunicações e a melhoria contínua. Precisa clarificar valores e desenvolver habilidades estratégicas. A organização inteligente constrói-se com base nesses alicerces. Eficiência e flexibilidade internas, conexão com os eventos do ambiente em que se insere sua unidade e ações de alavancagem são fundamentais para manter a sobrevivência.

Os planos de alcance muito prolongados no tempo tendem a diminuir, pela aceleração e o redirecionamentos dos vetores à nossa volta. As estratégias gerais e de prazos mais amplos devem estar intimamente conectadas com as habilidades, conhecimentos e atitudes dos empregados. Além disso, é necessário perseguir um alto grau de integração entre as políticas, a estratégia geral, a estrutura, a tecnologia utilizada e o alinhamento das ações humanas. Para tanto, é preciso estar atento à maneira como se organizam as atividades –

---

*Originalmente publicado em *Cadernos de Psicologia da SBP*, v.5, n.1, p. 59-75, 1999.

voltadas para os produtos, os clientes e a participação do conjunto de atores, além de assegurar que todos agreguem valor às operações –, a horizontalização dos processos e compartilhamento da liderança (Lawler III, 1998).

Hoje é comum ler ou ouvir que a forma pela qual uma organização pode obter e conservar a vantagem competitiva está em aprender com maior rapidez que seus concorrentes. Poder-se-ia argumentar que esta é uma lógica selvagem e verdadeira para as empresas que participam da avassaladora competição imposta pela ideologia neoliberal. Entretanto, qualquer organização está sujeita à pressão do intenso desenvolvimento tecnológico e às mudanças nas regras do mercado.

Há quem acredite que a gestão do trabalho tende a se modificar (Ruas, 1995), porque é preciso comprometimento e disposição para participar. Fala-se mais sobre um balanço equilibrado entre vida profissional e familiar, sobre ética, transparência e busca de justiça, de direito de expressão e de desenvolvimento para todos os participantes da comunidade organizacional. Contudo, manifestam-se interpretações muito diferentes. Enriquez (1997, p. 19), por exemplo, considera que "jamais o indivíduo esteve tão encerrado nas malhas das organizações (em particular, das empresas) e tão pouco livre em relação ao seu corpo, ao seu modo de pensar, à sua psique". Tal é a força que assumem as organizações ao ambicionarem emergir como os atores principais desta sociedade e desta época. Já Howard (1995), embora considere a heterogeneidade que o trabalho está assumindo, mantém uma perspectiva positiva e otimista em relação às transformações, antevendo o fim do gerenciamento nos padrões da organização burocrática.

Ao indivíduo são necessárias condições certas para que possa manter sua autonomia e originalidade. Não é fácil a tarefa do administrador comprometido com a busca de condições emancipadoras, que respeitem e promovam a pessoa. A prática do psicólogo, por sua vez, também nesta área de atuação exige busca de uma ética administrativa e uma visão de mundo calcadas em rigorosidade, pesquisa, criticidade, bom senso, flexibilidade, curiosidade, competência e disponibilidade.

Aproximemos o foco dos assuntos específicos que aqui serão tratados. Na relação entre estratégia, liderança e aprendizagem, há uma tendência em ressaltar a importância dos processos de aprendizagem. Embora muito se discuta sobre o que constitui uma estratégia eficaz, sabe-se que a capacidade de aprender, individual e coletivamente, é a competência maior para superar as pressões ambientais e direcionar as mudanças no sentido que se pretende.

Ao falar de processos de aprendizagem, claramente chegamos à "praia" dos psicólogos. Longe de pensar em arena exclusiva, todos sabemos que a aprendizagem tem sido um tradicional campo de estudos psicológicos. Por que, então, é escasso o envolvimento do psicólogo brasileiro no tema, tanto na produção científica quanto nas intervenções?

Este livro pode ser considerado, sobretudo, uma tentativa de reinterpretação das exigências e das possibilidades do fazer do psicólogo brasileiro em um âmbito e orientações específicas. Tem o objetivo de rever as oportunidades de ação do psicólogo em face das redefinições estratégicas que as mudanças no mundo dos negócios têm estabelecido, no contexto das transformações acentuadas, velozes e características deste nosso tempo. Intenciona-se, portanto, tratar do papel que o profissional psicólogo pode desempenhar na organização de trabalho – vista como um sistema de poder e aprendizagem.

Os itens seguintes tratarão dos vínculos entre conceitos que se formulam atrelados à noção de estratégia e gestão, dos elos entre redefinições estratégicas e ação humana e suas implicações para as atividades profissionais do psicólogo.

REDEFINIÇÕES ESTRATÉGICAS NAS ORGANIZAÇÕES

As mudanças do ambiente de trabalho estão exigindo, em muitos aspectos, reconceitualizar as organizações e o próprio significado de ser profissional. No plano institucional, é necessário renovar estratégias, enquanto no pessoal é preciso superar visões e modificar atitudes. De qualquer modo, ater-se a certos modelos que davam conta de explicar e propor alternativas hoje implica o malogro, em ambos os planos.

Mudanças trazem medo, desconforto e incertezas. Contudo, as contingências podem oferecer a possibilidade de um redirecionamento pessoal e organizacional. Somos instigados a aprender e suplantar desafios, a compartilhar e a trabalhar em equipes ou parcerias. Decisões têm sido instigadas, igualmente, a serem tomadas de forma conjunta.

O que nem sempre pode ser observado na gestão organizacional, sob pretextos diversos, é a sintonia que as novas exigências impõem. Desse modo, muitas vezes coloca-se em risco a sobrevivência da organização. Quanto maior a tendência a padrões conservadores, quase sempre capitaneados pelos dirigentes, maior o risco.

Os que pertencem à administração central nas organizações – as coalizões dominantes – têm a possibilidade de definir as políticas e práticas gerenciais. Em face das pressões financeiras e dos negócios de curto prazo, têm dificuldade de manter eventuais programas de mudança que, muitas vezes, eles mesmos introduziram. Processos estabelecidos com base na racionalidade sucumbem à realidade de valores, emoções, experiências e intenções das pessoas, no dia-a-dia organizacional. Parece existir entre os dirigentes relativa compreensão dos processos subjacentes e paralelos à pauta racional e um anseio por alcançar estilos de administração "mais avançados". Isto tem sido difundido por alguns palestrantes e por uma literatura de popularização de conceitos que destacam a importância do capital humano ou do capital intelectual – que, muitas vezes, soam como reformulações de receitas já bem desgastadas.

Malvezzi (1999, p. 3) discorre sobre a importância do capital simbólico na sociedade atual, em empresas que se movem por diretrizes (à semelhança do jogo de basquetebol), dependentes mais de diagnósticos e avaliações continuadas do que de uma estrutura e papéis fixos, onde o conhecimento deve estar disponível, com acesso permanente e compartilhado às fontes de informação. Administrar torna-se equivalente a coordenar capacidades para construir comunidades de ação, em busca contínua de padrões coletivos de desempenho. Assim, a comunidade de ação demanda "o compartilhamento da responsabilidade sobre a análise estratégica e sobre os resultados (participação)". Isto só acontece pela forte interação dos participantes – do todo para cada um e de cada um para o todo. Depende, também, "da atenção dirigida para o objetivo como um valor prioritário em suas atividades, o qual, em outras palavras, depende do compromisso, como combustível da ação".

De fato, vivemos uma turbulência ambiental que parece não ter precedentes na história. São intensas as mudanças das condições, dos processos e dos conteúdos no mundo dos negócios. A rapidez de respostas, ou melhor, ações que antecipam ou direcionam as mudanças têm sido a grande ambição dos dirigentes. Conhecimento compartilhado, flexibilidade e inovação deixaram de ser conceitos alegóricos nos circuitos executivos.

Falar das transformações intensas e sucessivas que têm sido características do tempo atual significa um risco de se tornar repetitivo. Tais mudanças provocam impactos na dimensão social e, é claro, também na ação individual. A seguir estão apontados alguns tópicos que mais têm se modificado.

- Desenvolvimento da tecnologia eletrônica e dos meios de comunicação.
- Mecanismos de controle social mais sutis.
- Desenvolvimento da biotecnologia.
- Fragmentação das grandes religiões.
- Ampliação do papel social da mulher.
- Alterações na configuração do núcleo familiar.
- Fortalecimento dos movimentos de conscientização de defesa ecológica.
- Retração do Estado e consolidação das corporações transnacionais.
- Difusão da hegemonia político-ideológica.
- Aumento da produtividade atrelado ao desemprego estrutural.
- Intensificação da economia globalizada e dos níveis de consumo.
- Expansão da violência física em função direta do aumento da pobreza.
- Avanço da sociedade do conhecimento.
- Logo, dificuldades de adaptação estratégica podem ocorrer por várias razões.

Conquanto a inércia organizacional desponte como um fenômeno percuciente (Hambrick, Geletkanycz e Fredrickson, 1993), as mudanças têm pressionado as organizações a ajustarem estruturas e processos para realizar suas atividades. A palavra de ordem é flexibilização – o que implica replanejamentos e revisões internas constantes.

As mudanças refletem-se nas organizações em relacionamentos que se tornam mais horizontalizados. As carreiras modificam-se. Os padrões que orientam o desempenho se multiplicam. Cresce o número de trabalhos informais ou temporários na sociedade. O sucesso profissional passa a ser avaliado pelo valor ou influência que se presta no âmbito de assessoria ou consultoria.

Em algumas circunscrições, o trabalho do administrador tem se modificado nos diversos segmentos organizacionais. Parece existir uma possibilidade maior de influência e ações distribuídas, o que está associado à passagem progressiva das relações verticais a horizontais. Insiste-se em uma mudança na qualidade dos relacionamentos entre dirigentes e dirigidos, pautados por valores de respeito e confiança.

Gestores são levados a rever expectativas e valores. O trabalhador, oprimido pela ameaça do desemprego e contínua solicitação de engajamento e participação, redimensiona o vínculo com a organização. Vê-se compelido a incorporar os valores, crenças e propósitos da organização (Weick e Sandelands, 1995). O efeito amplificador do debate sobre a sobrevivência organizacional é induzido como responsabilidade de todos.

Tradicionalmente, toda atividade humana articulada, visando atingir determinados fins, seja uma organização pública ou privada, empresarial ou sem fins lucrativos, apresenta três níveis inter-relacionados: nível político ou institucional, que decide a estratégia de toda a organização, congregando a alta direção; nível intermediário, que interpreta e traduz a estratégia em termos operacionais ou táticas específicas; nível operacional, que executa as atividades previstas no exercício cotidiano.

Novas propostas administrativas têm claramente tentado redirecionar a estrutura tradicional das organizações, sob o consistente argumento de que tal esquema reforça uma indesejável cisão entre o planejamento e a ação. Entre outros aspectos, indesejável porque isola o executor das atividades do endereçamento de possíveis correções e melhorias do produto ou serviço. Sievers (1990) é dos autores que denunciam a forte separação existente nas organizações burocráticas entre aqueles que pensam e planejam o trabalho e aqueles que o executam.

É muito comum afirmar que a estrutura segue a estratégia. Por conseguinte, é possível desenhar uma estrutura para colocar em prática uma estratégia desejada. Atualmente, muita atenção tem sido dada às configurações possíveis para diferentes estruturas. Interessam-nos de perto os vínculos entre estratégia e comportamento (Fritz, 1997).

A organização insere-se em um contexto composto pelo macroambiente e, mais especificamente, por outras organizações de seu ramo de atuação, o que implica elementos comuns como os clientes, provedores, comunidade, competidores e outros. Tem uma história que permite compreender seu estado atual e fazer inferências sobre as possibilidades de seu futuro. Integra sistemas que regulam os processos gerenciais, operacionais e informacionais, sob uma estrutura organizativa e uma estratégia. Assim, como um modo ou um caminho que a organização persegue para adaptar-se ao contexto e alcançar seus objetivos, a estratégia passa a ser vista como preocupação de todos.

Ela tem sido estudada, de acordo com Hermida, Serra e Kastika (1992), desde a década de 50, por Peter Drucker (um dos primeiros a utilizar o termo) e, nos anos 60, por autores tão expressivos como Alfred Chandler Jr., Kenneth R. Andrews e Igor Ansoff, além de Henry Mintzberg e Michael Porter.

Muitas vezes a estratégia é vista como a determinação de finalidades, objetivos e metas básicas da organização, conseqüentes linhas de ação e alocação de recursos necessários. Outros também se preocupam em definir as atividades em que a organização se encontra, de que tipo elas são ou poderiam ser, e o plano que integra e ordena as metas, políticas e programas de ação. Na revisão de questões fundamentais neste campo, Rumelt, Schendel e Teece (1994) dão ênfase ao modo como as organizações encontram e sustentam a vantagem competitiva. Estratégia, segundo Quinn (1991), é um padrão ou plano que integra de forma coesa os principais objetivos, políticas e ações de uma organização.

Para a maioria dos autores, estratégia é um plano, um curso de ação conscientemente planejado. Portanto, ela é elaborada antes de as ações serem desencadeadas e é desenvolvida consciente e propositadamente. Da mesma forma, a estratégia tem sido considerada como uma manobra, ou seja, um plano específico para atacar ou se defender de um concorrente. Como padrão, é considerada do ponto de vista de um fluxo de ações. Neste caso ela pode ou não ser pretendida, é implícita à organização, podendo surgir circunstancialmente. Dentro da organização existe uma concepção de estratégia pretendida, consciente e proposital, mas, por outro lado, existe uma outra dita emergente, que é resultado do padrão de comportamento da empresa e as ações dele decorrentes. Da junção entre a pretendida com a emergente surge o que Mintzberg (1987) denomina de estratégia realizada. Acrescenta, ainda, outros dois tipos de estratégia: como posição, ou seja, o modo como a organização se localiza no seu ambiente, e como perspectiva, um modo fundamental de a organização perceber os eventos à sua volta.

De um modo simples, pode-se dizer que elas são planos para realizar a visão. Mintzberg e Waters (1985) arrolam três condições que devem ser satisfeitas para que estratégias sejam deliberadas: as intenções devem ser claramente articuladas; compartilhadas, ou ao menos admitidas, pelos participantes da organização; levadas adiante exatamente como pretendidas, sem nenhuma interferência do mercado externo ou de forças políticas ou tecnológicas. Em nosso contexto, o que parece ocorrer com maior freqüência é a emergência de estratégias sem terem sido planejadas. Contrário a uma linha de pensamento radical que afirma que ninguém precisa dela, Porter (1999) assevera que não basta ser ágil: é preciso encontrar os limites consistentes de uma estratégia.

Esta, seja para uma empresa de negócios ou qualquer outra, deve tornar claros e apropriados os objetivos, com adequação dos principais planos, políticas e acompanhamento dos resultados, para que se examinem continuamente os pressupostos que a norteiam. Quinn (1980) afirma que a formulação de estratégias em organizações bem-sucedidas é um processo de consenso analítico-político. Não é linear, mas em contínua evolução, cíclico, sem começo nem final definidos. Enquanto outros, destacando-se Fritz (1997), ressaltam a importância de firmar uma direção, gerar movimento seqüencial desembaraçado e relacionar as partes com o todo, outros autores, à semelhança de Gandin (1994) e Teixeira (1995), preocupam-se com processos de mudanças presos a modelos mecanicistas e reificados, que não mobilizam e não provocam as transformações necessárias.

A formulação de estratégias é, em si mesma, um exercício de aprendizagem (Geus, 1988), porque, como é comum ocorrer nesta atividade, as pessoas abstraem situações, ou cenários, que podem se apresentar no ambiente futuro da organização e, a partir deles, procuram contrapor estratégias e ações para superar dificuldades ou incrementar tendências favoráveis. Silveira Júnior e Vivacqua (1996, p. 74) defendem que, na fase de formulação estratégica, na etapa normativa do planejamento, "os indivíduos expressam quais as mudanças que desejam implementar e mudam suas percepções, dando início a um novo imaginário organizacional". Eccles, Nohria e Berkley (1994, p. 110) reservam especial interesse na perspectiva da ação porque, ao buscar a missão, objetivos e, enfim, um plano estratégico, a organização busca "dar um significado a atos passados e presentes", gerando um fluxo constante de ação que canalize energia rumo ao futuro.

A estratégia, assim, pode ser vista como implícita à organização, como perspectiva compartilhada pelos seus membros, por meio de suas percepções; portanto, fruto das ações humanas (Mintzberg, 1992). Associa-se, neste raciocínio, com o comportamento global da organização. Daí a importância que Gomes de Matos (1993) atribui a uma consolidação da estratégia, consciente e coerentemente exercida. Isto remete à relevância de capacitar a organização, estrutural e comportamentalmente, de modo a perseguir consistência entre tecnologia, produtos e serviços, processos, conhecimentos, habilidades e atitudes. Tanto que os teóricos da aprendizagem organizacional, ainda mais nos últimos anos, insistem na interdependência de todos aqueles fatores entre si e com o ambiente, sob o esforço de um aumento coletivo da inteligência, entendimento e capacidade organizacional.

A condução estratégica é um assunto integrador do conhecimento, pela necessidade de conciliar pontos de vista em várias disciplinas. É também uma área aplicada, porque é preciso ir além dos conceitos e bases de formulação teórica para fornecer aos gestores parâmetros de utilização efetiva no cotidiano de suas atividades.

A literatura é abundante nas afirmações dos elos entre estratégia e estilo gerencial, crenças, valores, ética e padrões de comportamento. Dois aspectos relevantes das configurações referem-se aos estilos de liderança e às estruturas possíveis nas organizações. Hardy e Fachin (1996), com base em farta bibliografia, asseveram que os líderes tendem a influenciar a escolha de estratégias de acordo com suas habilidades e outras características pessoais, visando aos problemas prioritários e às ações de alavancagem.

Peters (1987) considera como fatores que favorecem as ações que os novos tempos exigem: quanto à direção: núcleo central com ampla variedade de pessoas que ajudem a criar e desenvolver a visão empresarial; quanto à remuneração: funcionários pagos para agir com rapidez e constantemente aperfeiçoar tudo o que é feito; quanto à integração: alto grau de interação interna e externa, com fornecedores e clientes; quanto à cultura: busca insistente do aperfeiçoamento em tudo; e quanto à postura gerencial: trabalho árduo, mantendo clara a visão, vivenciando-a, perscrutando, mantendo diálogo, escutando e continuamente treinando.

O diálogo visando explorar o mapa ou território estratégico da organização somente é possível em condições de facilitação interativa para os grupos de trabalho. Assim, a base para desenvolver o pensamento estratégico na comunidade organizacional é o respeito entre as pessoas, o estabelecimento de condições favoráveis para que venham à tona questões decisivas da sobrevivência organizacional.

Kanter (1983), por sua vez, relaciona as seguintes condições e estruturas organizacionais favoráveis ao surgimento e manutenção de posições de enfrentamento e inovação: a organização providencia os sistemas, normas e recompensas de forma a incentivar as pessoas a serem empreendedoras, solucionar problemas, enxergar e aproveitar oportunidades; tem uma estrutura formada de pequenas equipes de trabalho, autônomas e completas, com representantes de todas as funções necessárias à realização de suas tarefas; e possui uma cultura de orgulho, em vez de uma cultura de mediocridade.

Tractenberg (1999, p. 24) apresenta em quadro sintético algumas características do antigo e do novo paradigmas, que configuram a chamada reestruturação competitiva e que apontam para a necessidade de novo estilo organizacional. Pretende-se mudanças nos valores que embasam a visão sobre as metas da organização, o ambiente externo e o futuro da organização, a estrutura da organização, o perfil e papel das lideranças, as relações interpessoais, a natureza, processo e resultado do trabalho e a área de RH. Assim, em rápida descrição do quadro, os "gurus" da administração acreditam nas possibilidades de passar de uma meta geral do lucro, no antigo paradigma, para o lucro e a felicidade dos colaboradores. De qualquer forma, "pensa-se que modos de subjetivar caracterizados por pressão e medo possam vir a ser aliviados nos processos de gestão e nos processos de execução do cotidiano organizacional (...)" (Grisci, 1999, p. 10). Este tem sido o horizonte que se vislumbra, há alguns anos, para o papel do psicólogo nas organizações (Zanelli, 1994a).

A ORGANIZAÇÃO COMO SISTEMA DE PODER E APRENDIZAGEM

Conforme Nevis, DiBella e Gould (1995, p. 74), as organizações são definidas como um "complexo arranjo de pessoas no qual a aprendizagem ocorre", e possuem sistemas que dão suporte para esse processo. Também para Kolb

(1997, p. 334), "à semelhança das pessoas, as organizações aprendem e desenvolvem diferentes estilos de aprendizagem". Essa noção assenta-se no conceito de organizações como sistemas abertos, em interação permanente com o ambiente e efetuando as escolhas que elegem ao manter as relações de trocas. Trata-se, como vemos, de um sistema de ação.

As relações com o ambiente externo levam a organização a diversificar-se em unidades, cada uma delas interagindo com parte das condições externas. Pela diferenciação organizacional, por sua vez, "as diferentes unidades da empresa desenvolvem formas características de pensamento e de trabalho conjunto e diferentes estilos decisórios e de resolução dos problemas" (Kolb, 1997, p. 335). Influenciam, enfim, diferentes estilos cognitivos e emocionais entre os gestores e demais participantes.

Como um agrupamento de pessoas trabalhando com um propósito comum, a sobrevivência depende da criatividade, do compromisso pessoal e da energia produtiva. Depende de articular visão, missão, valores, metas e estratégias que inspirem e gerem o compromisso necessário para a ação efetiva. Para isso, é preciso conhecer o processo total de trabalho, ter consciência das atribuições individuais e da unidade, bem como engajar-se e participar das atividades, em uma situação de liderança gerencial competente (Demo, 1995). Como um sistema de aprendizagem com processos eficazes, a organização aumenta sua capacidade estratégica, consolida predisposições para mudanças e estimula a formação de equipes de alto desempenho.

As organizações são mais do que uma coleção de indivíduos, e a aprendizagem organizacional é mais do que a simples somatória das aprendizagens individuais. A aprendizagem organizacional implica a aquisição do conhecimento, distribuição, interpretação das informações e construção da memória organizacional. Assim, a aprendizagem organizacional pode ser institucionalizada por rotinas, procedimentos, estruturas, sistemas de informação, artefatos organizacionais, elementos simbólicos, missão e estratégias (Huber, 1991).

As organizações têm questionado as próprias finalidades e a forma como realizam seus processos. Muitas vezes convencem-se da necessidade de operar de modo diferente. O potencial das organizações de aprendizagem reside justamente nessa descoberta. O êxito ou sobrevivência da organização é proporcional à capacidade de refletir, ao conhecimento que pode acumular e à rapidez com que o utiliza. Na tradução de Tsoukas (1996), organizações agora são sistemas de distribuição de conhecimento.

A configuração específica de competências, estruturas, estratégias e posições em face do ambiente são elementos essenciais para alinhar as representações cognitivas dos líderes, aumentando a possibilidade de disseminação em todos os níveis. Sob o enfoque da aprendizagem, a organização incrementa sua capacidade estratégica, de modo a atuar de forma mais realista, com mais firmeza de propósitos e mais responsiva às mudanças. Quando uma organização sabe o que funciona melhor, utiliza este conhecimento para gerar produtos e serviços superiores, voltados para a satisfação do cliente.

A formação de organizações de aprendizagem tem entre seus princípios o raciocínio sistêmico, no qual as pessoas expandem continuamente sua capacidade de criar, propício ao aparecimento de novos e elevados padrões de raciocínio, com pessoas passando continuamente a aprender em grupo. Tal raciocínio busca encontrar as mudanças, tanto de baixa quanto de alta alavancagem, e descobrir onde as ações e mudanças na estrutura e na estratégia podem trazer resultados significativos e duradouros. Alavancagem significa passar de um estado atual para um estado desejado, no qual, de algum modo, agrega-se valor.

A construção do conhecimento coletivo consolidou-se, nestes tempos de globalização, como uma atividade-chave para qualquer empreendimento, em qualquer organização. Executivos de topo têm um papel central na adaptação estratégica e na construção do conhecimento coletivo. Contudo, essa modelagem e as orientações da liderança esbarram nos valores disseminados entre os grupos, como revela Geletkanycz (1997), utilizando dados de pesquisa com administradores de topo em 20 países.

Padrões de interações sociais são permeados pelos conflitos de interesses e estão vinculados aos objetivos, metas e estruturas organizacionais. São inibidores ou facilitadores do diálogo e do raciocínio sistêmico necessário à aprendizagem. A formação de feudos nas organizações fomenta o desenvolvimento de mecanismos políticos, portadores de valores e crenças incompatíveis com a aprendizagem coletiva (Morgan, 1986). Deter recursos e informações, participar de articulações políticas e formar coalizões são táticas que os grupos operam para conquistar e ampliar o poder.

O desenvolvimento da compreensão compartilhada e do ajustamento mútuo necessário ao processo de aprendizagem é inibido ou facilitado pela interação social. Assim, sistemas organizacionais e simbólicos podem promover a institucionalização do processo de aprendizagem e o desenvolvimento de uma memória organizacional. A institucionalização é o processo pelo qual se formam os padrões relativamente estáveis de interação e organização social baseados em comportamentos, normas e valores formalizados e legitimados simbolicamente. Isso ocorre por meio de uma estrutura de poder. No processo de aprendizagem nas organizações, é relevante compreender os meios pelos quais os grupos a incorporam, como interpretam e integram os esquemas de significados individuais ao estruturar uma orientação compartilhada, traduzida pela missão e estratégia organizacionais (Crossan, Lane e White, 1995).

Ansoff (1983) e Ansoff e Mcdonnell (1990) já reforçavam tanto uma participação democrática como uma "co-determinação" (participação no poder decisório) para a aprendizagem como relevante fator de mudança organizacional, porque implicam envolvimento. Não basta apenas estar disponível para a mudança; é preciso gerar e compartilhar conhecimento – algo que não se impõe ou obriga. A adesão das pessoas advém da concordância e a participação efetiva depende da aprendizagem.

Mintzberg (1983) trata da estrutura e do fluxo do poder dentro e em torno das organizações. Parte da premissa de que o comportamento organizacional é um jogo de poder no qual vários jogadores, chamados influenciadores, buscam controlar as decisões e ações da organização. A organização, como um veículo para satisfazer algumas das suas necessidades, atrai influenciadores. Depende, portanto, do tipo de influenciadores presentes, das necessidades que cada um pretende atender na organização e como cada um está habilitado a exercer o poder para atender a tais necessidades.

Mintzberg (1983) identifica a coalizão externa e a coalizão interna. Na primeira incluem-se os indivíduos que não são empregados da organização, mas que usam as suas bases de influência para tentar afetar o comportamento dos empregados. Na segunda, os empregados da organização que possuem voz ativa, ou seja, são as pessoas encarregadas de tomar decisão e propor ações em uma base regular ou permanente. Postula quatro sistemas básicos de influência na coalizão interna: de autoridade, de ideologia, de especialistas e político. Em cada parte da organização, um dos sistemas de influência pode emergir como o mais importante. Entretanto, os grupos raramente compartilham o poder de forma igualitária dentro da coalizão interna. Dependendo das circunstâncias, um grupo geralmente assume a posição de maior importância. A cultura conjuga elementos decisivos em qualquer configuração.

A importância estratégica da cultura organizacional tem sido apontada por diversos autores. Peters e Watermann (1982), Deal e Kennedy (1982), entre muitos, asseguram que o desempenho organizacional está associado aos diferentes tipos e manifestações da cultura organizacional.

Estrutura, tecnologia, padrões culturais e estratégias associam-se para circunscrever ou ampliar as possibilidades de aprendizagem, que dependem da capacidade das organizações (Levinthal e March, 1993). As formas de disseminação e interpretação das informações influenciam o processo de aprendizagem – do indivíduo, do grupo e da organização – podendo mesmo gerar bloqueios (Balasubramanian, 1996).

Esse processo pressupõe uma reflexão crítica de orientações de valores individuais e coletivos. A transformação das estruturas de referências ou modelos cognitivos individuais e coletivos não pode ser conduzida sob pressão de curto prazo. É necessário fortalecer a consciência da necessidade de mudança, organizar as ações, fornecer treinamento apropriado, incentivar a formação de equipes e recompensar os empregados. Estas são condições preliminares para que a disposição para mudanças comece a se entranhar na cultura.

Uma organização que facilita a aprendizagem de todos os seus membros transforma-se continuamente. Isso é muito mais do que oferecer treinamentos. Com isto não se quer dizer que a capacitação não é um elemento-chave; mas é somente um aspecto da criação de uma cultura de aprendizagem. Desenvolver pessoas é essencial nessa perspectiva estratégica.

Quando uma mudança ambiental começa a afetar o desempenho da empresa, é criado um efeito interativo entre os participantes da organização. Diante da mudança os participantes que possuem esquemas interpretativos convergentes tentam influenciar os outros e agregar adesões sobre a interpretação dos eventos ambientais e a maneira adequada de agir (Lyles e Schwenk, 1992). Nesse processo de barganha política, ressalta-se a influência do grupo dirigente sobre os demais membros da organização, sem dúvida, porque é ele quem primordialmente interpreta a importância dos eventos e é este grupo que comunica à organização o seu ponto de vista por meio de discursos, reproduzindo padrões.

O contexto organizacional é criado e renovado pelas ações administrativas e, conforme é construído, influencia todos dentro da organização: a iniciativa individual, a cooperação mútua e a aprendizagem coletiva. Portanto, modelá-lo é tarefa primordial dos administradores (Ghoshal e Bartlett, 1994).

Uma organização que aprende, empenha-se na busca dos resultados a partir de um processo de constante aprendizado grupal, de pessoas que precisam umas das outras para agir coletivamente e melhorar suas capacidades (Senge, 1994). Propõe-se a construir estruturas e estratégias visando à dinamização e ao aumento do potencial de aprendizagem. Duas características de tais organizações são: o foco na estratégia de desenvolvimento de recursos humanos e a contínua busca de transformação organizacional. A construção de uma visão nesses termos desenvolve a socialização da comunidade organizacional assentada em pressupostos básicos de uma cultura da aprendizagem (Schein, 1982).

O desenvolvimento dessa cultura requer um refinamento das propostas teórico-metodológicas e das estratégias de intervenção organizacional (Fleury, 1995). A promoção do diálogo é condição para a capacidade de aprender a aprender, que leva a um questionamento constante dos pressupostos das ações individuais e coletivas (Ellinor e Gerard, 1998).

IMPLICAÇÕES PARA AS ATIVIDADES DO PSICÓLOGO

A função estratégica como componente do papel do psicólogo nas organizações já foi ressaltada (Bastos, 1992; Zanelli, 1994b, p. 136-137, 1995; Tractenberg, 1999). Mais especificamente:

> (...) o principal eixo na transição observada no trabalho do psicólogo dirigido para movimentos emergentes, comparado às atividades tradicionais, é o que marca com clareza a ampliação de uma função reconhecida como técnica para uma função estratégica, onde atividades são vistas inseridas no contexto e endereçadas na busca da saúde mental e da qualidade de vida no ambiente extensivo do trabalho.

Tomando como base as considerações elaboradas em Zanelli (1994b), Tractenberg (1999, p. 15) esclarece que o entendimento do nível estratégico requer elevar a compreensão para um nível paradigmático que, como se pode inferir, sustenta os pressupostos organizacionais e influencia os modos de pensar e agir. Complementa observando "uma trágica rigidez perceptiva e funcional que acomete inúmeras organizações. Trágica porque, na atualidade, muito mais do que um redirecionamento estratégico, exige-se das organizações uma (r)evolução paradigmática". Elucidar pressupostos, intervir nos modos de pensar e agir, tanto quanto auxiliar na flexibilização perceptiva, são assuntos intrinsecamente pertinentes às atividades do psicólogo.

Para Malvezzi (1999, p. 3-4), estamos reinstitucionalizando o trabalho. Do artesanato para a industrialização, passamos das habilidades motoras e da criatividade para o conhecimento da produção e o manejo de pessoas. Hoje vivemos a era da empresa flexível, na qual o operário e o supervisor estão sendo substituídos pelo empreendedor – denominado agente econômico reflexivo, porque atua por meio da reflexão, independente de estruturas e regras rígidas, mas produz valor econômico. Deve ter capacidade para identificar e desenvolver recursos sob incertezas e ambigüidades. É um facilitador das relações e tem como ferramentas a crítica e a hermenêutica. É, portanto, um decodificador de significados em um mundo turbulento. O agente econômico reflexivo:

- necessita integrar suas percepções às percepções dos outros, fazer seus argumentos conhecidos, assim como conhecer os argumentos dos outros;
- busca a validação de sua percepção através do empenho na obtenção do consenso sobre a condução e organização dos negócios;
- não se limita a um só sentido porque diminuiria seu acesso às potencialidades da situação – atua preocupado com seus referenciais, é crítico deles e busca ampliá-los;
- trabalha considerando diferentes cenários – necessita conhecer como os eventos impactam uns sobre os outros e qual é a dinâmica que esse impacto cria no todo;
- necessita conhecer o funcionamento das variáveis independentes e a forma como os mediadores atuam sobre elas;
- necessita da valorização das competências que sua articulação promoveu na produção e os valores que seu trabalho acrescentou ao resultado.

As mudanças, ainda interpretando Malvezzi (1999), impõem desafios aos psicólogos nas organizações. Um deles aponta para as condições de aprendizagens para o trabalho empreendedor.

A pessoa, quando ingressa na organização, chega ao grupo de trabalho com um conjunto de atitudes desenvolvidas durante sua história. As ações que passa a ter dependem das crenças, valores e sentimentos estabelecidos anteriormente e das interações que irão ocorrer. A aceitação das normas e valores prevalecentes no contexto de trabalho e a percepção dos membros (que já integram o ambiente) a respeito do principiante são cruciais neste processo. Assim, analisar a ação humana no contexto organizacional implica buscar compreender crenças, normas, valores, sentimentos, percepções, expectativas, interações, situações, histórias, subculturas e outros elementos, visando ir além da face objetiva ou aparente. A mudança em um sistema de ação só é efetiva quando implica a transformação dos valores, da cultura e, portanto, dos padrões de comportamento prevalecentes na organização.

O administrador modifica relações hierárquicas, altera processos e operações e reescreve políticas. Contudo, há pressupostos básicos nesse contexto. O conjunto das crenças e valores ou, ao fim e ao cabo, os padrões de interação entre as pessoas, constituem o cerne da razão do fracasso das iniciativas de mudança nas organizações (Peters e Waterman, 1982).

A identificação efetiva das pessoas com a instituição requer a compreensão dos postulados básicos do plano estratégico. Problemas comuns com a maioria desses planos ocorrem quando suas razões não foram suficientemente comunicadas a todos os níveis organizacionais ou se a maioria dos empregados não vê – ou vê pequena relação – entre o plano e o que eles fazem.

Assumir responsabilidades, trabalhar em equipes ou alinhar-se estrategicamente são ações de cada empregado. Depende de suas disposições, de como percebe a administração e seu contexto; depende, resumindo, da confiança que deposita na organização. Confiança não advém de belas palavras, mas, sim, da consistência entre o discurso e a ação (Eccles, Nohria e Berkley, 1994), dos valores prevalecentes na cultura organizacional e, sobretudo, do respeito que se observa nas relações interpessoais. O acompanhamento dessas relações tem a ver diretamente com o trabalho do psicólogo nas organizações.

A administração pode pretender, retoricamente, o envolvimento e a participação dos empregados. Isso não ocorre se não se abdica do poder. A estrutura de poder constitui um entrave fortíssimo às mudanças, porque vivemos uma cultura onde gerações e gerações estão habituadas ao autoritarismo, com as implicações que isto tem para a formação da identidade gerencial e o comportamento de quem se percebe como seguidor. No entanto, hoje se costuma dizer que o *empowerment* é um imperativo.

Como vimos na seção anterior, as organizações de trabalho são instituições eminentemente políticas. A mudança das crenças e valores que sustentam uma cultura organizacional está intimamente conectada com o poder. As coalizões dominantes fazem escolhas estratégicas que, pretendendo o desenvolvimento, visam também a manutenção do poder. Enfim, como sistemas políticos, as instituições revelam conflitos entre a consecução dos objetivos propostos e os interesses de natureza política (Eisenhardt e Zbaracki, 1992).

A mudança estratégica implica, portanto, a modificação da distribuição de recursos e de poder pelos vários níveis ou unidades organizacionais (Hutt, Walker e Frankwick, 1995). A visão de estabilidade e transformação está associada a uma posição política: para uns, os conflitos associados à mudança são vistos como "disfunções", enquanto, para outros, são expressões de uma oposição permanente de interesses de grupos em competição por parte dos recursos organizacionais.

Ainda que sujeitas aos fatores externos, as características organizacionais refletem uma interação entre o ambiente e as preferências, percepções e escolhas da coalizão dominante. Estas últimas são afetadas, é claro, pelos valores e crenças daqueles que controlam as principais decisões. Padrões de cooperação e afiliação são firmados na rede colaborativa que se estabelece e servem como canais para compartilhar informações privilegiadas.

As organizações sempre foram abundantes em idéias, quase sempre discutidas nos corredores ou fora da empresa. Dentro, muitas vezes nem são ditas, porque os padrões não permitem, ou apenas são esboçadas e morrem nascituras. Ou seja, faltam mecanismos efetivos de convergência das contribuições, de planejamento e, principalmente, de torná-las ação.

Se as coisas não acontecem, ou se não acontecem na velocidade necessária, a literatura tem sido pródiga em apontar causas de ordem sociocultural. Não se trata de negar a importância de desenvolvimento de habilidades e competências individuais. Trata-se de considerar as inter-relações que os ambientes interno e externo estabelecem na construção de significados peculiares a cada cultura organizacional e na construção das subjetividades características daquela comunidade. Para isto os psicólogos dispõem de um arsenal de recursos, úteis para compreender o desempenho em interações sociais, não desvinculados de uma análise integrada das dimensões pessoal, situacional e cultural (Del Prette e Del Prette, 1999).

Na perspectiva da aprendizagem estratégica, parece existir internamente, em grande parte das instituições, uma arriscada indiferença às alterações do ambiente, que perde de vista o referencial sistêmico, tópico crucial do processo de mudança. Nas palavras de Teixeira (1995, p. 205), "como sistema fechado, voltado para o próprio umbigo e alheio às pressões sociais e políticas". Não parece exagerado afirmar que em alguns segmentos ainda predomina uma "mentalidade Titanic" – convicção ofuscante da impossibilidade de certas ocorrências. Isto também é um tópico de trabalho para os psicólogos nas organizações.

Supõe-se que a maneira pela qual a organização torna-se capaz de enfrentar as ameaças de seu ambiente é atribuindo poder aos empregados para criarem e controlarem seus processos de trabalho. Neste processo o psicólogo pode identificar grupos com tendências favoráveis à mudança. Assim, pode-se criar uma massa crítica que, progressivamente, vincule os vetores da mudança a questões-chave para a organização, capazes de gerar idéias, juntar dados, propor soluções e encontrar, aliado ao trabalho do psicólogo, modos para incrementar e desenvolver uma mentalidade aberta à aprendizagem. Isso estimula a produção de relacionamentos produtivos, apresentando desafios e metas e oferecendo apoio diferenciado, em função das necessidades das pessoas ou dos grupos, em situações específicas. Aos empreendedores, portanto, há que se oferecer técnicas interpessoais efetivas, como treino de assertividade e *feedback*.

É possível desenvolver atitudes nos empreendedores para acelerar as aprendizagens e estimular a abertura para novas experiências e difusão dos conhecimentos. Isto implica desenvolver habilidades de ajuda à equipe para aprender como a organização funciona, enfrenta os problemas, toma decisões, planeja, age e comunica-se com os próprios membros e os demais. Exercícios de observação centrados nas tarefas ou nos conteúdos e técnicas dialógicas desenvolvem tais habilidades.

Gestores comprometidos com a mudança, flexíveis quanto aos próprios pressupostos e capazes de compartilhar o poder defrontam-se com a questão maior no escopo de suas responsabilidades: administrar sua unidade de modo a conduzir as mudanças com rapidez suficiente para que a organização não pereça. Trata-se de um controle suficiente dos processos para que a mudança progrida sem prejudicar a estratégia comercial, quando é o caso.

Essas mudanças culturais acontecem dependendo do compromisso de todo gerente. Empreendedores efetivos geram ações. Ações mudam a cultura. Ser empreendedor requer entender aonde se quer ir e como obter resultados. Obter resultados implica tratar com competência de assuntos complexos, como finanças, qualidade, relações interpessoais e poder.

Achatar a pirâmide hierárquica e deslocar o poder para baixo pode ameaçar as estruturas individuais (não apenas daqueles que detinham o poder) e resultar em imprevistos que colocam em risco a própria unidade organizacional. Os níveis gerencial e de supervisão são aqueles que têm a maior dificuldade em abrir mão do poder. Sabe-se, por outro lado, que os empregados geralmente esperam assumir tarefas e responsabilidades mais amplas, com maior domínio do próprio trabalho. Quando isto não ocorre, não é difícil atribuir a indiferença, apatia ou dependência a características geradas pela socialização em ambiente autoritário.

Mudanças podem afetar a auto-estima das pessoas. A auto-estima, por sua vez, tem estreita relação com o desempenho pessoal. Ao escolher seus objetivos a pessoa dimensiona como pretende alcançá-los. É fundamental que se estabeleçam mecanismos de *feedback* para que a pessoa monitore o grau de sucesso de seu desempenho. Participar no estabelecimento dos objetivos individuais e grupais, que sejam claros, relevantes e aceitáveis aos participantes, facilita atingir desempenhos elevados. Os objetivos são "pré-requisitos para o percurso a ser delineado, tanto pelos sujeitos que compõem aquele contexto organizacional, como pelas ações administrativas e operacionais empreendidas" (Kanaane, 1995, p. 37).

Formar equipes autogerenciadas pode produzir entusiasmo com os novos papéis, desde que existam condições individuais para assunção de responsabilidades e preparo para as atividades e condições organizacionais de justa retribuição, confiança e respeito. Trata-se de uma motivação e um comprometimento que, para ser desenvolvido, depende das condições que se estabeleceram ao longo da história da organização e que os pressupostos da cultura refletem.

Se a aprendizagem é, em grande medida, uma responsabilidade pessoal, também não é menos verdadeiro que a organização tem a tarefa de prover condições e indicar formas para que ela aconteça. É nessa inserção que o papel do psicólogo pode ser repensado. Trata-se de recontextualizar as atividades de capacitação, para além das atividades de treinamento, agora vistas como uma ação educativa (Gore, 1996; Guédez, 1998). Assim colocada, pode ser dirigida por meio de procedimentos e de construções subjacentes às escolhas que a utilização dos recursos estabelecem. Se é possível emancipar pela educação nas escolas, por que não o é nas organizações?

Boas condições de diálogo e institucionalização do que foi aprendido facilitam as aprendizagens na organização. O reconhecimento das questões estratégicas é facilitado em trocas comunicativas internas. Por meio do diálogo, os membros de um grupo descobrem as diversas dimensões de um assunto ou problema, bem como percepções e valores comuns e diversos entre os participantes. Ademais, proporciona experimentar um aprofundamento dos vínculos.

Os empregados podem ser envolvidos em atividades que tragam à tona e esclareçam como as crenças e os pressupostos influenciam seus comportamentos, os valores de suas unidades, da cultura organizacional e da cultura da sociedade em que se insere, e como tudo isso reage diante das demandas sobre a organização.

O ceticismo do empregado diante das iniciativas da organização pode ser atribuído à falta de oportunidade de conhecer a posição e as ameaças sobre ela, as necessidades e preferências dos clientes e outras informações que se mantêm restritas a alguns segmentos. Ampliar a inclusão nas decisões gera maior consciência daqueles fatores e a motivação para mudar. Mas, é claro, isso não basta. Sabemos que a compreensão cognitiva nem sempre é suficiente para produzir mudança comportamental, especialmente quando fatores emocionais estão associados à resistência. A tomada de consciência sobre a necessidade de mudar é o primeiro passo do processo, que cria condições para a transformação de atitudes e comportamentos. De qualquer modo, incluir os empregados na reestruturação de seus processos de trabalho pode superar obstáculos culturalmente enraizados.

O modelo de Lewin (1947) continua atual: descongelar, estabelecer um *modus operandi*, efetuar a mudança, recongelar e, sobretudo, reforçar a mudança. Novos comportamentos permanecem quando são sustentados de algum modo. Quando as pessoas começam a revelar abertura para a aprendizagem, torna-se necessário estabelecer objetivos apropriados aos seus níveis de competência. Incluir os empregados nas decisões, integradas sistemicamente, ajuda a institucionalizar os novos comportamentos. São necessárias práticas que apóiam os novos padrões de trabalho. O aprendizado efetivo traduz-se em novos comportamentos, muda a maneira de fazer o trabalho. Se isto não ocorre, existe apenas o potencial para melhorias (Garvin, 1993). O desempenho organizacional melhorado é o critério final para saber se os novos padrões se tornaram fatores de sobrevivência ou vantagem competitiva (Mohrman e Mohrman, 1989).

A mudança comportamental aqui idealizada tem como ponto de partida uma orientação de valores, conhecimento e compromisso que exige mudanças fundamentais na organização. Drucker (1993, p. 93) fala em "organizações inteiramente novas". Um desmonte nas estruturas burocráticas para dar lugar a estruturas flexíveis e descentralizadas, onde os empregados têm controle sobre seus sistemas de trabalho, sintonia com os clientes e rapidez nas decisões. Isto, é óbvio, só se mantém com incentivos e apoio efetivo aos novos comportamentos.

A noções de apoio e reconhecimento são cruciais. À assunção de novos padrões comportamentais sempre devem suceder confirmações da adequação dos mesmos. Em muitos casos, adotar novos processos de trabalho ou novas tecnologias demanda tempo. Uma vez iniciada a mudança, é preciso investir para que não perca a força. Iniciativas malogradas sempre prejudicam tentativas posteriores.

Não há dúvida de que a sobrevivência organizacional tem muito a ver com políticas de reconhecimento e remuneração, treinamento e desenvolvimento, segurança financeira, saúde, bem-estar e qualidade de vida dos funcionários. Também, ou principalmente, neste aspecto a organização pode formular políticas claras, afinadas com as estratégias gerais. Para reter talentos, encontra os melhores caminhos, até se diferenciar, proporcionando melhor qualidade de vida aos empregados.

Ensinar às pessoas processos que permitem atualização permanente da aprendizagem pode construir uma organização capaz de mudança contínua, que se reinventa por seus participantes, a cada passo. Somente a participação em processos coletivos de aprendizagem e sinergia, onde não se separa o planejamento da execução, pode transformar o potencial humano em desempenho superior.

O desafio proeminente de hoje é conduzir ações em ambientes de mudanças sem precedentes. Para reduzir resistências às mudanças, os gestores têm uma contribuição ao achar meios para neutralizar as barreiras à realização pessoal e converter as ameaças em reforçadores das habilidades pessoais. Trata-se de mudanças nos padrões de interação.

Muitas vezes, fala-se em empresa inteligente e gerência do conhecimento, como se fossem técnicas que podem ser adquiridas comprando pacotes. Formar empreendedores é mais do que enviar gestores para cursinhos rápidos e milagrosos que prometem a liderança eficaz em apenas 10 lições. Empreendedores são pessoas determinadas e autoconfiantes que necessitam de espaço e autonomia para atuar e, por isso, desenvolvem-se em uma cultura que favorece o florescimento de novas lideranças, que se estabelece e se consolida como uma cultura de co-liderança.

Nessa revisão da organização como um sistema, verifica-se o alinhamento de sua estrutura, seus processos essenciais e sua cultura. As ações são implementadas *pari passu* com a educação, orientada pelos valores e o conjunto de programas desenvolvidos na organização.

Mudanças nas organizações requerem: esforços da alta gerência para que todos reconheçam a necessidade da mudança; intervenção de terceiros, com competência na clarificação e propostas de solução para os problemas; compromisso para a concretização das ações; atuação nos diversos níveis, em pequenas atividades, antes de introduzir ações de maiores envergaduras; atenção e reforço dos resultados positivos na direção desejada. As reconfigurações decorrentes das mudanças implicam novas informações, novas responsabilidades e novos contextos, influenciando-se reciprocamente.

Mudanças exigem tempo e energia. Isto coloca os dirigentes diante de uma decisão difícil: investir o tempo e os recursos necessários para realizar o propósito, enquanto o ambiente impõe desafios, em ritmo acelerado. É essencial para o processo encorajar os gestores a fazer escolhas conscientes de ações de alavancagem, no lugar da tradicional reatividade aos problemas. Trata-se de um processo de aprendizado planejado e cuidadosamente conduzido. Capacidades operacionais podem ser melhoradas por treinamento. Capacidades estratégicas requerem educação contínua. Desenvolver habilidades cognitivas que incluam conceitos relevantes para as decisões é fundamental para um desempenho superior entre os administradores de topo (Calori, Johnson e Sarnin, 1994).

Uma liderança informada e firmemente decidida no topo da organização é condição essencial para chegar aos propósitos de transformação organizacional. A começar, portanto, pela mudança das crenças e pressupostos intrínsecos aos próprios dirigentes.

Iniciar a mudança norteados pelos princípios aqui postulados requer esforço e persistência do psicólogo, em um trabalho integrado. É um processo que implica aprendizagem a cada passo. Aprendizagem que, uma vez estabelecida, torna mais rápidas as mudanças subseqüentes. Canaba (1995) defende que planejamentos participativos podem conduzir, ao longo do tempo, a mudanças que se consolidam em semanas.

NOVOS RUMOS

Os argumentos aqui expostos foram articulados, é claro, com base nos valores considerados próprios como suporte das atividades dos psicólogos nas organizações brasileiras diante das mudanças deste nosso tempo. Se as organizações propõem participação, elas devem combater autoritarismos, privilégios, preconceitos e injustiças, aceitar as diferenças e conciliar tenazmente os interesses. Não se aceitam, portanto, radicalismos de qualquer natureza.

As bases epistemológicas que amparam as idéias apresentadas pressupõem a possibilidade de consenso e a mudança incremental (Burrel e Morgan, 1982).

Um aspecto que deve ser considerado em qualquer intervenção são os critérios dos atores, principalmente os dirigentes, no confronto com a realidade e as práticas decorrentes. Gandin (1994) fala dos conservadores, dos revolucionários e dos que querem mudanças a partir do que existe. "Apreender a realidade de uma organização é fundamental para decidir colocar ou não os conhecimentos e as habilidades a serviço daquele agrupamento (...)" (Zanelli, 1994a, p. 170).

Defende-se a idéia de que as organizações devem reunir as pessoas em torno de um propósito, colocado de modo claro e simples para todos. O alinhamento estratégico é hoje evidente questão de sobrevivência organizacional, onde o pensamento estratégico penetra a organização inteira (Simon, 1993). O planejamento da mudança estratégica não leva em conta apenas procedimentos analítico-formais, mas também as realidades sociopolíticas e culturais de administração. Isto é, evita formular estratégias ou ações até que se clarifiquem a visão e os valores.

Neste processo contínuo e dinâmico, compreende-se que as organizações com perfis diferenciados têm necessidades diferenciadas, que se modificam também com o tempo. Ressalte-se que a referência a organizações é feita de modo aberto e inclusivo. Isto é, não está restrita à produção de bens em um contexto de concorrência globalizada, mas também a prestação de serviços em sentido amplo, que vai, por exemplo, de hospitais a sindicatos.

A formação em Psicologia, conquanto continue habilitando o profissional para atuar em organizações de trabalho, só ganha mais riqueza incluindo conteúdos teóricos e de aplicação no âmbito da estratégia. Para muitos profissionais que se inserem ou que já se encontram há mais tempo na área, os estudos sobre estratégia são vistos quase como alienígenos. Enquanto isso, pesquisadores de outros campos de conhecimento avançam suas investigações sobre, por exemplo, estruturas cognitivas e formulação de estratégias (Calori, Johnson e Sarnin, 1994).

Ao seguir a proposta de uma orientação generalista para a formação do psicólogo, reafirmada pela Comissão de Especialistas no Ensino da Psicologia/MEC/SESU, Gonçalves de Moura (1999, p. 16) adverte, acertadamente, ao pensar competências para reconhecer as necessidades de intervenção, que os psicólogos "saibam compreender como os homens constroem e representam seu universo simbólico o qual não constitui uma imanência, mas uma construção histórico-social particular".

Uma proposta de formação para o psicólogo atuar em organizações começa por compreendê-la como um fenômeno psicológico, social e cultural, em todas as suas implicações; entender a organização como uma aposta de sobrevivência, em nosso contexto selvagem, com as implicações éticas da natureza do lucro, quando é o caso. Em qualquer caso, o início de tudo é a estratégia, enquanto o fundamental é a sua implementação, em que pese a reduzida ênfase na dimensão humana do processo, denunciada por Fischmann (1987).

Os processos que dão suporte à formulação e condução estratégica são assuntos que dizem respeito ao psicólogo, como se argumentou até aqui. É preciso saber da complexa formação da identidade humana, dos processos grupais, dos mecanismos de aprendizagem individual e coletiva, da reestruturação produtiva, dos avanços tecnológicos e assim por diante.

Hoje, não há quem negue a importância da flexibilidade conceitual, persistência, tolerância e imaginação no intrincado jogo do mundo dos dirigentes organizacionais. Em outras palavras, sobreviver requer, fundamentalmente, visão e persistência estratégica, o que se aprende também com os administradores. De nossa parte, é interessante estudar o que as Ciências Humanas podem contribuir para ampliar as possibilidades de uma gestão, além das técnicas que o administrador conhece. Isto é possível aprimorando e respeitando o potencial humano. Estabelecer mecanismos e dar suporte para as pessoas ou para as organizações aprenderem vale tanto para vencer a concorrência, para colocar o homem na Lua, para diminuir um alto índice de infecção hospitalar ou para conduzir uma greve a um termo satisfatório.

4

SÍNTESE E PERSPECTIVAS

Procurou-se resumir aqui os principais comentários elaborados nos capítulos precedentes, tecer recomendações e considerações finais, tendo em vista os resultados de outros trabalhos, as revelações e os pressupostos assentados neste livro.

SÍNTESE DOS CONTEÚDOS E DA ANÁLISE

Reafirmaram-se dados de pesquisa anterior (Malvezzi, 1979) quanto ao caráter operacional ou técnico da atuação do psicólogo nas organizações. Disso decorre um fraco poder ao exercício da função.

Existem barreiras nas organizações que dificultam extrapolar as atividades técnicas; entretanto, os psicólogos estão malpreparados até para as mais tradicionais atividades e não assumem ou têm preparo para ampliar tais atividades. De qualquer modo, não se trata de uma simples questão de querer ampliar o número das atividades desenvolvidas: a ampliação das atividades requer uma atuação competente. A atuação competente é o melhor meio de divulgação do trabalho. O alargamento das atividades depende de uma ação integrada, como profissionais de uma categoria com propósitos definidos. Implica exercer atividades administrativas e alterar seus procedimentos em direção das mudanças pretendidas. A ampliação requer um conhecimento maior do local de trabalho, da trama das relações de poder, dos determinantes econômicos e sociais, etc.; requer o estudo dos conceitos e fundamentos das áreas de conhecimento paralelas e de sua integração; requer preparo para lidar com as mudanças tecnológicas e sociais do processo de trabalho e com as mudanças mais amplas na sociedade; requer a ampliação do conceito de atuação psicológica e participação ativa no conjunto de forças que compõem o jogo social; requer preparo para compreensão metodológica, percepção política e conhecimento das atividades potenciais em seu campo de trabalho. A legitimação das atividades vincula-se à idéia de dinamicidade, amplitude e globalidade das relações internas que ocorrem nas organizações.

Enfatiza-se, no rol que compõe as características do papel profissional do psicólogo nas organizações, a visão sistêmica de interdisciplinaridade, que ainda será discutida no presente capítulo.

Se, de um lado, sabe-se que predomina entre muitos dirigentes brasileiros uma visão míope no que concerne aos recursos humanos na empresa, de outro, a literatura relativa à Psicologia Organizacional indica um campo potencial de atividades muito maior do que o psicólogo brasileiro exerce. Acredita-se que cabe ao psicólogo desenvolver seu trabalho rumo a uma visão moderna do gerenciamento de pessoas na organização, firmar espaço como agente de mudanças e promover melhores condições de vida no contexto de trabalho. Cabe-lhe também, enquanto parte de um segmento profissional, lutar pela criação de órgãos que permitam firmar sua identidade. Existem variados obstáculos que dificultam a consolidação da identidade do psicólogo organizacional; um dos maiores é a falta de grupos de referência. A inexistência desses grupos para o psicólogo organizacional é produzida pela falta de integração do segmento e reforça, ao mesmo tempo, uma identidade precária.

Não se trata apenas de buscar a ampliação do espaço existente, pois a ampliação só se justifica quando combinada ao questionamento do nosso fazer. A resistência do psicólogo, apontada pelos participantes, em sujeitar seu critério de competência à avaliação dos seus pares ou de quem é atingido pelos serviços, situa-se frontalmente contrária a uma visão de atividades interdependentes.

As condições do mercado de trabalho forçam o ingresso do psicólogo nas organizações, oferecendo oportunidades de uma remuneração que lhe permite sobrevivência, enquanto no curso ele é malpreparado e predisposto negativamente para as atividades da área, o que o leva a uma posição conflitiva na qual não é incomum vê-lo em constantes omissões. Ocorre também que profissionais de áreas paralelas desempenham tarefas que seriam pertinentes ao exercício do psicólogo, o qual demonstra, com freqüência, estranheza quando informado da possibilidade de exercê-las (por exemplo, a possibilidade de executar as tarefas relativas ao sistema de compensação ou administração de salários e benefícios). Já foi dito que na situação concreta de trabalho "faz quem sabe fazer," ou quem articula e defende, pelas vias do poder, sua permanência nos postos de realização das tarefas.

O processo de formação reitera conteúdos da área clínica e enviesa ou distorce a formação, calcado em um modelo médico de intervenção. Na maioria dos cursos de Psicologia, a análise do comportamento do indivíduo ou do grupo conserva, em qualquer área de atividades, características da prática em consultório e mostra-se insatisfatória para as demais áreas de atuação.

Existe um confronto entre os valores repassados nos cursos de Psicologia e os valores prevalentes nas organizações produtivas: os interesses e valores dos psicólogos não se ajustam àquele contexto. Os interesses voltam-se para a prática característica dos consultórios e os valores são avessos aos assuntos relativos à produtividade ou à prestação dos serviços nas organizações. O psicólogo é reconhecido na empresa como o profissional que utiliza testes psicológicos e emprega, em síntese, modelos que não se diferenciam das atividades iniciais da área no Brasil. Ou seja, reproduz o antigo modelo da Psicotécnica. Enquanto permanecem na empresa, muitos psicólogos mantêm a atenção voltada para outra área. É necessário, pois, reverter a expectativa generalizada nas organizações e a estereotipia que existe nos cursos em relação ao papel do psicólogo organizacional.

As práticas ritualizadas comuns às organizações e ao exercício tradicional dos psicólogos, somadas às deficiências e estereótipos da formação, estreitam a atuação do psicólogo organizacional. O que interessa às organizações inclui critérios de eficácia utilitaristas e um rigor peculiar ao cotidiano empresarial. As atividades organizacionais exigem linguagens que possam ser traduzidas em operações objetivas. Exigem também o exercício efetivo em posições de liderança. É necessário discernir estratégias de inserção e emprego dos conhecimentos acumulados pela Psicologia de modo a tornar o exercício do psicólogo, nas organizações, compatível aos valores renovados. Não se propõe uma moldagem mecânica aos valores impostos pela organização, mas uma inserção que permita ao psicólogo legitimar suas atividades em base de um fazer que priorize a promoção humana.

As distorções da formação, além de dificultar o estudo de estratégias aplicáveis ao contexto da produção e serviços, têm implicações negativas na imagem que o psicólogo elabora no que tange às suas atividades organizacionais; em extensão, a imagem é autodepreciadora para aqueles que acabam trabalhando em organizações e também para a categoria como um todo. Autodepreciadora porque aqueles que acabam ingressando nas organizações levam a imagem, difundida nos cursos, da prática de um exercício "menos nobre" e mantêm uma prática que é pouco valorizada no contexto em que trabalha. De modo geral, observa-se que a identidade do psicólogo é derivada de atributos limitados e imediatos da sua prática e, muitas vezes, ele não discrimina as origens das próprias deficiências.

Nos aspectos teóricos, o conhecimento que é repassado aos alunos é fragmentário, em parte pela falta de unidade e entendimento da ciência psicológica em toda sua extensão. Nos aspectos da aplicação, o estudante de Psicologia praticamente desconhece o "mundo das organizações". Ensinam-se técnicas esparsas, sem considerar o contexto, e priorizam-se ângulos segmentários da realidade. Mais do que a falta de conteúdos, as informações que são transmitidas não são interligadas às diversas possibilidades de aplicação e não permitem o uso dos conhecimentos de modo que incorporem as atividades da Psicologia como um todo. A carga teórica é desarticulada entre si e com a prática. A formação que ocorre é essencialmente técnica, descontextualizada e desatualizada.

O exercício criativo com base no desenvolvimento de pesquisas pode gerar conhecimento aceito como válido pela comunidade científica. Contudo, a produção de conhecimento nas empresas volta-se para a produtividade e para os lucros. As empresas impõem a produtividade continuamente. Espera-se dos profissionais idéias criativas e úteis para consumo interno. Criatividade e inovação, principalmente sob tais restrições, dependem de embasamento metodológico, senso crítico e interesse pelo trabalho – três aspectos, como analisados, de desenvolvimento precário entre os psicólogos que se dirigem para o trabalho em organizações. A ação criativa depende de maturidade intelectual, de saber confrontar a realidade e as teorias, de saber pesquisar, etc.

A produção e a divulgação do conhecimento ficam assim vinculadas às restrições impostas pelos interesses da empresa, à própria história de desenvolvimento da área no Brasil e à carência de embasamento metodológico-científico do psicólogo. Como conseqüência, a Psicologia Organizacional tem exígua produção de conhecimento no Brasil e coloca-se francamente dependente da produção estrangeira. É clara a dependência intelectual, na área, aos países desenvolvidos, especialmente aos Estados Unidos. Além disso, o conhecimento que é gerado nas universidades brasileiras encontra dificuldades de penetração entre os profissionais que atuam nas organizações e é produzido como um processo isolado do contexto aplicado.

Às atividades preferenciais ou idealizadas pelos professores e estudantes somam-se outras dificuldades para definir o que é necessário durante a formação do psicólogo. Acredita-se que as mudanças curriculares deveriam pautar-se, em princípio, por uma análise minuciosa da atuação profissional: informações concernentes às atividades de trabalho, às atividades do ambiente ou situação de trabalho e às características humanas requeridas ou desejadas (conhecimentos, habilidades, atitudes, etc.).

Os professores do curso ironizam o papel e a restrição das atividades da área e não contribuem para alterar o quadro. Julga-se que abdicar do espaço de atuação do psicólogo organizacional não é a melhor solução. A escola tem o dever de propor um redirecionamento. Entretanto, o repertório dos professores não permite um redimensionamento das atividades e do papel do psicólogo nas organizações. Os professores mostram-se alheios aos problemas pertinentes à Psicologia Organizacional. Apresentam-se despreparados e desmotivados e passam uma idéia estereotipada das atividades da Psicologia nas organizações. Professores com pouca prática e interesse encontram oportunidade de permanência no ensino de terceiro grau por ministrar as disciplinas da área e não são capazes de promover alterações de cunho didático-pedagógico. Os alunos acabam repetindo os padrões que aprenderam por meio dos modelos que os professores oferecem.

Assim, os alunos não têm a oportunidade de aprender o que parece ser o mínimo necessário para a atuação posterior em organizações. Preestabelecem ideais de aprendizagem que excluem certas temáticas de conhecimento e aprendizagens fundamentais, como a pesquisa. A noção de trabalho, que é transmitida, vincula-se a uma noção estereotipada de produtividade e à retribuição injusta pelas atividades laborais. A mudança no quadro implicaria em se contar com professores voltados autenticamente para a área Organizacional e não-restritos aos conteúdos de sua área de interesse. Professores que se constituíssem em modelos de pesquisadores e que estimulassem a pesquisa dentro das universidades. A possibilidade de um redirecionamento da formação depende da qualificação de docentes para a área. Face ao quadro dominante no País e à deterioração progressiva das universidades e do ensino em geral, a possibilidade se mostra de remoto alcance, no momento, se não se investir persistentemente na mudança das agências institucionais controladoras do sistema educacional.

Ainda no que concerne à formação, julga-se que a produção de pesquisas deveria se dar em qualquer nível. Verifica-se uma perniciosa distinção entre uma graduação profissionalizante e uma pós-graduação preparatória para a docência. No momento, a pós-graduação *strictu sensu* é quase o único nível que possibilita algum treino em pesquisa. A qualificação profissional seria melhorada se a pesquisa passasse efetivamente a ser entendida como elemento indispensável na profissionalização. Têm-se indícios de que o desempenho com sustentação e, de fato, dentro de critérios científicos ocorre após o doutoramento, para ampla parcela dos profissionais psicólogos. A esse fato contrapõe-se a constatação da existência de apenas um curso de mestrado e a inexistência de programas de doutoramento em Psicologia Organizacional no País. Proliferam os cursos extra-acadêmicos para o ensino de testes ou técnicas de aplicação imediata, o que certamente reforça o tecnicismo da formação. Os psicólogos organizacionais completam sua formação por intermédio dos cursos oferecidos pela empresa ou junto aos profissionais de Recursos Humanos, o que leva alguns a deduzirem uma descaracterização do psicólogo. Urge aumentar a oferta de cursos de mestrado e criar cursos de doutorado na área.

A desatenção ao preparo para as atividades do psicólogo, em organizações, é uma forma de negação da área. A desatenção não é verificada apenas quanto aos programas de pós-graduação. As disciplinas, nos cursos de Psicologia, não vinculam os aspectos metodológicos e de repertório necessários ao futuro profissional. Desvincula-se o preparo do pesquisador do preparo do profissional para atividades aplicadas, especialmente em organizações. A pesquisa é vista como algo abstrato, desvinculada da aplicação. O estudante não vê a pesquisa como algo integrante das suas atividades e também não vê a ciência psicológica como um processo. Isso se revela coerente com a estrutura curricular e a regulamentação dos cursos de Psicologia, os quais não realçam a pesquisa, as vinculações e a necessária integração da teoria com a aplicação – um reflexo do estabelecimento formal da profissão em um momento histórico em que interessava a formação de técnicos, em prejuízo da reflexão sobre as finalidades de sua prática e da construção da ciência psicológica. A conseqüência direta para a área é a formação de um profissional que não tem clareza sobre o que a Psicologia Organizacional tem para oferecer e é incapaz de autonomia em seu fazer. A possibilidade de se ter um profissional que age autonomamente só é viável por meio de uma aprendizagem preocupada com esse objetivo. O psicólogo é, pode-se dizer, o elemento primário na cadeia que sofre os prejuízos dessa formação precária.

A formação precária também é fruto de uma cadeia de inter-relações: condições econômicas de desgaste dos professores, condições insuficientes para o ensino nas escolas, perda de qualidade no repertório dos alunos e professores, etc. A qualidade da formação profissional reflete intrínseca e interdependentemente todas as conjunções que caracterizam o sistema educacional brasileiro.

É necessário rever os conceitos tradicionais para que nossa tarefa não se torne confusa e inoperante. A formação não deveria compartimentar ou estigmatizar algumas atividades como menos nobres. A formação é responsável, no que concerne ao preparo do psicólogo organizacional, por fornecer um parâmetro para identificação e análise de problemas e que sustente uma apreensão crítica do contexto organizacional.

O binômio falta de apreensão crítica da realidade e falta de domínio científico resume a realidade no preparo dos nossos psicólogos. O elenco, a seguir, representa os principais tópicos extraídos da discussão relativa a uma formação e atuação competente:

1. o trabalho competente não se restringe à parcela de comportamentos da pessoa que interessa à produção;
2. é preciso estar preparado para as atividades administrativas e conhecer os processos de trabalho;
3. é necessário desenvolver a percepção do papel, da inserção nas relações de produção e das habilidades de interação no nível do poder e da autoridade;
4. a geração de competência não depende apenas de reformulações internas ao ensino e à prática, mas também das expectativas das organizações e das regras do mercado;
5. a geração de competência depende do reconhecimento da importância do fenômeno organizacional e da questão do trabalho, da valorização do embasamento metodológico-científico e da visão de globalidade;
6. requer conhecimentos críticos do contexto imediato e mediato e habilidades de análise das finalidades do trabalho em um sistema de poder;
7. requer capacitação técnica, compreendida como mediação do compromisso político;
8. depende da capacidade individual, da criatividade e do desejo de promover mudanças no ambiente;
9. depende da clarificação do papel do psicólogo como um agente de mundanças, em atividades interprofissionais, por intermédio dos re-

cursos de análise globalizada e intervenções interdependentes e participativas;
10. depende da reflexão crítica, quer teórico-metodológica, quer ético-política;
11. requer o emprego dos modelos de ação, conhecimentos e procedimentos disponíveis na área;
12. requer atualização de conhecimentos e habilidades;
13. requer o desenvolvimento de uma visão preventiva, emprego do método científico em um contexto social, associação das teorias com a prática e aceitação de critérios externos de avaliação;
14. requer enfrentamento dos problemas correntes nas organizações, por meio do arranjo de critérios e instrumentos para configurar um problema, um diagnóstico e propostas de solução, com resultados válidos e inteligíveis para a comunidade: o domínio de parâmetros de pesquisa;
15. requer capacidade de avaliação do potencial dos instrumentos e procedimentos e de gerar novas alternativas de coleta e análise de dados;
16. requer suporte teórico-metodológico e reflexão sobre a prática;
17. requer contextualizar os problemas humanos na organização;
18. requer avaliação continuada do próprio fazer, uma rotina que, para o profissional, se torna auto-educativa e emancipadora;
19. requer iniciativa, romper a restrição ao nível técnico e aprofundar a visão política e globalizada;
20. requer capacidade para lidar com o fenômeno organizacional e com as questões de poder;
21. requer discernimento e compromisso político, por intermédio de uma formação abrangente, que não se limite às linhas arbitrárias de uma área de atuação e da integração política na sociedade, por intermédio do trabalho.

CONSIDERAÇÕES FINAIS

Falar em visão sistêmica de interdisciplinaridade soa como redundância, dados os pressupostos fundamentais de interdependência da abordagem. A noção de interdependência, aplicada às organizações, leva a considerá-las como um conjunto de partes, ou subsistemas, interagentes. O sistema sociopsicológico formado pela organização e que interessa diretamente aos profissionais que lidam com os recursos humanos, inclui, adaptando a concepção de Pagés e colaboradores (1987, p. 15), os níveis econômico, político, ideológico e psicológico. Uma vez que esses níveis operam em um processo integrado para determinar o fenômeno comportamental nas organizações, a análise e qualquer tentativa de intervenção não deve se dar isolando-os. Outra forma de dividir a organização em níveis, amplamente aceita por autores da Psicologia Organizacional, define os níveis individual, grupal e organizacional. "No entanto, tem ocorrido uma tendência desses três níveis de análise se tornarem associados a diferentes disciplinas" (Gowler e Legge, 1982, p. 72).

Na perspectiva adotada, a unidade de análise é o todo em contexto, o que leva a focalizar as propriedades relacionais, estruturais e processuais. A atuação é, portanto, necessariamente interprofissional. A apreensão da realidade organizacional é operada em conjunto. As atividades dos profissionais são vistas como contribuições. O caráter de interprofissionalidade, à semelhança do que ocorre na definição de interdisciplinaridade (Japiassu, 1976, p. 74), é tanto maior quanto maiores as trocas e o grau de integração e cooperação entre os profissionais, em torno de um projeto específico de trabalho. A transdisciplinaridade é um estágio superior de interação descrito por Japiassu (1976, p. 76), fundamentado em Piaget:

> Estamos ainda muito longe de chegar a um sistema total, de níveis e objetivos múltiplos, coordenando todas as disciplinas e interdisciplinas, tomando por base uma axiomática geral (objetivos de sistemas globais) capaz de instaurar uma coordenação a ser feita tendo em vista uma finalidade comum dos sistemas.

Os pressupostos em perspectiva estabelecem que os seres humanos planejam e administram as próprias ações a fim de atingir seus objetivos. Se a estrutura e a expectativa da empresa impõem barreiras que dificultam uma ação transformadora, os psicólogos também não assumem, ou têm preparo para exercer tal ação dentro de um novo padrão, no qual, por exemplo, é preciso discernir diferenças de abordagens entre os profissionais. Uma ação transformadora requer perspectivas de multicausalidade e o desenvolvimento de habilidades diagnósticas para a apreensão das principais variáveis em inter-relações e da noção de cultura organizacional. Deve tornar suas contribuições conhecidas da comunidade e visualizar as conexões interdisciplinares de suas atividades. Deve estar preparado para discutir o referencial científico-metodológico que sustenta sua prática e os resultados que obtém, mas preparado também para discutir os valores que sustentam diferentes direcionamentos do trabalho.

Nessa perspectiva, existe a necessidade de uma avaliação pormenorizada do que é realizado na formação do psicólogo nas universidades brasileiras em termos dos conteúdos, estratégias, objetivos e resultados. Quando se observam as possibilidades de emprego do psicólogo, não é difícil concluir que se deve prestar mais atenção na aplicabilidade do que é ensinado nos cursos de Psicologia.

A produção de um profissional crítico, pretendida pela formação, bem informado teoricamente, metodologicamente consistente, dominando as técnicas, etc., sugere tarefas em demasia. O despreparo e o desinteresse de muitos professores, o repertório que o aluno possui ao iniciar o curso, a insuficiência de recursos de nossas universidades e um conjunto de fatores estruturais operam restringindo a consecução de metas daquela natureza.

A formação, considerando-se também o campo potencial de trabalho, poderia contar com maior flexibilidade do currículo e no número de disciplinas optativas disponíveis para os estudantes. Poderia prever a interdisciplinaridade, uma maior integração das ciências comportamentais e sociais e encaminhar o aluno, apoiado no acoplamento da teoria e da prática, ao aprendizado das mudanças planejadas, do diagnóstico e da intervenção em sistemas complexos. Poderia estimular o autodesenvolvimento, a responsabilidade social, a aprendizagem de como conduzir e de como trabalhar com equipes profissionais.

Acredita-se firmemente que existe lugar para o desenvolvimento crítico das atividades possíveis ao psicólogo organizacional, em base dos conhecimentos da Psicologia e outras áreas de conhecimento paralelas, aplicadas ao contexto do trabalho. Redirecionamentos na atuação dependem fundamentalmente do preparo para o desempenho competente das atividades. A aversão existente, relativa à área, pode ser alterada por meio da mudança nas atitudes, no discurso e nas estratégias adotadas pelos professores do curso, pela atualização do quadro de análise, que pode dar amplo suporte para abordagem das questões práticas e de um posicionamento ético-ideológico compatível com um exercício comprometido com a formação de um agente de mudanças. A atualização e as mudanças, conforme já foi sugerido, encontrariam uma alternativa, se implementadas, por intermédio do aprimoramento no nível de pós-graduação.

Decide-se fazer mudanças quando as coisas não caminham do modo como são esperadas. O estado atual da formação e da atuação do psicólogo organizacional não é desejado pelos profissionais que verdadeiramente identificam-se com a área. Mas é preciso refletir sobre os interesses reais dos segmentos profissionais da Psicologia, assim como de outras profissões ou segmentos, em promover as mudanças sugeridas. Deve-se considerar que o poder do psicólogo organizacional é restrito, dada a configuração que foi descrita na dimensão da formação e na dimensão das atividades de trabalho. Isso se atribui, em grande parte, à hegemonia do segmento clínico entre os profissionais da Psicologia e à ausência de grupos representativos, de deliberação e suporte de decisões entre os psicólogos organizacionais.

Parte-se da idéia de que a formação e a atuação do psicólogo organizacional são sistemas interdependentes. Pressupõe-se, igualmente, que os sistemas sociais são multidimensionais. Se se pretendem mudanças, é preciso pensar em intervenções tanto ao nível da estrutura como dos processos, tanto na formação como na atuação do psicólogo organizacional. Intervenções planejadas no nível da estrutura e dos processos seriam uma forma, consistente com o referencial, de atingir alterações das atitudes e dos comportamentos relacionados à formação e à atuação (Beer, 1980). Isso significa, por exemplo, que mudanças curriculares devem ser acompanhadas da busca de melhoria na qualificação dos atuais e futuros docentes.

Evidenciou-se, repetidas vezes, que as instituições de preparo para o exercício da Psicologia não têm assumido a responsabilidade pelo efetivo e sistemático fornecimento de experiências preparatórias para o exercício em organizações. Atribui-se ao currículo, quase sempre, o ônus pela má-formação e ficam isentados, de certa forma, os demais elementos de responsabilidade, do nível individual à macroestrutura. Não se tem clareza, no Brasil, a respeito de questões relativas aos objetivos e aos conteúdos dos programas de preparo, ao papel e à profissionalização do psicólogo organizacional. A graduação parece constituir-se em um período de hibernação. Quando acaba, lança-se o ex-aluno, recém-formado, para uma realidade assustadora.

Obviamente, o curso de graduação não tem a incumbência de formar psicólogos "completos," assim como não se formam engenheiros, médicos, advogados, etc., "completos" (nem seria possível, entre muitos fatores, dado o caráter dinâmico das ciências). O psicólogo precisa encontrar maneiras de administrar a própria obsolescência. Goldstein e Gilliam (1990, p. 139) afirmam que metade do conteúdo que um engenheiro aprendeu encontra-se tecnicamente obsoleto cinco anos após o término da graduação. Não sabemos qual é o período de obsolescência para o psicólogo organizacional. Dada a precariedade da formação do psicólogo organizacional, talvez nem possamos raciocinar nesses termos. Tal quadro implica a necessidade de continuar estudos logo após a formação básica em Psicologia. Participação em simpósios e congressos e a leitura individual, é claro, são outras saídas ao problema, desde que o profissional tenha adquirido autonomia para buscar conhecimento posterior ao término do curso.

O avanço tecnológico coloca-nos rapidamente em face do futuro. Só podemos esperar um futuro em que o psicólogo contribua para a melhoria da qualidade de vida nas organizações, se promovermos sensatas intervenções na formação e na atuação hoje, no sentido de fornecer um embasamento teórico-metodológico e prover experiências práticas básicas para o autodesenvolvimento posterior. Não se atribui à formação universitária a responsabilidade absoluta pelo que se tem como produto; em contrapartida, não é possível isentá-la da responsabilidade. É necessário não se afastar do que compete à universidade sob os pretextos facilmente disponíveis em torno da precariedade das condições em que está inserida. O pressuposto é da potencialização máxima dos recursos com os quais se pode contar, ainda que parcos, em ação concomitante às lutas e reivindicações na instância política. "Trata-se de planejar e executar a educação universitária a partir da universidade que temos e voltada para alterá-la" (Duran, 1983, p. 11).

A Psicologia Organizacional, na busca de sua inclusão como disciplina científica e como área de exercício profissional, deve firmar-se não somente por meio das teorias adotadas pelos profissionais, mas também na provisão ativa de serviços considerados legítimos e necessários. Nesse último aspecto, a Psicologia Organizacional não tem suficiente maturidade dentro da realidade brasileira.

Uma profissão é reconhecida quando seus objetivos são definidos, possui estratégias educacionalmente comunicáveis para consecução dos objetivos, emprega técnicas envolvendo operações intelectuais, seus praticantes fazem uso responsável de suas técnicas e, sobretudo, exerce uma ação com efeitos socialmente relevantes. Os membros organizam-se em associações, com regras definidas para afiliação e exclusão baseadas na competência profissional, nos objetivos e nos padrões éticos da profissão. Em contraste, pode-se lembrar Bastos (1988, p. 163):

Cresce a insatisfação quanto ao tipo de serviços que prestamos e quanto a quem deles tem se beneficiado; por outro lado, faltam-nos respostas alternativas suficientemente claras e abrangentes; faltam-nos, sobretudo, as necessárias condições de construí-las.

Ou Rodrigues e Russo (1983, p. 110-111):

(...) um curso de Psicologia corre o risco de se fechar em seu próprio círculo: formar pessoas que só são capazes de lidar com pessoas extremamente semelhantes a elas mesmas, embora acreditem estar lidando com fenômenos e comportamentos absolutamente universais.

Sob o pretexto de não se formar um profissional que alimente a engrenagem da produção em nossa sociedade, forma-se um profissional despreparado e que, de qualquer modo, encaminha-se para as organizações, porque melhor pagam ou porque é necessário sobreviver. E, dessa maneira, piora-se, em um ciclo retroalimentado, a imagem do psicólogo, que não tem competência técnica e tampouco discernimento para questionar e refletir sobre o próprio fazer, tanto nas atividades imediatas quanto na sua inserção política, própria organização ou macroestrutura. Os cursos de Psicologia, por sua vez, não encaram as implicações dessa postura camaleonesca: nem alteram suas finalidades – continuam a "formar psicólogos para organizações", apesar das restrições ideológicas, quase nunca francamente explicitadas, nem alteram o processo de formação – os conteúdos e direcionamentos para a área são, via de regra, insuficientes para se afirmar que a formação está sendo efetivamente realizada.

Não se trata aqui de localizarem "culpados" pela situação atual. Como já se apontou diversas vezes neste livro, o processo é integrado e retroalimentado: se os cursos são precários, porque os recursos são insuficientes, geram profissionais malpreparados, que se tornam os modelos dos futuros alunos, formados em base de um currículo inadequado, e assim por diante.

O sistema de ensino-aprendizagem deve ser eficaz em promover a sistemática aquisição de habilidades, conceitos, referenciais e atitudes que resultem em desempenho satisfatório. Acrescente-se, satisfatório tanto para o agente do desempenho como para o meio que o recebe, além de socialmente relevante. Espera-se que, por meio do sistema educacional formal, o indivíduo torne-se capacitado a ler, escrever e fazer as operações aritméticas básicas e, na etapa superior, se ele dirigir-se para um curso de Odontologia, por exemplo, que seja capaz, pelo menos, de reparar cáries. Se o sistema não atinge suas proposições básicas, como a qualificação para as atividades técnicas da área, torna-se indispensável sua revisão. É sensato supor que se devam mudar os objetivos do sistema ou corrigir seu processo para obtenção do produto presumido. A opção proposta neste trabalho, considerando-se o objetivo de preparar psicólogos para as atividades em organizações, é a de adequar o processo de formação para produzir profissionais competentes.

O conceito de processo tem sido de interesse dos psicólogos organizacionais. Processo é visto como algo contínuo, relacional e mutante, um fluxo padronizado de eventos. Vê-se a organização como uma entidade que compreende padrões de relacionamentos entre eventos, em troca contínua por intermédio do tempo. Intervenções na organização não se limitam à aplicação de técnicas preestabelecidos e impostas aos envolvidos, mas um processo de ajuda que requer nosso engajamento e a participação da comunidade. Treinar psicólogos para atuar em organizações não significa simplesmente transferir habilidades variadas do professor para o aluno, mas prepará-los para compreender o processo organizacional e as possibilidades de mudanças dinâmicas.

Com base em um modelo orientado para o processo, que tenta desenvolver as habilidades profissionais necessárias em uma dinâmica de intervenção (Stenmark, 1977) e conduzir o aluno a um aprofundamento na dinâmica (Kelly, 1970), deduz-se que os estudantes de Psicologia Organizacional precisam ser preparados para processos de intervenção, mais do que para o uso de técnicas ou procedimentos estáticos.

Uma possibilidade, derivada desse modelo, consiste na aproximação do aluno ao objeto de estudo da Psicologia Organizacional em uma seqüência. O estudo de teorias e descobertas de pesquisas relativas à aquisição de conhecimentos para o exercício de uma atividade particular será seguido da observação de modelos de ação que incluem a atividade. Em seguida, passará por experiências diretas em um processo que englobe o emprego das habilidades relativas à execução das tarefas observadas e estudadas anteriormente, para resolver um problema real. Assim, o aluno avançará do início ao final do curso, começando com uma carga teórica associada à pesquisa e terminando com um aumento progressivo no número de atividades de estágio. Ressalve-se que o aluno deve ser colocado em contato com a aplicação tão cedo quanto possível.

A realidade abordada envolverá etapas que se iniciam pela descrição ou diagnóstico, seguida do planejamento, intervenção e avaliação do programa utilizado. Considera-se também que programas de trabalho em organizações nunca se repetem da mesma forma; isto é, cada situação contém características peculiares. O professor ou o supervisor do trabalho não ensina, no sentido de transferir regras ou receituários; o professor deveria acompanhar o desenvolvimento das atividades como uma pessoa que acumulou experiências similares em situações anteriores de sua vida. Talvez a idéia que melhor exprima o processo de supervisão seja a de prestar assistência em um trabalho que é compartilhado. Supõe-se que o estudante, à medida que passa por um maior número de experiências diretas de trabalho, requererá cada vez menos assistência.

O professor é um elemento nuclear das transformações pretendidas na mudança da formação do psicólogo. Daí a atenção dirigida ao professor nestas especulações, apesar dos fatores restritivos que levam professores despreparados, desinteressados, em péssimas condições de remuneração e, como ocorre com freqüência nas escolas particulares, com ínfima disponibilidade de tempo para o seu próprio desenvolvimento intelectual.

Os professores são responsáveis por ajudar os alunos na identificação de suas habilidades e seus interesses e por orientá-los quanto às áreas de trabalho em suas reais dimensões. Perante as condições atuais insuficientes para uma formação pelo menos razoável do estudante de Psicologia que deseja dirigir-se às organizações, o mínimo que deve ser feito é a enfática recomendação de que participe dos cursos, dos congressos e do convívio com alunos e professores dos departamentos, de algum modo vinculados ao "mundo do trabalho e dos negócios". Quanto ao interesse do aluno pela área, atente-se para o fato de que muitos psicólogos no início da vida profissional, ou mesmo posteriormente, são pressionados a trabalhar na área, pelas oportunidades que se apresentam ou por fatores de ordem financeira. O aluno deve participar, quando o sistema de créditos da universidade permite, de disciplinas optativas nos cursos de Administração, Economia e outros. É importante recomendar que procure também, tão breve quanto possível, desenvolver atividades relativas à área, na qualidade de auxiliar ou estagiário em empresas.

Devem-se abrir espaços para o envolvimento do aluno no pensar sobre o fazer do psicólogo organizacional, como forma de participação daquele que recebe a influência direta das decisões que poderão ser tomadas no processo formativo e desenvolver responsabilidade em relação ao seu próprio futuro. Deve-se também discutir o fazer no processo de ensino-aprendizagem, desde as relações que se estabelecem em sala de aula, os conteúdos e formas de apresentação, até o contexto mais global da educação como um sistema que sofre influências de múltiplos segmentos da sociedade.

As atividades do psicólogo nas organizações enquadram-se em classes amplas, no envolvimento com as questões de produtividade ou desempenho no trabalho, de atitudes e satisfação dos empregados em relação aos múltiplos aspectos do trabalho e do desenvolvimento e realização do ser humano. Em linhas gerais, estabelece, implementa e avalia programas relativos aos recursos humanos. Para tanto, sua formação deve ser ampla quanto às teorias psicológicas e quanto aos conhecimentos básicos da Psicologia, como a motivação, aprendizagem, percepção, etc. Deve necessariamente incluir áreas de conhecimento relacionadas aos negócios e à indústria, como a Administração, a Economia, a Sociologia e até mesmo aspectos das engenharias. Seu desempenho profissional será fortalecido pela familiarização com a mais ampla variedade de instrumentos, métodos e procedimentos de pesquisa. A prática associada aos estudos da graduação deve fornecer um indispensável papel para colocá-lo em contato com a realidade das organizações. A reflexão gerada pelo confronto das atitudes que permeiam o ambiente da formação e o clima das organizações, certamente, é fator importante para a posterior permanência na área. Finalmente, o preparo do psicólogo deve incluir a discussão dos problemas comuns ao cotidiano organizacional, no que tange ao cunho ético-ideológico do nosso exercício.

A *performance* criativa nas organizações envolve o domínio de habilidades e inclui o entendimento dos fatos e métodos necessários para resolver questões relativas à área. Mas não basta o domínio das habilidades relevantes: é preciso competência para lidar com entidades complexas, estruturas difusas e ver os problemas em múltiplos ângulos, abandonar padrões obsoletos e resistir a pressões variadas. Ainda mais importante, o envolvimento e a motivação quanto às tarefas são essenciais para o desempenho criativo. Os estágios profissionalizantes constituem oportunidade decisiva para o estabelecimento de novos padrões.

A qualidade da supervisão de estágio também é, sobretudo, uma responsabilidade do professor. A primeira coisa que um professor precisa saber é quão bem seu esquema de orientação está funcionando. Parece claro que os estudantes esperam programas de estágio bem-estruturados, em locais de estágio bem-organizados, com supervisões claras e realizadas regularmente. O ganho em experiência é maior quando as instituições que oferecem os estágios têm uma estrutura suficientemente flexível para permitir que o estagiário tenha liberdade para explorar o ambiente, conforme seus interesses.

Um contrato formal estabelecido entre o estudante, a instituição que fornece o estágio e o curso de Psicologia, por intermédio do supervisor, clarifica as responsabilidades de cada parte e serve para previnir conflitos, como uma sobrecarga de tarefas pouco vinculadas aos objetivos de estágio. Aspectos simples como a adequação do desenvolvimento das atividades e o calendário escolar devem ser equacionados. O abandono das atividades tão logo se aproximem as férias escolares tem contribuído para prejudicar a imagem do estagiário.

Um objetivo geral e primário da supervisão deve ser o de conduzir o futuro psicólogo a um crescimento profissional e pessoal. A revisão na literatura de tópicos relacionados ao estágio e de artigos publicados facilita a discussão dos conteúdos tratados semanalmente. A divulgação das experiências dos estagiários, por meio de encontros regularmente programados, em que se possam relatar as ocorrências de cada um, pode gerar discussões sobre itens teóricos relativos às atividades e opções de trabalho.

Os estagiários devem ser estimulados a discutir suas práticas com os alunos de fases ou semestres iniciais do curso (também como oportunidade de desenvolver a comunicação oral do futuro psicólogo). Pode-se ter, inclusive, uma participação direta daqueles alunos no trabalho do estagiário. O estágio, desenvolvido dentro de parâmetros controlados, poderá gerar artigos de divulgação científica.

Utilizando os recursos de que dispõem (considerando-se de forma pessimista as possibilidades de melhoria imediata desses recursos), os professores deveriam canalizar os estágios e outras atividades dos alunos durante o curso para a produção de artigos. Isso poderia ser caracterizado como um esforço no sentido de treinar os futuros profissionais por meio de intervenções controladas que se realizariam no âmbito das organizações. Como resultado, pode-se antever pelo menos duas implicações dessa orientação que seriam altamente salutares: (1) a produção de profissionais com melhor embasamento nos procedimentos de pesquisa e, portanto, a probabilidade de se passar a ter um maior número de profissionais atuando dentro de critérios científicos (supõe-se, em conseqüência, uma elevação do nível de competência); (2) atividades de estágios e outras atividades formatadas em moldes de pesquisa podem levar a um forte incremento no número de publicações na área. Considerando-se que tais pesquisas estarão se desenvolvendo no contexto real das organizações, talvez possa-se esperar, ao longo do tempo, a soma de elementos para o início de uma Psicologia Organizacional com características mais próximas de nossa realidade.

A participação dos alunos em pesquisa tem sido relevante em contextos culturais avançados (Starke, 1985, p. 158). Tem sido expressiva para o significado do ensino de metodologia de pesquisa nos currículos de formação de psicólogos. Educadores da Psicologia têm enfatizado a importância de ensinar metodologia, planejamento de pesquisa e estatística nos currículos de formação. Supõe-se que o treinamento em pesquisa ou o desenvolvimento de habilidades de pesquisa traz uma melhoria de competência e um aumento de competitividade no mercado de trabalho. Observe-se que o estudante deverá situar a pesquisa, desenvolvida no campo das organizações, como um processo dentro de uma realidade sociopolítica. O que implica saber colocar-se dentro de um contexto de relações de poder.

Outros aspectos precisam ser ressaltados no processo de formação. As novas tecnologias do ambiente de trabalho representam um desafio para o psicólogo organizacional. Ele deverá envolver-se, cada vez mais, em análises do trabalho para prever as habilidades necessárias em função das novas atividades de trabalho. Os psicólogos também estarão envolvidos com o desenvolvimento de programas de treinamento internos para as necessidades de trabalho geradas pelas novas tecnologias. Isso envolverá a instrução por computadores, vídeos interativos, processamento da fala, etc. Políticas de pessoal tais como a classificação do trabalho, pagamentos, desenvolvimento de carreira, segurança e turnos no trabalho serão adotadas. No nível organizacional, o psicólogo será chamado para ajudar no planejamento eficiente do clima, cultura, liderança, tomada de decisões e processos de comunicação. Ocorrerão acentuadas mudanças no ambiente de trabalho, e o psicólogo, sem dúvida, deverá estar preparado para acompanhá-las.

Schein (1990, p. 118), abordando o conceito de cultura, que reputa em crescente importância para a Psicologia Organizacional, vê "um grande potencial para o psicólogo que trabalha como um membro de equipe". O conhecimento das organizações e de como trabalhar com elas, será uma particular habilidade necessária ao psicólogo, especialmente nas relações de consultoria. O conceito de cultura tornar-se-á crescentemente importante para a Psicologia Organizacional. Sem ele, acrescenta, não se pode realmente entender a mudança ou a resistência à mudança.

Os psicólogos precisam estudar as mudanças, identificar os elos entre e dentro dos ambientes de trabalho, propor alterações da estrutura organizacional para acompanhar as mudanças e estudar seus impactos sobre os empregados e a organização como um todo. Avanços tecnológicos, variações na qualidade da força de trabalho e nos valores e objetivos requererão cada vez maior atenção, pela crescente rapidez com que são anunciados.

Nossas dificuldades acentuam-se quando confrontadas as deficiências e o atraso de nossa formação com os desafios que o futuro trará. Como colocar o psicólogo organizacional gerado por nossas universidades face às novas exigências da tecnologia? Como sugerir sua participação em questões complexas como a construção de programas de reciclagem para novas tecnologias informacionais, se ele nem ao menos passa pela manipulação elementar de um computador?

As dificuldades terão que ser encaradas, como foi antecipado no Capítulo 1 deste livro, pela identificação do trabalho do psicólogo nas organizações com as atividades de um cientista aplicado, ao mesmo tempo, desenvolvendo pesquisas e atividades concernentes à organização que o emprega, na busca de informações relevantes para a compreensão dos comportamentos individuais, interpessoais, intergrupais e das relações que se estabelecem com a organização. Dentro de suas atividades, pode ser solicitado a contribuir para a tomada de decisões administrativas e, à medida que se firma no quadro, passa para funções gerenciais. Entretanto, como qualquer profissional, seu desenvolvimento depende de um aprofundamento continuado na área de conhecimento que escolheu, por meio do contato com a literatura científica, participação em congressos e associações da categoria, bem como por meio das vias formais de educação pós-graduada.

Em relação ao conhecimento em Psicologia Organizacional, existem poucas generalizações e teorias que podem ser confiantemente aplicadas pelos profissionais. A natureza do conhecimento disponível não justifica a aplicação de teorias e técnicas como se elas estivessem bem providas e solidamente fundamentadas na evidência. Face à recentidade das teorias e conhecimentos da Psicologia Organizacional, a aplicação requer conhecimentos de pesquisa e não distingue marcadamente, nesse aspecto, a tarefa do psicólogo organizacional e do psicólogo pesquisador. O psicólogo organizacional deve ser um cientista aplicado.

Rodgers (1986, p. 147-154) identifica três modelos convencionais de ligação entre o campo científico e a aplicação profissional. O primeiro é chamado de cientista aplicado: difere pouco do cientista acadêmico e tem na figura do químico dentro da indústria um exemplo típico. Para o autor, "muito do trabalho dos psicólogos industriais e organizacionais (I/O) e dos psicólogos de fatores humanos é desse tipo" (147-148). O segundo é o cientista/prático ou tecnólogo: nesse caso é o profissional que usa um corpo de conhecimento que já foi previamente elucidado por intermédio da investigação e que não vai além dos "procedimentos estabelecidos ou um conhecimento de base" (p. 148). O terceiro é o prático profissional: nesse caso, o exemplo típico é o médico. Existe por causa de uma necessidade pública claramente definida, apesar do conhecimento de base que usa não poder ser classificado como totalmente consubstanciado. Isso reforça nosso posicionamento favorável à atuação dentro das organizações do profissional psicólogo no modelo do cientista aplicado.

Arnold e colaboradores (1987, p. 470-472) descrevem algumas habilidades e modos de desenvolvê-las em estudantes de cursos de Psicologia. Os autores sugerem o desenvolvimento das habilidades de leitura e audição atentas, de escrita, de apresentação oral, de uso de computadores, habilidades numéricas, habilidades sociais e interpessoais, de pesquisa, experiências de trabalho, de integração no currículo, de desenvolvimento pessoal, de identificação e apresentação das habilidades adquiridas no curso e conscientização do que o mercado de trabalho exige. Do ponto de vista aqui adotado, a colocação do psicólogo organizacional, no mercado de trabalho, deve ser precedida pelo exame sério: (1) de uma capacidade mínima para o exercício das atividades profissionais, (2) do conhecimento de suas responsabilidades como cientista aplicado e (3) da familiaridade com as pressões culturais e sociais que moldarão sua prática.

É preciso considerar que o período que o aluno passa durante a formação constitui os primeiros cinco anos de convivência com a Psicologia. Isso é o início de uma carreira. Uma carreira é construída ao longo da vida. O mundo do trabalho oferece perspectivas que o recém-graduado pode estranhar, mas, à medida que o tempo passa, adquire novos valores e aprende a lidar com questões que, no passado, o colocavam pouco à vontade. O ambiente da universidade constitui um mundo protegido para o aluno, onde decisões são tomadas com auxílio de professores e discussão com colegas, muitas vezes, em situações simuladas. É preciso alertar o estudante, tanto quanto possível, sobre o impacto e as novas atitudes que o mundo do trabalho impõe. Super e Miner (1987, p. 83) falam que essa passagem resulta, freqüentemente, em um choque cultural, quando o indivíduo é obrigado a utilizar e desenvolver habilidades específicas, conforme os objetivos estabelecidos pela organização. A *performance* bem-sucedida de um psicólogo organizacional depende de seu envolvimento amadurecido com as questões do mundo do trabalho, os jogos do poder e as regras do capital.

O psicólogo organizacional está inserido na imensa multidão de trabalhadores que se submete a um trabalho fragmentado, sem visão do seu produto final. Nesse sentido, pode-se fazer um parênteses para constatar que sua formação atual também é o resultado de um processo de alienação. Os professores dos cursos de Psicologia, ou quaisquer outros, trabalham com uma parcela de cada aluno, aquela que é responsável pela nota que ele obtém. Terminado o semestre, a pessoa (aluno) dilui-se em algo que vai adiante, como um produto em linha de montagem. A comunicação entre os docentes dos cursos, visando a cuidar do desenvolvimento peculiar de cada aluno, se não é inexistente está muito próxima desse estado. No entanto, são esses mesmos professores que, em grande parte, sem analisar em profundidade o seu próprio contexto de trabalho, não hesitam em localizar, no psicólogo organizacional, o bode expiatório dos males da industrialização e do capitalismo.

A abertura de espaços para a atuação psicológica, tão reclamada pelos estudantes recém-graduados e pelos profissionais com maior tempo de exercício, requer uma mudança que não se deve esperar que provenha, dadivosamente, de um ato formal de algum ponto da estrutura. Ou os psicólogos "se refazem para se fazerem necessários", utilizando as palavras de Sass (1988, p. 209), ou os espaços serão progressivamente reduzidos. Entende-se esse "refazer-se" não apenas no plano técnico, mas em sentido largo, incluindo a pressão política efetiva da categoria na conquista de oportunidades. No mundo do trabalho, infelizmente ou não, faz quem tem competência (mesmo que seja estratégia de ocupação) e não pelas prerrogativas de quem tem diploma e acredita que a área é sua, porque está escrito nos manuais. Isso se aplica plenamente às atividades relativas aos recursos humanos nas empresas, onde os limites legais de privaticidade de intervenção são fluidos, e onde se encontra ampla gama de profissionais: psicólogos, administradores, pedagogos, assistentes sociais, sociólogos, economistas, advogados, médicos, engenheiros, filósofos, professores, etc. Após tantos estudos e reflexões sobre si próprio, o psicólogo deve ter elementos suficientes para saber em que deve mudar. Tanto identificamos e amaldiçoamos os obstáculos que, talvez, tenhamos adquirido o hábito de apenas maldizer. Cabe fazer o que nos compete e é possível, apesar das limitações estruturais. Compartilha-se a idéia de que o campo e a necessidade de aplicação da Psicologia são inegáveis. Também é inegável a existência de um corpo teórico que permite sustentação à prática. Resta fazer e mudar.

A ampliação do raio de ação profissional depende de propostas e intervenções competentes, em que pese o que se deve atribuir à responsabilidade de saber fazer, nem por isso ignorando fatores mais amplos que circunscrevem o fazer. O desenvolvimento pregresso e o futuro de uma profissão dependem das condições histórico-estruturais da sociedade em que ocorre, mas também dependem da ação de seus integrantes, em um caminho de mão dupla. Condições restritivas, aliadas à inércia, ou mesmo rechaço, de seus profissionais, acabam, sem dúvida, por torná-la raquitizada.

O profissional da Psicologia deve não apenas saber o que tem para oferecer, saber fazê-lo, como também tornar claro para os demais profissionais o que pode oferecer. Isso se inicia no oferecimento das disciplinas dos departamentos de Psicologia a outros cursos das universidades.

A satisfação e o envolvimento do psicólogo ou de qualquer trabalhador com a organização dependem de seu desejo de permanecer como um participante, da crença e aceitação dos valores e objetivos da organização e de uma disposição para dispender esforços a favor da comunidade organizacional. E isso pode não ser necessariamente ruim.

O trabalho do psicólogo organizacional origina-se e contribui para os objetivos organizacionais. Portanto, quando ingressa, ou antes de ingressar, o psicólogo deve certificar-se dos objetivos da organização e refletir sobre o grau de aceitação que tem quanto aos mesmos. Após ingressar, deve investir participação máxima no sentido de construir os objetivos. A atuação do psicólogo não se dá no "vácuo," ou seja, para atingir resultados é necessário a participação e envolvimento da comunidade. Os administradores não percebem as possíveis habilidades dos psicólogos organizacionais em atividades menos tradicionais da atuação. Se até agora não o fizeram, doravante os próprios psicólogos devem buscar ativamente a participação naquelas atividades, sob risco de serem definitivamente excluídos do cenário.

A escolha tem que ser feita: ou se move a Psicologia mais vigorosamente para o âmbito da aplicação organizacional ou se deixam as organizações para outros campos da aplicação científica.

REFERÊNCIAS BIBLIOGRÁFICAS

ADES, C. Treino de pesquisa, treino em compreensão. In: *Anais da VIII Reunião de Psicologia da Sociedade de Psicologia de Ribeirão Preto*. Ribeirão Preto, 1978.

ANDRADE, M.M. Mercado de trabalho para psicólogos. *Jornal Brasileiro de Psicologia*, v.8, n.1, p.85-103, 1966.

ANDRÉ, M.E.A. O qualitativo e o quantitativo: oposição ou convergência? In: *Anais da XVIII Reunião de Psicologia da Sociedade de Psicologia de Ribeirão Preto*. Ribeirão Preto, 1988.

ANGELINI, A.L. Aspectos atuais na profissão de psicólogo no Brasil. *Cadernos de Psicología Aplicada*, v.3, n.1, p.35-62, 1975.

ANSOFF, H. I. *Administração estratégica*. São Paulo: Atlas, 1983.

ANSOFF, H. I.; MCDONNELL, E. J. *Implanting strategic management*. London: Prentice-Hall, 1990.

ARDILA, R. *Psicología del trabajo*. Santiago: Editorial Universitaria,1972.

ARGYRIS, C. Problems and new directions for industrial psychology. In: DUNNETTE, Marvin D (Ed.). *Handbook of industrial and organizational psychology*. Chicago, Rand McNally College, 1976.

ARNOLD, J. et al. Skills development in undergraduate psychology courses. *Bulletin of the British Psychological Society*, v.40, p.469-472, 1987.

BALASUBRAMANIAN, V. *Organizational learning and information systems*. Newark: Rutgers University, 1996.

BARITZ, L. *The servents of power*. New York: John Wiley e Sons, 1960.

BASS, B. M. *Organizational psychology*. Boston: Allyn e Bacon, 1965.

BASTOS, A.V. B. Areas de atuação – em questão o nosso modelo de profissional. In: CONSELHO FEDERAL DE PSICOLOGIA. O psicólogo organizacional: características do seu exercício profissional. In: *Anais da XVII Reunião de Psicologia da Sociedade de Psicologia de Ribeirão Preto*. Ribeirão Preto, 1987.

___. *Quem é o psicólogo brasileiro?* São Paulo/Curitiba: EDICON/EDUC/Scientia et Labor, 1988.

___. Psicologia no contexto das organizações: tendências inovadoras no espaço de atuação do psicólogo. In: *Psicólogo brasileiro: construção de novos espaços*. Campinas: Átomo/ Conselho Federal de Psicologia, 1992. p.51-86.

BASTOS, A.V.B.; GALVÃO-MARTINS, A.H.C. O que pode fazer o psicólogo organizacional. *Psicologia: Ciência e Profissão*, v.1, p.10-18, 1990.

BAUS, J. *Ante-projeto de diretrizes e objetivos gerais do curso de Psicologia da UFSC.* Florianópolis: Universidade Federal de Santa Catarina, 1989. (Texto de circulação interna.)

BECKER, H.S. Problems of inference and proof in participant observation. In: FILSTEAD, W.J. *Qualitative methodology: firsthand involvement with the social world*. Chicago: Markham, 1970.

BEER, M. *Organization change and developement: a system view*. Glencove: Goodyear/ Scott Foresman, 1980.

BIAGGIO, A. Formação profissional do psicólogo: o ponto de vista do docente. *Anais da VIII Reunião de Psicologia da Sociedade de Psicologia de Ribeirão Preto*. Ribeirão Preto, 1978.

BOLOGNA, I. *Roberto Mange e sua obra*. São Paulo: UNIGRAF, 1980.

BORGES-ANDRADE, J.E. A avaliação da profissão, segundo os psicólogos da área organizacional. In: *Anais da XVII Reunião de Psicologia da Sociedade de Psicologia de Ribeirão Preto*. Ribeirão Preto, 1987.

___. Psicologia instrucional e treinamento. In: *Anais da XVIII Reunião de Psicologia da Sociedade de Psicologia de Ribeirão Preto*. Ribeirão Preto, 1988a.

___. A avaliação do exercício profissional. In: CONSELHO FEDERAL DE PSICOLOGIA. *Quem é o psicólogo brasileiro?* São Paulo/Curitiba: EDICON/EDUC/Scientia et Labor, 1988b.

BORGES-ANDRADE, J.E.; CUNHA, M.H.B.; COSTA, M.T.P. Descrição do psicólogo do Distrito Federal: perfil social e econômico e formação profissional. *Arquivos Brasileiros de Psicologia Aplicada*, v.35, n.4, p.85-117, 1983.

BOTOMÉ, S.P. O exercício do controle na intervenção social do psicólogo. *Ciência e Cultura*, v.33, n.4, p.517-524, 1981.

___. Em busca de perspectivas para a Psicologia como área de conhecimento e como campo profissional. In: CONSELHO FEDERAL DE PSICOLOGIA. *Quem é o psicólogo brasileiro?* São Paulo/Curitiba: EDICON/EDUC/Scientia et Labor, 1988.

BOTOMÉ, S.P.; MATOS, M.A.; COLETA, J.A. Contribuições para a definição de uma política científica nacional em Psicologia. *Psicologia*, v.12, n.2, p.55-65, 1986.

BOUVIER, S.A.; SCHEIBE, S.; MEDEIROS, J.G. *Psicologia: conhecimento e profissão: o ponto de vista dos profissionais*. Florianópolis: Universidade Federal de Santa Catarina, 1988. (Texto de circulação interna.)

BURREL, G.; MORGAN, G. *Sociological paradigms and organisational analysis*. London: Heinemann, 1982.

CALDAS, Y. Formação de psicólogos no Brasil – IV. *Arquivos Brasileiros de Psicologia*, v.32, n.1, p.556-559, 1980.

CALORI, R.; JOHNSON, G.; SARNIN, P. CEO's cognitive maps and the scope of the organization. *Strategic Management Journal*, v.15, p.437-457, 1994.

CANABA, S. Participative design works, partially participative doesn't. *Journal for Quality and Participation*, v.18, n.1, p.10-19, 1995.

CARVALHO, A.M.A. Atuação psicológica: uma análise das atividades desempenhadas pelos psicólogos. In: CONSELHO FEDERAL DE PSICOLOGIA. *Quem é o psicólogo brasileiro?* São Paulo/Curitiba: EDICON/EDUC/Scientia et Labor, 1988.

CARVALHO, A.A.; ULIAN, A.L.A. de O.; BASTOS, A.V.B.; SODRÉ, L.G.P.; CAVALCANTE, M.L.P. A escolha da profissão: alguns valores implícitos nos motivos apontados pelos psicólogos. In: CONSELHO FEDERAL DE PSICOLOGIA. *Quem é o psicólogo brasileiro?* São Paulo/Curitiba: EDICON/EDUC/Scientia et Labor, 1988.

CLARK, K.E. *When does a consulting psychologist earn his/her fee?* Trabalho apresentado no Encontro de Psicologia da Associação Americana de Psicologia (APA) em Boston, 1990.

CODO, W. O papel do psicólogo na organização industrial (notas sobre o "lobo mau" em Psicologia). In: LANE, S.T.M.; CODO, W. *Psicologia Social: o homem em movimento*. São Paulo: Brasiliense, 1984.

COHEN, A.R.; GADON, H.; FINK, S.; JOSEFOWITZ, N.; FINK, S.L.; WILLITS, R.D. *Effective behavior in organizations: learning from the interplay of cases, concepts, and student experiences*. 3.ed. Homewood: Richard D. Irwin, 1984.

CONSELHO FEDERAL DE PSICOLOGIA. *Quem é o psicólogo brasileiro?* São Paulo/Curitiba: EDICON/EDUC/Scientia et Labor, 1988.

CONSELHO REGIONAL DE PSICOLOGIA – 6ª Região / Comissão de Ensino. *Análise dos currículos do curso de Psicologia*. São Paulo, 1982.

CORSINI, R.J. (Ed.). *Encyclopedia of psychology*. New York: John Wiley e Sons, 1984. v.3.

CROCHIK, José Leon.*Uma proposta de análise da formação do psicólogo em nossa realidade*. São Paulo: Universidade de São Paulo, 1985. (Dissertação de mestrado.)

___. A Educação, a Psicologia e o processo de industrialização no Brasil. *Psicologia*, v.13, n.1, p.11-25, 1987.

CROSSAN, M. M.; LANE, H. W.; WHITE, R. E. *Learning within organization*. Cambridge: Western Business School. The University of Western Ontario, 1995.

CUNHA, L.A. *Educação e desenvolvimento social no Brasil*. 7.ed. Rio de Janeiro: Francisco Alves, 1983.

D'AMORIM, M.A. Emprego e desemprego. In: CONSELHO FEDERAL DE PSICOLOGIA. *Quem é o psicólogo brasileiro?* São Paulo/Curitiba: EDICON/EDUC/Scientia et Labor, 1988.

DEAL, T.E.; KENNEDY, A.A. *Corporate cultures: the rites and rituals of corporate life*. Reading, MA: Addison-Wesley, 1982.

DEL PRETTE, Z.A.P.; DEL PRETTE, A. *Psicologia das habilidades sociais: terapia e educação*. Petrópolis: Vozes, 1999.

DEMO, P. *Educação e qualidade*. Campinas: Papirus, 1995.

DEPARTAMENTO DE PSICOLOGIA – UFSC. *Expectativas quanto à mudança curricular: relatório síntese das discussões por fase*. Florianópolis: Universidade Federal de Santa Catarina, 1989. (Texto de circulação interna.)

DÓRIA, C. Profissão do psicólogo. *Boletim de Psicologia*, v.5-6, n.18,19,20, p.60-63, 1953/1954.

DRAWIN, C.R. Psicologia: dialética da fragmentação. In: CONSELHO FEDERAL DE PSICOLOGIA. *Quem é o psicólogo brasileiro?* São Paulo/Curitiba: EDICON/EDUC/ Scientia et Labor, 1988.

DRENTH, P. J.D. Research in work- and organizational psychology: principles and methods. In: DRENTH, P.J.D.; THIERRY, H.; WILLEMS, P.J.; WOLFF, C.J. de. *Handbook of work and organizational psychology*. Chichester: John Wiley e Sons, 1984. v.1.

DRUCKER, P. *The post capitalist society*. New York: Harper Business, 1993.

DUBRIN, A.J. *Effective business psychology*. 3.ed. Englewood Cliffs: Prentice-Hall, 1990.

DURAN, A.P. *Algumas questões básicas sobre a formação em Psicologia*. São Carlos: Universidade Federal de São Carlos, 1983. (Texto de circulação interna.)

ECCLES, R.B.; NOHRIA, N.; BERKLEY, J.D. *Assumindo a responsabilidade: redescobrindo a essência da administração*. Rio de Janeiro: Campus, 1994.

EISENHARDT, K.M.; ZBARACKI, M. Strategic decision making. *Strategic Management Journal*, v.13, p.17-37, 1992.

ELLINOR, L.; GERARD, G. *Diálogo: redescobrindo o poder transformador da conversa*. São Paulo: Futura, 1998.

ENRIQUEZ, E. O indivíduo preso na armadilha da estrutura estratégica. *Revista de Administração de Empresas*, v.37, n.1, p.18-29, 1997.

ETZIONI, A. Preface to the first edition. In: ETZIONI, A.; LEHMAN, E.W. *A sociological reader on complex organizations*. 3.ed. New York: Holt, Rinehart e Smith, 1980.

FARIA, J.H. de. *O autoritarismo nas organizações*. Curitiba: Criar, 1985.

FIGUEIREDO, L.C.M. Notas impopulares sobre a formação do psicólogo. *Cadernos de análise do comportamento*, v.4, p. 1-18, 1983.

FIGUEIREDO, M.A. de C. *Psicologia e trabalho: um ensaio sobre a prática do psicólogo no controle político da produção capitalista*. São Carlos: Universidade Federal de São Carlos, 1980. (Dissertação de mestrado.)

___. Psicometria e seleção de pessoal. In: *Anais da XVIII Reunião de Psicologia da Sociedade de Psicologia de Ribeirão Preto*. Ribeirão Preto, 1988.

FISCHMANN, A. A. (1987). *Implementação de estratégias: identificação e análise de problemas*. Faculdade de Economia e Administração da Universidade de São Paulo.

FISCHMANN, A. A. (1987). *Implementação de estratégias*: identificação e análise de problemas. São Paulo: Tese de Livre-Docência. Faculdade de Economia e Administração da Universidade de São Paulo. (Tese de Livre-Docência)

FLEURY, M.T.L. Aprendendo a mudar - aprendendo a aprender. *Revista de Administração*, v.30, n.3, p.5-11, 1995.

FREIRE, P. *Pedagogia do oprimido*. 3.ed. Rio de Janeiro: Paz e Terra, 1975.

FREITAG, B. *Escola, estado e sociedade*. São Paulo: EDART, 1978.

FRITZ, R. *Estrutura e comportamento organizacional*. São Paulo: Pioneira, 1997.

GABASSI, P.G. *Psicologia del lavoro: concetti e problemi*. Milano: Cluet, 1979.

GALVÃO, A.H.C. Um espaço a ser conquistado pelo psicólogo organizacional. In: *Anais da XVII Reunião de Psicologia da Sociedade de Psicologia de Ribeirão Preto*. Ribeirão Preto, 1987.

GANDIN, D. *A prática do planejamento estratégico participativo*: na educação e em outras instituições, grupos e movimentos dos campos cultural, social, político, religioso e governamental. Petrópolis: Vozes, 1994.

GARDNER, G. Organisational psychology. *Occupational Psychology*, v.40, p.101-106, 1966.

GARVIN, D. A. Building a learning organization. *Harvard Business Review*, v.71, p.78-91, 1993.

GELETKANYCZ, M.A. The salience of "culture's consequences": the effects of cultural values on top executive commitment to the *status quo*. *Strategic Management Journal*, v.18, p.615-634, 1997.

GEUS, A. P. Planning as learning. *Harvard Business Review*, p.70-74, mar./apr. 1988.

GHOSHAL, S.; BARTLETT, C.A. Strategy as a field of study: why search for a new paradigm? *Strategic Management Journal*, v.15, p.91-112, 1994.

GIL, A.C. *O psicólogo e sua ideologia*. Tese de doutorado. São Paulo: Universidade de São Paulo, 1982.

GILBERT, T.F. *Human competence: engineering worthy performance*. New York: McGraw-Hill, 1978.

GIMENES, L. da S. Situação atual das publicações em Psicologia no Brasil. In: *Anais da XVIII Reunião de Psicologia da Sociedade de Psicologia de Ribeirão Preto*. Ribeirão Preto, 1988.

GOLDSTEIN, I.L.; GILLIAM, P. Training system issues in the year 2000. *American Psychologist*, v.45, n.2, p.143-143, 1990.

GOMES, W.B. Proposta para a sistematização e divulgação da pesquisa e prática psicológica em revistas especializadas no Brasil. In: *Anais da XVIII Reunião de Psicologia da Sociedade de Psicologia de Ribeirão Preto*. Ribeirão Preto, 1988.

GOMES DE MATOS, F. *Estratégia de empresa*. São Paulo: Makron Books, 1993.

GOMIDE, P.I.C. A formação acadêmica: onde residem suas deficiências. In: CONSELHO FEDERAL DE PSICOLOGIA. *Quem é o psicólogo brasileiro?* São Paulo/Curitiba: EDICON/EDUC/Scientia et Labor, 1988.

GONÇALVES DE MOURA, E. P. A psicologia (e os psicólogos) que temos e a psicologia que queremos: reflexões a partir das propostas de diretrizes curriculares (MEC/SESU) para os cursos de graduação em psicologia. *Psicologia: Ciência e Profissão*, v.19. n.2, p.10-19, 1999.

GORE, E. *La educación en la empresa: aprendiendo en contextos organizativos*. Buenos Aires: Granica, 1996.

GOWLER, D.; LEGGE, K. The integration of disciplinary perspectives and levels of analysis in problem-oriented organizational research. In: NICHOLSON, N.; WALL, T.D. (Eds.). *The theory and practice of organizational psychology: a collection of original essays*. Orlando, Academic Press, 1982.

GRISCI, C.L.I. Trabalho, tempo e subjetividade: impactos da reestruturação produtiva e o papel da psicologia nas organizações. *Psicologia: Ciência e Profissão*, v.19, n.1, p.2-13, 1999.

GUÉDEZ, V. *Gerencia, cultura y educación*. Caracas: Tropykos/CLACDEC, 1998.

HALL, R.H. *Organizações: estrutura e processos*. 3.ed. Rio de Janeiro: Prentice-Hall do Brasil, 1984.

HAMBRICK, D.C.; GELETKANYCZ, M. A.; FREDRICKSON, J. W. Top executive commitment to the *status quo*: some tests of its determinants. *Strategic Management Journal*, v.14, p.401-418, 1993.

HARDY, C.; FACHIN, R. *Gestão estratégica na universidade brasileira: teoria e casos*. Porto Alegre: Universidade/UFRGS, 1996.

HARRISON, M.I. *Diagnosing organizations: methods, models, and processes*. Newbury Park: Sage, 1987.

HERMIDA, J.; SERRA, R.; KASTIKA, E. *Administración y estrategia*. Buenos Aires: Macchi, 1992.

HOWARD, A. *The changing nature of work*. San Francisco: Jossey-Bass, 1995.

HOWARD, A. *The multiple facets of industrial-organizational psychology*. Arlington Heights: Society for Industrial and Organizational Psychology, 1990.

HUBER, G.P. Organizational learning: The contributing process and the literatures. *Organization Science*, v.2, n.1, p.88-115, 1991.

HUTT, M.D.; WALKER, B.A.; FRANKWICK, L.G. Hurdle the cross-functional barriers to strategic change. *Sloan Management Review*, v.36, n.3, p.22-30, 1995.

JAPIASSU, H. *Interdisciplinaridade e patologia do saber*. Rio de Janeiro, Imago, 1976.

Journal for Quality and Participation, v.18, n.1, p.10-19.

KANAANE, R. *Comportamento humano nas organizações*: o homem rumo ao século XXI. São Paulo: Atlas, 1995.

KANTER, R. M. *The change masters*. New York: Simon and Shuster, 1983.

KATZ, D.; KAHN, R.L. *Psicologia social das organizações*. 3.ed. São Paulo: Atlas, 1987.

KELLY, J.G. Antidotes for arrogance: training for community psychologists. *American Psychologist*, v.25, p.524-531, 1970.

KEPNER, C.H.; TREGOE, B.B. *The rational manager*. New York: McGraw-Hill, 1965.

KOLASA, B.J. *Ciência do comportamento na Administração*. Rio de Janeiro: Livros Técnicos e Científicos, 1978.

KOLB, D.A. A gestão e o processo de aprendizagem. In: STARKEY, K. (Ed.). *Como as organizações aprendem*. São Paulo: Futura, 1997.

LANDY, F.J. *Psychology of work behavior.* 4.ed. Pacific Grove: Brooks/Cole, 1989.

LANGENBACH, M.; NEGREIROS, T.C. de; GOES, M.A formação complementar: um labirinto profissional. In: CONSELHO FEDERAL DE PSICOLOGIA. *Quem é o psicólogo brasileiro?* São Paulo/Curitiba: EDICON/EDUC/Scientia et Labor, 1988.

LAWLER III, E. Estratégia versus funcionários. *HSM Management*, v.10, n.6, p.12-15, 1998.

LEITE, S.A. da S.; GUIRADO, M. Pós-graduação: um caso para pensar... *Psicologia: ciência e profissão*, v.7, n.1, p.14-18, 1987.

LEVINTHAL, D.A.; MARCH, J.G. The myopia of learning. *Strategic Management Journal*, v.14, p.95-112, 1993.

LEWIN, K. Frontiers in group dynamics: concept, method and reality in social science: social equilibria and social change. *Human Relations*, n.1, p.5-47, 1947.

LYLES, M.A.; SCHWENK, C.R. Top management, strategy and organizational knowledge structures. *Journal of Management Studies*, v.29, n.2, p.77-98, 1992.

MACHADO, J.C. Ciência e docência. *Ciência e Cultura*, v.39, n.12, p.1161-1163, 1987.

MAGER, R.F.; PIPER, P. *Analyzing performance problems or "you really oughta wanna".* Belmont: Fearon, 1970.

MALVEZZI, S. O agente econômico reflexivo: um novo desafio para a psicologia organizacional. In: *Anais do 1º Encontro Norte-Nordeste de Psicologia*: 1-7. Salvador, 1999.

MALVEZZI, S. *O papel dos psicólogos profissionais de recursos humanos: um estudo na grande São Paulo.* São Paulo: Pontifícia Universidade Católica de de São Paulo, 1979. (Dissertação de mestrado)

MATOS, M.A. Ensino e pesquisa em psicologia no Brasil: o caso da pós-graduação. In: *Anais da XVIII Reunião de Psicologia da Sociedade de Psicologia de Ribeirão Preto*. Ribeirão Preto, 1982.

___. Produção e formação científica em Psicologia. In: CONSELHO FEDERAL DE PSICOLOGIA. *Quem é o psicólogo brasileiro?* São Paulo/Curitiba: EDICON/EDUC/Scientia et Labor, 1988.

MELLO, S.L. de. A formação profissional dos psicólogos: apontamentos para um estudo. *Psicologia*, v.1, p.15-20, 1975.

MENDONÇA, L.C. de. *Participação na organização: uma introdução aos seus fundamentos, conceitos e formas.* São Paulo: Atlas, 1987.

MINTZBERG, H.*Power in and around organizations.* Englewood Cliffs: Prentice-Hall, 1983.

___. The strategy concept I: five P's for strategy. *California Management Review*, v.30, n.1, p.11-24, 1987.

___. Learning l, planning 0: reply to Igor Ansoff. *Strategic Management Journal*, v.21, p.463-466, 1992.

___. *The strategy process.* New York: Prentice Hall, 1992.

MINTZBERG, H.; WATERS, J.A. Of strategies, deliberate and emergent. *Strategic Management Journal*, v.6, p.257-272, 1985.

MOHRMAN, S. A.; MOHRMAN, A. M. *Organization for the future*. San Francisco: Jossey-Bass, 1989.

MORGAN, G. *Images of organization*. Thousand Oaks: Sage, 1986.

MOSCOVICI, F. *Desenvolvimento interpessoal*. 3.ed. Rio de Janeiro: Livros Técnicos e Científicos, 1985.

MUCHINSKY, P.M. *Psychology applied to work: an introduction to Industrial and Organizational Psychology*. 3.ed. Pacific Grove: Brooks/Cole, 1990.

NALE, N.; PEDRAZZANI, J.C. Descrição e análise de uma sistemática para elaboração de propostas curriculares a partir de um estudo sobre ensino de anatomia. *Ciência e Cultura*, v.40, n.11, p.1063-1073, 1988.

NERI, A. Formação em Psicologia do Trabalho. In: *Anais da VIII Reunião de Psicologia da Sociedade de Psicologia de Ribeirão Preto*. Ribeirão Preto, 1978.

NETTO, M.C. de A. A produção do conhecimento psicológico fora do espaço acadêmico. In: CONSELHO FEDERAL DE PSICOLOGIA. *Quem é o psicólogo brasileiro?* São Paulo/Curitiba: EDICON/EDUC/Scientia et Labor, 1988.

NEVIS, E.; DIBELLA, A., GOULD, J.M. Understanding organizations as learning systems. *Sloan Management Review*, v.36, n.2, p.73-85, 1995.

O'BRIEN, G.E. *Psychology of work and unemployment*. Chichester: John Wiley & Sons, 1986.

PAGÉS, M. et al. *O poder das organizações: a dominação das multinacionais sobre os indivíduos*. São Paulo: Atlas, 1987.

PARDO, M.B.L. *Um estudo de condições significativas para a formação do psicólogo*. São Paulo: Universidade de São Paulo, 1989. (Tese de doutorado)

PATTO, M.H.S. O papel social e a formação do psicólogo: contribuição para um debate necessário. *Boletim de Psicologia*, v.34, n.82/83, p.7-16, 1982.

PAULON, S.M..; CARLOS, S.A. Projeto melhoria de formação do psicólogo – respostas ao questionário n° 1 – população alvo: alunos. *Psico*, v.6, n.2, p.17-26, 1983.

PEREIRA, L.A.G. Interdisciplinaridade: uma questão para a ciência, uma questão para a sociedade capitalista. *Espaço*, v.6, p.45-73, 1983.

PESSOTI, I. Notas para uma história da Psicologia brasileira. In: CONSELHO FEDERAL DE PSICOLOGIA. *Quem é o psicólogo brasileiro?* São Paulo/Curitiba: EDICON/EDUC/Scientia et Labor, 1988.

PETERS, T. *Thriving on chaos*. New York: Alfred A. Knopt, 1987.

PETERS, T.J.; WATERMAN, R.H. *In search of excellence*. New York: Harper & Row, 1982.

PETERSON, N.G.; BOWNAS, D.A. Skill, task structure, and performance acquisition. In: DUNNETTE, M.D.; FLEISHMAN, E. *Human performance and productivity: human capability assessment*. Hillsdale, Lawrence Erlbaum, 1982.

PFEFFER, J. *Competitive advantage through people*. Boston: Harvard Business School Press, 1994.

PIMENTEL-SOUZA, F. Dois decênios na meta modernizante de um instituto básico numa universidade federal brasileira, com ênfase em recursos humanos e produtividade científica. *Ciência e Cultura*, v.41, n.9, p.888-896, 1989.

PORTER, M. E. *Competição=on competition: estratégias competitivas essenciais*. Rio de Janeiro: Campus, 1999.

POSNER, G.J. Models of curriculum planning. In: BEYER, L.E.; APPLE, M.W. (Eds.). *The curriculum: problems, politics, and possibilities*. Albany, State University of New York Press, 1988.

QUINN, J.B. Managing strategic change. *Sloan Management Review*, p.3-17, summer 1980.

___. Strategies for change. In: *The strategy process: concepts, contexts and cases*. 2.ed. Englewood Cliffs: Prentice-Hall, 1991. p.18-36.

RIBEIRO, D. *A universidade necessária*. Rio de Janeiro: Paz e Terra, 1978.

RIBES, E.; FERNÁNDEZ-GAOS, C.; LÓPEZ, F.; RUEDA, M. e TALENTO, M. *Enseñanza, ejercicio e investigación de la psicología: un modelo integral*. 2.ed. México: Trillas, 1987.

RIBES, E. *El conductismo: reflexiones críticas*. Barcelona: Fontanella, 1982.

RODGERS, D.A. Psychologists as practitioners, not technicians. In: D...RKEN, H. (Ed.). *Professional psychology in transition*. San Francisco: Jossey-Bass, 1986.

RODRIGUES, H. de B.C.; RUSSO, J.A. O psicólogo e sua formação. *Espaço*, v.6, p.107-114, 1983.

ROE, R.A. Individual characteristics. In: DRENTH, P.J.D.; THIERRY, H.; WILLEMS, P.J.; WOLFF, C.J. de. *Handbook of work and organizational psychology*. Chichester: John Wiley e Sons, 1984. v.1.

ROSAS, P.; ROSAS, A.; XAVIER, I.B. Quantos e quem somos. In: CONSELHO FEDERAL DE PSICOLOGIA. *Quem é o psicólogo brasileiro?* São Paulo/Curitiba: EDICON/EDUC/Scientia et Labor, 1988.

ROUX, J. *Recursos humanos e treinamento*. São Paulo: Brasiliense, 1983.

ROZZI, R.A. *Psicologi e operai: soggetivitá e lavoro nellindustria italiana*. Milano: Feltrinelli, 1976.

RUAS, R. Novos princípios gerenciais e a organização e gestão do trabalho. Caderno Técnico "Reestruturação Produtiva no Brasil" - CNI/SESI: 11-19. São Paulo, 1995.

RUMELT, R.P.; SCHENDEL, D.; TEECE, D. *Fundamental issues in strategy*. Cambridge: Harvard Business School Press, 1994.

SAAL, F.E.; KNIGHT, P.A. *Industrial/Organizational Psychology: science and practice*. Pacific Grove: Brooks/Cole, 1988.

SASS, O. O campo profissional do psicólogo, esse confessor moderno. In: CONSELHO FEDERAL DE PSICOLOGIA. *Quem é o psicólogo brasileiro?* São Paulo/Curitiba: EDICON/EDUC/Scientia et Labor, 1988.

SAVIANI, D. *Pedagogia histórico-crítica: primeiras aproximações*. 2.ed. São Paulo: Cortez/Autores Associados, 1991.

SCHEIN, E.H. *Organizational culture and leadership*. San Francisco: Jossey-Bass, 1982.
___. *Psicologia organizacional*. 3.ed. Rio de Janeiro: Prentice-Hall do Brasil, 1982.
___. Organizational culture. *American Psychologist*, v.45, n.2, p.109-119, 1990.
SEMINÉRIO, F. Lo P. Formação de psicólogos no Brasil – V. *Arquivos Brasileiros de Psicologia*, v.32, n.1, p.560-567, 1980.
SENGE, P.M. *A quinta disciplina: arte, teoria e prática da organização de aprendizagem*. São Paulo: Best Seller, 1994.
SIEVERS, B. Além do sucedâneo da motivação. *Revista de Administração de Empresas*, v.30, n.1, p.5-16, 1990.
SILVA, M.R.C. da. Problemas gerais do exercício profissional – I. *Arquivos Brasileiros de Psicologia*, v.32, n.1, p.560-567, 1980.
SILVEIRA JÚNIOR, A.; VIVACQUA, G.A. *Planejamento estratégico como instrumento de mudança organizacional*. Brasília: Editora da Universidade de Brasília, 1996.
SIMON, H.A. Strategy and organizational evolution. *Strategic Management Journal*, v.14, p.131-142, 1993.
SIMON, H.A. *The new science of management decision*. New York: Harper & Row, 1960.
SOUSA FILHO, S.G. de. Apostando na filosofia. *Ciência e Cultura*, v.41, n.9, p.878-883, 1989.
SPAGNOLO, F.; GÜNTHER, H. 20 anos de pós-graduação: o que fazem nossos mestres e doutores? Uma visão geral. *Ciência e Cultura*, v.38, n.10, p.1643-1662, 1986.
STARKE, M.C. A research practicum: undergradutes as assistants in psychological research. *Teaching of Psychology*, v.12, n.3, p.158-160, 1985.
STARKEY, K. *Como as organizações aprendem*. São Paulo: Futura, 1997.
STENMARK, D. E. Field training in community psychology. In: ISCOE, I.; BLOOM, B.L.; SPIELBERGER, C.D. (Eds.). *Community psychology in transition: proceedings of the national conference on training in community psychology*. Washington: Hemisphere, 1977.
SUPER, D.; MINER, F.J. Career development and planning in organizations. In: BASS, B.M.; DRENTH, P.J.D. (Eds.). *Advances in organizational psychology: an international review*. Newbury Park: Sage, 1987.
TEIXEIRA, J.B. O planejamento estratégico nas universidades brasileiras. *Educação Brasileira*, v.17, n.35, p.201-210, 1995.
TODOROV, J.C. Pesquisa profissional e ação política. *Psicologia: Ciência e Profissão*, v.5, n.2, p.19-20, 1985.
TRACTENBERG, L. A complexidade nas organizações: futuros desafios para o psicólogo frente à reestruturação competitiva. *Psicologia: Ciência e Profissão*, v.19, n.1, p.14-29, 1999.
TSOUKAS, H. The firm as a distributed knowledge system: a constructionist approach. *Strategic Management Journal*, v.17, p.11-25, 1996.
TYLER, R.W. *Princípios básicos de currículo e ensino*. 10.ed. Rio de Janeiro: Globo, s/d.
ULLMANN, L.P.; KRASNER, L. (Eds.). *Case studies in behavior modification*. New York: Holt, Rinehart & Einston, 1965.

UNIVERSIDADE ESTADUAL PAULISTA – UNESP – Grupo de Informações Documentárias. *Catálogo de cursos de pós-graduação do Brasil.* São Paulo: UNESP, 1989.

WEBER, S. Currículo mínimo e o espaço da pesquisa na formação do psicólogo. *Psicologia: Ciência e Profissão*, v.5, n.2, p.11-16, 1985.

WEBER, S.; CARRAHER, T.N. Reforma curricular ou definição de diretrizes? Uma proposta para o curso de Psicologia. *Psicologia*, v.8, n.1, p.1-13, 1982.

WEICK, K.E.; SANDELANDS, L.E. Social behavior in organizational studies. *Journal for the Theory of the Social Behavior*, v.20, n.4, p.323-346, 1995.

WEISS, H.M. Contributions of Social Psychology to productivity. In: BRIEF, Arthur P. (Ed.). *Productivity research in the behavioral and social sciences.* New York: Praeger, 1984.

WIMS, W. W. *Restoring prosperity.* New York: Random House, 1996.

WOLFF, C.J. de; SHIMMIN, S.; MONTMOLLIN, M. de (Eds.). *Conflicts and contradictions: work psychologists in Europe.* London: Academic Press, 1981.

YAMAMOTO, O.H. *A crise e as alternativas da Psicologia.* São Paulo: EDICON, 1987.

ZANELLI, J. C. Formação e atuação em Psicologia Organizacional. *Psicologia: Ciência e Profissão*, v.6, n.1, p.31-32, 1986.

___. *O psicólogo nas organizações de trabalho: formação e atividades profissionais.* Florianópolis: Paralelo 27, 1994a.

___. Movimentos emergentes na prática dos psicólogos brasileiros nas organizações de trabalho: implicações para a formação. In: CONSELHO FEDERAL DE PSICOLOGIA. *Psicólogo brasileiro: práticas emergentes e desafios para a formação.* São Paulo: Casa do Psicólogo, 1994b. p.81-156.

___. Formação e atuação do psicólogo organizacional: uma revisão da literatura. *Temas em Psicologia*, v.1, p.95-107, 1995.